新工科背景下大学生创客教育及其卓越人才培养模式构建研究

何永玲　冯志强　蒙占彬　周纬远　著

中国原子能出版社

China Atomic Energy Press

图书在版编目（CIP）数据

新工科背景下大学生创客教育及其卓越人才培养模式
构建研究 / 何永玲等著. —北京：中国原子能出版社，
2023.5（2025.3 重印）

ISBN 978-7-5221-2706-4

Ⅰ．①新… Ⅱ．①何… Ⅲ．①工科（教育）–人才培养
–培养模式–研究–高等学校②工科（教育）–创造教育–
研究–高等学校 Ⅳ．①G642.0②G647.38

中国国家版本馆 CIP 数据核字（2023）第 083551 号

新工科背景下大学生创客教育及其卓越人才培养模式构建研究

出版发行	中国原子能出版社（北京市海淀区阜成路 43 号　100048）
责任编辑	王　蕾
责任印制	赵　明
印　　刷	北京天恒嘉业印刷有限公司
经　　销	全国新华书店
开　　本	787 mm×1092 mm　1/16
印　　张	15
字　　数	254 千字
版　　次	2023 年 5 月第 1 版　2025 年 3 月第 2 次印刷
书　　号	ISBN 978-7-5221-2706-4　　　定　价　90.00 元

前　言

　　"新工科"对应的是新兴产业，主要是针对新兴产业的专业，如人工智能、智能制造、机器人、云计算等，也包括传统工科专业的升级改造，是我国为主动应对新一轮科技革命与产业变革，在新经济、新起点这样的大背景下提出来的新概念。新工科对高校而言，不仅是新兴工科专业，也是对传统工科专业（机械、自动化、船舶与海洋工程、交通工程、电子信息科学技术、建筑工程、材料、冶金、采矿、系统工程等）的升级改造。新工科背景下大学生创客教育及其卓越人才培养模式构建，需要紧密结合当前我国经济建设发展的需求和高等教育发展形势，以培养具有创新精神、实践能力和创业精神的高素质新工科人才为宗旨，通过课程的信息化建设，利用政府、企业资源，搭建政校产学研协同育人平台，改革我们的教学模式，改进课题教学方法来激发学生学习的主动性和学习潜能。提升"工程教育"内涵的深度和广度，满足当前产业升级需要的卓越工程技术人才。

　　鉴于此，笔者撰写了本书。全书在内容编排上共设置六章，分别是创客教育概述、大学生创客教育课程的架构、大学生创客教育的智慧化发展、大学生创客教育与创新创业创造教育、大学生创客教育与创新型卓越人才培养、新工科背景下大学生创客教育应用探索。

　　本书将创客教育理论与创造发明工程实践相结合，从普通课堂的细节切入，理性探讨创客教育和创新培养在新工科教育中的角色，可供我国高等院校创新、创业、创造"三创"教育教学改革参考借鉴。

　　本书有两方面的特色：一是语言通俗易懂，没有使用生僻的专业理论词汇和晦涩难懂的语句；内容结构明晰，包含理论知识和实际应用模块。二是重视理论联系实际，全面地对新工科背景下大学生创客教育及其卓越人才培养模式构建进行分析和解读，从多个方面和角度结合实际状况作出了相关阐述。

　　本书的撰写得到了北部湾大学船舶与海洋工程一流学科基金资助，由北部湾大学何永玲教授、冯志强教授、蒙占彬教授和周纬远高工等高校学者撰写完成。在撰写本书的过程中，参阅了大量文献材料，在此向各位学者表达由衷的谢意，因笔者水平有限，书中难免会有不足之处，恳请广大读者提出宝贵意见。

目　录

第一章

创客教育概述

第一节　创客教育的内涵解读

"创客教育作为一种全新的教育培养模式，对人才创新能力的提高、创新意识的增强具有积极的推动与促进作用，并且为当前教育体系的可持续发展提供了良好的探索路径，最大限度地体现了以人为本的教育理念"[①]。

目前，研究者对创客教育概念的解读不尽相同，具体表述如下。

第一，将创客教育理解为一种理念，以"创新、实践、合作、共享"为核心理念，面向全人发展为总目标，这种"创新、实践、分享"的理念，需融入学科教学全过程中，新理念与传统教育的融合改善传统教育中的不足是一个漫长的过程，新理念的不断冲击在一定层次上能丰富创客教育的内涵发展。

第二，将创客教育作为一种新的教育模式，是通过创新、创造和分享的学习过程，形成一个新的学习文化，引导学生利用网络资源，促进创新学习，这种模式注重学习者利用网络资源、分享交流和创新创造。另外一种模式是指创客教育依赖跨学科知识整合，将理论学习知识直接与社会生产相结合的创造方式引导学生学习，在这种模式中，关注学习者将理论知识应用于实践的过程，体现了"创中学"的含义。相较于带有工业化影子的传统知识教育，创客教育则是顺应时代潮流发展、培养创新型人才的教育。

第三，将创客教育作为创新创业教育的驱动力，将创客学习建立迭代模

[①] 刘元庆. 基于创新能力培养的创客教育模式研究 [J]. 黑龙江教育学院学报，2017，36（3）：7.

型，创客学习依次通过自主选题、调查研究、创意构思、知识建构、设计优化、原型制作、测试迭代和评价分享的过程，为创客创业提供参考，促进创意落地，提高创业力，最终提高创客创业成功率，这是从创新创业的角度解读创客教育的内涵。

高校创客教育的典型特征为创客精神、善于运用信息技术、做中学、合作探究式学习、工匠精神、创客与创新创业结合。智慧化技术融入创客教育，将现实智慧和网络智慧进行融合，实现现代双重智慧人才的培养。智慧化技术介入创客教育，是以技术为切入点，推广创客教育的网络平台，将实践操作与线上平台进行双向融合。

总而言之，"创客教育是以'全人发展'为最终目标，以创新思维为发展核心，以促进创造为关键，以跨学科整合与工具熟练应用为基础途径，以项目实施为驱动，以分享交流为动力的新型教育方式"[①]。

第二节　创客教育的多维审视

"创客教育有助于培养高素质人才，对社会发展具有重要意义。面向未来，培育创新型人才和复合型人才，也是 STEM 教育的重要使命。"[②]

一、创客教育与创新教育

（一）创客教育与创新教育的共同点

创新教育与创客教育的共同点为：都是以培养创新性人才为目标；都是一种革新教育，它们在教育目标、方式、价值等方面都不同于传统教育；都体现出了综合性，他们都不是单一素质的教育或者单纯的技能训练，旨在提高学习者多项能力的综合发展；都有发明新事物的含义，即教育之中都有新事物的产出。

---

① 詹青龙，杨晶晶，曲萌. 高校创客教育的智慧化发展研究［M］. 北京：清华大学出版社；北京交通大学出版社，2019：14.
② 吕姝丽. 基于 STEM 教育的创客教育模式探究［J］. 甘肃教育，2021（2）：120.

（二）创客教育与创新教育的不同点

创新教育与创客教育两者的不同点体现在以下几方面。

第一，创新教育与创客教育两者研究的重点不同。创客教育更加强调"造"，学习者在学习过程中要有具体的物品生成，强调动手实践去改造物理世界。安德森在《创客：新工业革命》一书的中指出："所谓创客运动就是鼓励人们运用数字化桌面工具制造可以进行触摸的物品的潮流。"创客教育让学生触摸真实的世界，也是创客教育界几乎的共识。而创新教育不重视造物，可以运用任何方式来变更人的思想观念，以及思维和行为的方式与习惯。因此，教育创新也应涉及教育的各个方面。从这个意义上讲，创新教育是一个比较宽泛且一般的概念。

第二，创新教育与创客教育具体实施过程不同。创客教育有着相应的课程，可以具体实施，而创新教育则是把相应的理念融入日常的课程教学之中。

第三，创新教育与创客教育两者所要达到的层次不同。对于创造教育而言，创新教育是更加具体的，难度较大，层次也较高，是创新能力的上位与顶点。创新教育更多是让这在学习过程中具有探索、发现新事物、掌握新方法的思维习惯、并能够运用已有的知识技能来创造性解决问题的能力。学习者具备以上能力之后，也难以达到创造层次，还需要考虑运用相关知识与技术来对物品进行从无到有的生成。

第四，创新教育与创客教育两者培养对象的不同。创新教育的培养对象往往只涉及在校学生，对于社会中的人则不适用；对创客教育进行支持的创客空间存在于中小学、高校以及社会之中，虽然在这之中实施创客教育的内容与方式稍有差异，但是都提倡学习者在创造中进行学习。因此创客教育培养对象除了在校学生之外，对于企事业、工商业、制作业等类型的人员同样适用。

二、创客教育与 STEAM 教育

"STEAM 是科学（Science）、技术（Technology）、工程（Engineering）、艺术（Art）和数学（Mathematics）综合教育的简称，它是一种'后设学科'，本质是通过将这五种学科统整在一种教学范例中，从而将其零碎的知识相互连接在一起，培养学习者的综合素养，以便让其能够整体认识世界"[1]。其中综合素养主要包括：科学素养、技术素养、工程素养、艺术素养和数学素养。

（一）创客教育与 STEAM 教育的共同点

创客教育和 STEAM 教育的共同点体现在：创客教育和 STEAM 教育需要多门学科的融合，是一种跨学科式的教育，需要将原有学科进行有机结合；两者都是以培养创新性人才为目标的；两者都强调动手实践，强调"做中学"的价值；实施过程中都需要技术工具的支持。

（二）创客教育与 STEAM 教育的不同点

创客教育与 STEAM 教育两者的不同点在于：① 需要整合的学科不同。STEAM 教育主要是围绕科学、技术、工程、艺术和数学这五门学科进行融合，而创客教育没有严格的学科限制，除了这五门学科之外，还可以包涵其他学科；② 两者实施路径不同。STEAM 教育注重提高学习者素养，优化学业，进而进行创新性人才的培养，而创客教育的提出始于创客运动，强调通过动手实践将想法转变为作品，是基于创造的学习；③ 对学习者能力要求不同。STEAM 教育相对于创客教育而言，对学生的工程和科学素质要求更高。由于可以把数学和科学原理与实际生活相结合，在解决技术和工学相关问题的过程中能够转换和扩展自身的思考视角，STEAM 已成为欧美韩日等发达国家一种流行的学习方式。然而，由于学习者综合运用科学理论和技术手段分析并解决工程问题的能力较弱，工程教育被认为是公认的弱项。其实当前已有学者看重创客教育与 STEAM 教育之间的联动和融合关系，积极寻求运用创客教育理念来对 STEAM 教育进行优化并使两者整合的可能性。因此，从 STEAM 教育到创客教育，开始从研究有用的技术转向研究有趣的技术，显示出了普适性的特点，更容易普及和推广。

---

① 杨绪辉. 课程视角下的创客教育探究［D］. 南京：南京师范大学，2016：51.

第三节　创客教育模式要素及其构建

一、创客教育模式的要素

创客教育模式的要素主要包括：指导理念、教学目标、教学过程、教学评价和实践条件。

（一）指导理念

指导理念是教学模式的重要基础，每种教学模式都有其独有的指导理念，创客教学也不例外。创客教学模式的指导理念是创新教育、"从做中学"、基于项目的学习、快乐教育等理论。

1. 创新教育

创新教育，其主旨在于对学生创新品质的培养，其中涵盖了四个主要的培养方向：① 提升创新意识。作为创新过程中的动力所在，同时也是创新能力的基础，通过创新意识的指引才能够明确目标的树立方向，激发创新的潜能；② 建立创新思维。创新思维是整个创新能力当中最核心的部分，是新思想产生的过程基础；③ 提升创新技能。创新技能是对学生的行为进行直接反应的过程，是能力的一种体现，在教育过程当中需要提升对于创新技能的培训，指引学生多操作；④ 培养创新情感。也就是提升学生对于创新活动的心理认同感，将对于创新活动的热情渗透在其中，从而创造创新的动力。

在教育当中，对于学生创新品质的培养是创新教育的主要目标，其中包括能力与个性两个部分。创客教育较创新教育更具有针对性，其目标在于对创新思维以及创新技能的培养。从实施角度而言，创新教育的实施方式种类较多，创客教育则以项目作为载体，进而得以实施。从目标范畴和实施方式来讲两者是具有明显不同的，但是其共性在于对于创新思维及技能的重视与培养。两者的理念是相似的，创新教育是创客教学的重要理论基础。

2. "成果导向，从做中学"

"成果导向"主张在活动中、实践中，以及对问题的解决过程中，完成知识的获取，这一思想主要涉及两类活动：一是手工艺制作等；二是科学研究等。社会活动种类繁多，杜威在以木工、金工等为代表的手工艺活动中应用了课程体系。

手工艺活动作为原型活动当中的一种，得以延续和保留并逐渐成为教育改革中大面积应用的项目。"从做中学，以练促学"这一理论的主要作用在于帮助学生在进行活动任务的过程当中，体会到创作这一行为的趣味性，实现对学生创新能力的培养，同时这也是对实践主义教育中所阐述的原型活动和"从做中学"观点的弘扬与传承，因此"从做中学，以练促学"也成为创客教学的一个重要理论基础。

3. 项目学习理论

以项目为基础的学习能够帮助我们创造性地解决问题，其主线常为项目，支持学生通过小组内的相互协作来进行学习。在这一学习方法中项目的要求是真实且完整的，内容需要与学习阶段相适应，可源于生活或者其他学科间交叉产生的问题，项目是需要开放性的，且没有统一的标准答案。支持学生通过对各个学科知识的运用，以及自主学习和协作探究等方式，来完成相应的任务。无论是收集信息、设计方案、实施项目，还是进行最终评价，这些步骤都需要由学生自身来完成。整个学习过程中对于学生的主导地位是十分重视的，并且支持学生主动自主地参与协作和创新。

通过对项目学习法中思想的借鉴，创客教育以项目为主要载体，同时延续了合作探究与小组协作相结合的学习方法，创客教育更加注重的是对学习兴趣的培养和激发，通过对故事情景的创造来提高学生学习的积极性。而传统的学习方式是通过对最终作品的创作和展示作为目标，让学生通过多方面的资源借鉴来进行探究，最终达到解决问题的目的。但是，创客教育的定位具有更高的层次，其主要目的在于让学生具有创新的思维以及操作技术，从而提升其创新的能力。

4. 快乐教育理论

快乐教育旨在实现教师与学生在整个教育的过程当中能够拥有愉快的感官及情绪体验，其倡导将乐趣融入教育当中，教学的内容需要与学生的兴趣相符合，主张在心情愉悦的情况下将学生的学习热情最大化，从而提高学生的综合素质，实现学习效率的最大化。所以，在创客教学这一特定的学习模式当中，无论是其主题、工具、材料，还是对于作品的设计与制作，直至分享和互相交流的过程，学生都被赋予了充分的自由，可以在这一过程中尽情感受创造带来的快乐。因此，创客教育不仅仅是从做中学习，也是在做的过程中享受，满足了学生的学习兴趣，同时也解放了他们的天性，这和快乐教育是有许多共鸣的。

综上所述，以项目为基础进行学习、快乐教育等均是创客教学模式的理论基础，它的主要目的在于对学生独有的创新能力的培养，这与创新教育非常相似。对于实践的重要性的强调，是与"成果导向"的思想相符合的。以项目作为整个教学的中心与项目学习法有相同的理念，除此之外，快乐教育的精髓与之具有极大的相似之处。

（二）教学目标

人们通过教学目标来对学生参与教学活动后能够得到什么，或得到多大的效果进行预估，同时它也是对于能否达到预期效果进行评价的标准，教学目标是创客教学模式中五个要素之首，对于其他四个要素能够起到指导和制约的效用。同时，教学目标还具有指导学习、指导教师授课，以及指导测评等相关的作用。对于学生而言，教学目标可以帮助他们明确学习的内容，以及学习所能带来的变化。对于教师而言，找寻目标中能够知道其进行教学过程的方法以及策略的安排，明确教授的知识与技能是怎样的。除此之外，教学目标还可以帮助教师进行教学评价，为设计和实施教学活动提供相应的依据，有利于在学习结束时测量学生的改变。因此，教学目标是整个教学设计不可或缺的重要环节，对于整个教学活动的设计、教学策略的选择，以及评价等环节，起着指导和制约的作用。

教育活动最主要的目的是对学生高阶能力的培养，从而实现自身能力的全面、和谐发展。高阶能力主要包含五个方面，分别为创新、对于问题的解决、决策、协作，以及批判性思维的能力。在这五项能力当中，创新能力是创客教学模式中的培养重点。在整个教学过程当中，均有涉及对于创新能力以及协作能力的培养，根据目标的不同，教学过程与评价的设计也会存在些许差异。根据研究的需求，此处是以创新能力的培养作为重点来进行教学模式的设计的。对创新能力进行进一步的细化，其中又包含知识水平、学习能力、思维以及技能四个方面。其中，思维以及技能是整个创新能力中最重要的部分，在创客教学模式当中，对于创新思维以及技能的培养同样也是重点所在。

1. 创新思维的能力

创新思维需要我们冲破常规束缚，通过不同的角度去观察问题，同时寻找全新的思路和方法，对问题进行解决。在这个过程当中，需要大脑去摆脱原有的模式所带来的舒适感，借助潜意识的顿悟来实现对事物的认知。

创新思维的过程主要由四个部分组成，即准备阶段、方法的酝酿、潜意识的顿悟以及对于方法的验证，整个过程中最关键的部分是顿悟。创新思维活动作为创新能力的重要组成环节，使得顿悟也成为整个能力培养当中的重点部分。原型启发正是通过对现有认知与机制的研究和分析来引发顿悟的过程，即通过对原型事物的运用来实现对学生的启发，最终达到让学生能够顿悟的效果，进而完成整个创新思维过程。

2. 创新操作的技能

"成果导向，从做中学"是创客教学的重要指导概念，所以在对学生进行培养的过程中，另外一个重要目标就是对于操作技能的培养。创新并不仅仅是人脑的思维活动，同时也包含着双手进行实际操作的过程。只有这样才能够实现学生的充分投入，能够将整个身心投入到创新当中，使其发展得更加全面和健康。

作为创新能力的重要组成之一，创新操作技能主要依靠创新思维作为理论的指导，同时通过集体的协调运动来实现。从心理学的角度而言，创新操作的过程当中，可以帮助右脑的开发，使得左脑的发展更加协调统一。同时，还可以帮助学生实现形象、表象和抽象之间的交叉认知，使得认知更加深入内化，进而实现提升创新能力的目标。

创客教学模式当中的目标并非互相孤立的，而是一个有机结合构成的整体。创新能力的培养需要依靠创新意识和精神的支撑，所以除了以上目标外，这一教学模式也对学生的创新意识与精神进行了一定意义上的培养，使其得到提升。

（三）教学过程

何为创客教学模式的全部流程，通俗而言，是指创客教学活动从开始至过程的转变，以及收尾的整个连续的运行轨迹。创客教学共分为七个步骤，分别是：情怀故事引入—简单任务模仿—知识要点讲解—扩展任务模仿—创新激发引导—协同任务完成—成功作品分享，将这七个教学步骤的英文首字母连接起来是 SCSCSCS，因此又称其为"SCS 创客教学法"。

（四）教学评价

价值判断的整个进程就是评价，根据怎样的准则、遵守怎样的标准、使用怎样的指标来评价教学模式所获得的成效就是教学评价。

第一，评价主体。教师和学生是创客教学模式评价的主体所在，换言之，它不仅包括传统意义上教师对学生的评价，还包括学生对学生的评价以及学生对教师的评价。开展创客教学的时候，教师要给予学生这个主体地位充分的尊重，指引学生去学会怎么进行自我评价以及如何对别人展开客观的评价，来产生准确的认知能力。

第二，评价原则。站在评价原则这个角度，创客教学评价不但重视学生最后所获得的设计作品的质量，而且也重视学生动态建构知识与动手能力的进程，它所遵照的是终结性评价与过程性评价相融合的评价准则。这当中，针对学生的动手创作过程以及建构知识的评价都包含在过程性评价之中，它是立足于学习整个进程的不间断的观察和记录以及反思所做出的前瞻性的评价，这样做的主要目的就是对创客教学活动开展进程中所发现的难题与改正的角度进行明确，准时对活动计划进行修整，以期待获得更好的教学成果。随着创客教学活动的终结，教师会对学生是否达到了预期的学习效果进行测试，针对学生所设计作品的质量和最终的学习结果来展开评价，这是包含在终结性评价之中的。除此之外，创客教学模式的重点放在对动态学习进程与静态学习结果的评价上，它所遵循的是动态评价和静态评价相融合的评价准则。

（五）实践条件

创客教学模式的实践条件，就是实施教学模式所具有的能够操作的条件，唯有具备可以进行的条件时创客教学才可以稳步开展。创客教学的操作步骤相对而言是多种原因互相作用的一个繁杂的进程，要想开展创客教学就要明确与探究教学步骤的要素。教学进程决定着实施的条件，根据教学进程的四要素原理，教师、学生以及学习环境与学习评价就是创客教学进程的要素，下面着重从这四个方面来对实施的条件进行说明。

1. 教师转变行为与观念

随着教师行为与观念的改变，创客教学模式也得以成功地推进。进行传统教学活动的时候，教师的重心都放在知识的传递上，教学活动都是围绕这个来进行的。然而在进行创客教学的时候，学生研究的时候很可能会触及教师的知识短板，传统教学模式的理念已经不可以支撑整个教学活动，因此进行创客教学的时候教师又有了全新的使命。在这种全新的教学模式下，教师第一个需要改变的就是教学的理念与动作，去尽心地规划好教学的环境和人员资源的管理以及调节好学生的学习进程，同时掌握实践活动的效果在启动创客科目的时候，教师要严格控制创客学习空间的建设和教学课程的购买以及创客题目的设计。

在创客科目的完成阶段，教师要将学习活动的调整员和辅导员身份发挥好，及时地运用自身丰富的知识和经验给学生提供援助与指引。在团队合作和团队交流的时候，教师要积极地对学生进行辅导，为班级营造浓郁的合作氛围。

2. 凸显学生主体地位

在传统的教学进程中学生是处在从属的位置上，通常都是被动去接受知识，学习的目的就是去吸收和了解教师所传授的知识和经历，在这种教学进程中，学生的主观能动性得不到体现，同时也没有将学生创造性思维的锻炼作为重点。进行创客教学的时候，学生以前那种依靠和被动的位置得到了改变，学生就是教学活动的主导者与创造者，以及推动者。针对学生而言，他们要做到以下几方面：① 建立主意识，建立起主动的创新理念和求知欲望；② 确定自我的学习目的，经常对自己进行鼓舞；③ 摆正自己的态度，积极加入创新活动中去。

3. 搭建创客学习环境

如果把学生放到一个开放和自主的空间里去展开学习和创造，辅以技术支持与教师的辅导，他能够完全将创意发挥出来。由开放的学习氛围可以将学生的创意激发出来，锻炼学生的创新性的思维与创造性的操作技巧。推动学生发展的所有支撑性的条件的总称就是学习环境，它包含了虚拟环境与现实环境，虚拟环境里面又囊括了学习的信息和学习的道具，以及学习的服务。

信息技术基地和设备齐全的创客学习空间，以及制作团队的活动室，是比较常见的适合运用在创客教学中的现实环境，尽管这三个的形态一样，但是它们都是为创客教学进行服务的，为了便于研究，此书把不同形式的针对创客教学的现实环境都称为创客空间，从空间设计这个角度出发，能够按照现实需求去选取合适的场地，还能够按照需求来划分为不同的工作室，如 3D 打印空间和数字创作空间等。从工具和器材这个角度来看，对比社会上的那些创客空间而言，在教学的创客空间中所使用的设备和工具都要尽可能齐全，以满足大部分的学生学习的操作需要。

网络学习环境指的就是面向创客教学的虚拟学习环境。学习的资源要包含课程资源和创客案例库等。学生通过学习工具来获得支援，它主要包括信息搜索工具、记录工具、仿真实验室以及个人学习空间等。为学生提供良好的学习体验是学习服务的重要作用，它包含了人际交流和资源共享，以及学习评价等进行创客教学的时候，要将现实环境和虚拟环境的优势完全发挥出来，展开融合性学习。

4. 合理存效的评价机制

创客教育的终极目的是锻炼学生以创新理念与创新技巧为中心的创新能力，让全方位科学发展成为现实，相应地，评价的规则也要和这个目的相协调。我们要从不同的角度对学生的创新能力展开客观的、全方位的评价，这是创客教学评价需要做到的。

二、创客教学模式的构建

（一）创客教学模式构建的原则

第一，完整性原则。创客教学模式的完整性，在例如教学目的、基本理论、操作步骤、教学评价以及实践条件等建构的必要元素上得以体现，这也是它的完整性原则，创建创客教学模式的时候，要从大局出发，全面地掌握所有要素，不仅要深入了解"范式理论、在行动中学、新建构主义学习理论"等教学和认识的理论，而且还要确定教学目的以及评价准则，真实地熟悉创客教学模式的实践条件和操作步骤，将创客教学模式的完整性全面体现出来。

第二，简明性原则。教学模式的简明性在它的结构上明确地展现出来，这也是它的简明性原则。例如，图表型、条文型、公式型以及图框型，这些都是教学模式比较常见的表达形式，它们都借助通俗简单的图案、简洁的话语来准确展示教学模式的架构。创客教学模式的横向结构充分展示创客教学模式架构模型的简明性，也就是创客教学进程中的教学方式的选取和内容的规划以及研究，它们都有着一定的时空融合的联系，这就展示出一种共存的架构特点；在纵向结构上也有着明确的展示，即是从方案的施行一直到效果评估、信息研究、主题规划，在创客教学的进程中，活动相互间和阶段相互间展示出一种有序的联系，这也就是一种整体的排列架构。

第三，操作性原则。教学模式的运行步骤体现出了它的操作性。创新教育以及"从行动中去学"立足于项目的学习等，将教学和认知理论具象化地展示出来，这就是创客教学这是通过教学理论以及认知理论的有序化整理后所获得的具体的和能够操作的一种理论，它的出现给教师和学生们构建了一个基础的有代表性的模型。教师和学生在这个模型的辅助之下，按照步骤来开展教和学的活动，借此来完成预定的教学目的。

（二）创客教学模式构建的内容

创客教学模式是依照创客教学模式的元素与创新能力，产生进程间的相互联系进行创建的。锻炼学生的创新能力是创客教学模式的目的所在；实践的条件囊括了教师的行为观念要发生改变、将学生在教学活动中的主体位置展示出来，营造创客学习的氛围和从多角度多方面来对学生的创新能力进行评估。导入情感故事、对知识要点进行讲解、安排扩展任务和安排简易的任务、进行创新性的促进和引导、协同合作、作品评价这些都是基础的教学流程，导入情感故事这个教学环节的目标是进一步地激发出学生的创新意识，进行知识要点的讲解是为了指引学生产生创新知识架构，解答创新进程中遇到的难题，简易的任务模仿和拓展性任务模仿这两个环节主要是为了锻炼学生的创新技巧，协同合作以及创新激发指引这两个环节主要是锻炼学生的创新思维与创新能力，分享和作品评估是创客教学进程的最后一个步骤，这个环节的目的是保持学生的创新精神。选择评价形式的时候，创客教学模式所选取的是终结性评价和过程评价相融合、动态评价和静态评价相融合的准则，多角度、多层次对学生的创新能力进行全方位无死角的科学评价。

第二章

大学生创客教育课程的架构

第一节　创客教育课程的理论基础

创新不仅是推动发展的首要动力，还是现代化经济体系战略推行的重要基础。推动创新、助力大众创业、全员创新的核心力量是大学生。"在创新创业的新形势下，对创新人才的急需加速了创客教育的发展，创客教育成为高校践行'大众创业、万众创新'的重要途径"[①]。

一、创客课程认知依据：创造心理学

作为一门综合性科学，心理科学的一个分支学科，创造心理学的主体是心理学，同时囊括了文化学、社会学、教育学、生理学等学科中的，创造力、创造性、创造过程、创造方法，以及影响创造的各种因素。创客教育就是教师以创造原理作为教学基础，深入了解学生个性化创造心理特点、创造方法和心理发展过程。创客课程就是以创客心理学为认知基础的课程。

（一）创造和心理

发明创造的过程是缓慢的，需要先从外部获得相关信息，经过编码将其转化为主体信息系统存储起来，然后在外界的相应条件下激活并加工有关信息来解决问题，在这个过程中人们需要不断进行实验和探索，原因就在于虽然人的长时记忆容量无限大，但是长时记忆中的知识所进入短时记忆的量却十分有限。

创造力的结构成分，分别为：① 发现问题的能力，在外部世界有着大量

---

① 李珂. 我国高校大学生创客教育的实施路径分析［J］. 湖南工业职业技术学院学报，2020，20（6）：121.

复杂的信息，需要人来鉴别具有创造性的问题，而是否能够发现完全取决于主体的敏锐观察力；② 明确问题的能力，问题信息编码的质量直接影响到了其是否容易被激活，研究显示：具有创造精神的个体更加重视信息之间的互相联系和逻辑原理；③ 激活问题的能力，问题中的信息繁多复杂，需要有选择性地激活有用信息，即"熟悉化"和"选择性遗忘"的过程；④ 组织问题的能力，主要包括心理加工和实际操作两种方式，分别为心理水平上和实际操作水平上的加工；⑤ 输出问题解决方案的能力，这一阶段就是运用短时记忆和长时记忆中相关信息来达成创造性成果的输出。

此外，创造力的表现虽然有差异，但是根据心理过程仍可将其划分为不同的发展阶段，其中英国心理学家华莱士的创造过程的"四阶段"最有影响力，之后人们对创造过程的划分，也是对其"四阶段"模式的演化和发展。

创造过程的四阶段分别为准备阶段、酝酿阶段、明朗阶段和验证阶段。在准备阶段中，创造主体需要明确解决的问题，之后围绕问题收集资料，进一步使之系统化，形成自己的知识，澄清关键问题。此外，也要尝试寻找初步的解决方案；在酝酿阶段中，创造主体需要进行思考和冥想，这是解决问题的孕育阶段；在明朗阶段中，创造主体在某一情景下突然有了灵感，产生了顿悟，以前的困扰也一一化解，情绪强烈而明显地发生变化；验证阶段是对整个创造过程的反思，并且所有观念必须落实到操作层次。

（二）创造和灵感

在创造活动中，各种自觉的和不自觉的潜意识活动都具有非常重要的作用。在神经解剖学看来，人的大脑额前区与丘脑、网状结构与其他皮质组织有着千丝万缕的联系。这使人的理性思维机能更具综合性和辨别性，进而可以更好地理解各种直觉层面和表象层面的信息。如果遇到信息方面的突发情况，人的大脑额前区就会主动发出符合主体目的具体行为活动，而不是像动物一样完全受制于环境因素。

大脑中的各种潜在层面的信息知识来自哪里？现代控制学和神经学重量学就此课题做了更为深入的研究，人的大脑就好比是一个强大的信息保存库，利用"意识阀"来控制信息的进出量。阀上观念会因时间的改变而降到阀下。阀下观念又会受某些意识观念的影响上升到阀上观念范围，占据意识领域的主导地位。作为推动思想升华的重要动力，灵感主要体现于人们的创造活动中，很少体现于人们的理智思维意识形态中。

二、创客课程学理支撑：西蒙－佩帕特建构论

根据西蒙－佩帕特建构论，学习在任何一种学习环境中，都被视作"建立知识结构"。学习者为了完成学习需要，必须全力参与每一个公共实物的建设过程中。

佩帕特建构论思想基于皮亚杰建构主义理论发展起来。作为建构论的一个分支，创客教育认为教学的起始点不是教师，而是学生。学习是一种高层次的个人努力实践活动。

纵观建构主义的整个发展史，建构主义学习理论不是凭空而生的，而是充分汲取了心理学、哲学和社会学领域的营养逐渐成长起来的。追根溯源，建构主义主要包括哲学走向和心理学走向。

康德、维科和黑格尔被公认为建构主义先行者。原因在于近代哲学中认识论转向和启蒙运动奠定了建构主义思想在哲学领域的萌芽。康德强调理智发源于理智，而不是自然界。这点就说明知识是构建出来的，不是自然界原生的。对于康德的人本主义精神，黑格尔再次优化发展后形成自己的理论。他的理论认为，作为一种纯粹的精神实体，人所独有的理性优势使人拥有了世界的主导地位。不同群体的理解方式也不尽相同，对于文化产品形式、内容和内在联系的理解也不一样。社会发展历经了多个阶段，每个阶段都具有独有的"精神特质"，理性也会因此而改变。当今建构主义的首要纲要就是黑格尔理论的知识多样性和改变性论点。

另一位建构主义的先驱是意大利哲学家、人本主义者詹巴迪斯塔－维科，詹巴迪斯塔－维科在1925年出版的《新科学》一书中就指出：人与生俱来就具有"诗的智慧"，这可以引导自己对周围环境做出反应。一方面，维科提示了认识的双向运动，人们在认识世界、构建世界的同时也在构建自己、创造自己；另一方面，维科与康德一样把主体认识能力看成是先天的，主张"知性为自然立法"，这使得维科对人的认识能力陷入了误区之中。

20世纪50年代，受波普和库恩等哲学家的影响，非理性主义波及哲学领域。之后，结构主义方法论也受到了广泛的批判：只注重客观主义的色彩，忽视起到能动作用的社会主体。而在后结构主义试图恢复主观性、历史活动

和实践的问题的推动下，心理学也从认知主义发展到了建构主义。因此，建构主义学习理论也被视为"后认知理论"，是非理性哲学思潮在学习理论中的一种体现。虽然没有任何一个哲学学派自称为建构主义，但是其理论蕴藏着丰富的建构主义思想。

第二节　创客教育课程的目标设定

"高校作为培养创新创业人才的重要场所，在高校开展创客教育课程，培养大学生的高阶思维能力是时代发展的需求"[①]。当前，创客教育要运用课程系统观和活动观，明确目标定位，秉持创新理念，优化内容体系，提高参与互动，丰富活动策略，强化技术整合应用，实施综合过程评价，明确创客教育课程的目标设定，有利于打造符合当前教育改革要求、具有我国实践特色的创客教育课程体系，有利于培养学生的综合素质和创新能力。

一、创客教育课程目标设定的原则

（一）兼顾理性与感性，体现课程的内在张力

学习者的理性和感性是创客教育课程的建设基础，也是创客教育课程发展的重要因素。人的生存基础不是只有感性，还有理性，两者缺一不可。觉知、判断、推理等因素皆属于理性内容，理性也是主体认知、梳理和评判实物的重要因素。情感、意志、幻想和灵感等属于感性内容，感性也是主体实现客观认知的重要推动力。感性的能动性令人具有了审美和想象的能力，据创造心理学研究得知，感性包含在人的创造性发展的每一个进程中。刚性和理性是课程目标设定的关键因素，两者缺一不可。缺失了感性的课程目标，将会剥离人与世界和精神世界的关系。缺失了理性的课程目标，就丧失科学性。因此，理性和感性的统一是创客教育课程目标的制定原则。只有两者俱全才会有效推动人的成长进步。

---

① 沈丹丹. 高校创客教育课程教学设计与应用研究 [J]. 中国教育信息化·基础教育，2020（8）：1.

（二）强调目标意向性，还原生命存在的本色

人的意识总是指向某个对象并以其为目标的，意识活动的这种指向性即为"意向性"。虽然意向性具有不可言表的特征，但其合理性在我们的生活之中体现无疑：学生在进行娱乐时经常没有固定的目标，但是这个过程却可以让他们有所收获；帮助他人的时候常常不是出于某种目的，而是出自人的本能等。由此可知，目标的意向性有力驳斥了所有课程目标必须加以精确表述的思维习惯。

长期以来，我们的课程提倡以课程目标作为课程实施的依据，以评价标准作为课程效果的量尺，形成了追求效率的课程运行模式，而以技术支撑的创客教育课程更容易陷入理性主义的危险，过于依赖明确的课程目标来开展课程，这样无疑会制约师生创造力的发展。从课程与人的关系来看，课程作为人生命发展历程中的一个事件，应该对人的终身发展做出规划，应是全面和多元的，且目标不一定要先于行动，也可以从行动中产生。而对于创客教育课程而言，更是需要根植于学生长远发展而非短暂的成功。学生创造力的培养过程是充满未知的旅程，技术主义取向的课程目标难以预知学生的发展水平，其表达更是难以描述卓越的想象，而教师需要转变原有的理性思维，发挥自身的想象力，将课程真正视为伴随学生终身发展的旅程。

（三）重视目标生成性，彰显个体的成长律动

由杜威"教育即生长"的命题观点可知，生成性目标是课程目标取向的重要内容，特别注重学习者在某课堂情景中的个性化活动。"实践理性"是生成性目标本质目标。在教育过程中，学生是教学的主体，具有一定的课程目标价值判断权。学生与教育情景不断互动，逐渐形成适合自己的目标，教师将此目标与现行教学要求相结合，制定出最有价值的课程目标，进一步实现学习过程和学习结果相统一，突出情感体验、实践能力和生长价值取向的重要地位。创客课程的教学体制贴合教学实际需求，为教师和学生的个性发挥、主体创造性创造了空间。除此之外，生成性目标尤其注重技术创造、工具发明，积极宣导创新问题解决思路和解决方式。

二、创客教育课程目标设定的内容

第一，哲学范畴目的。学习者需要最大程度掌握与技术相关的知识和操

作能力，具备完善的技术设计和应用实践能力，增强自我的生存技能；增强自我的技术涵养，让自我具有"工具"初始适用权和"工具"创造主导权，同时不失自控性；建立科学合理的技术理念，提升自我的技术认知和价值评判力，能够理性处理问题，提升技术认知、理念和社会责任感。

第二，心理学范畴目的。激发创造激情、培育创造兴趣、建立创造志向、熏陶创造情操和挖掘创造潜力，都是学习者构建稳固人格、创造意识系统的重要条件；提高学习者的社交能力、心理受挫力；充分重视学生的个体区别、优劣区别、价值区别和成长条件区别，让每个学子者都能基于自身条件最大程度提高创造能力。

第三，社会文化范畴目的。积极听取别人意见，对于别人的观点，首先要尊重，要经常换位思考，科学看待，然后再合理表达自身看法；引导学生养成善于交流合作的品质，树立学生公平竞争意识、勇于冒险的精神、积极求证的精神以及不惧艰难困苦的精神；教育学生要勇于推陈出新；向学生传输正确的创造价值观，带领学生积极开展创新活动；教育学生要勇于承担责任，面对问题要主动面对。

第三节　创客教育课程的内容构建与组织

一、创客教育课程的内容构建

"工作主线"是一种适合于创客教育课程内容构建的主线，当前主流的技术工具类课程内容的体系构建方式主要有三种方式：以知识点为主线、以应用为主线、以主题为主线。以知识点为主线思想主要体现于程序设计类型的课程体系中，其重视数据类型、运算符、词汇以及语句等自身的知识内容和知识点的前后关联。而以应用为主线、以主题为主线的思想则在软件工具类课程体系的构建中体现较为明显，"应用"思想以主张激发学生学习技能的积极性，掌握软件工具的操作和应用作为课程学习的目标；"主题"思想主要是让学生在活动中应用技术，在与现实生活联系的基础上，让学生跳出单纯的技能训练层面。然而在对这三种课程体系构建思想进行审视之后，发现某种单一的思想难以架构其课程内容。以知识点为主线的课程内容构建是受学科中心论思想的影响。一方面，其精英主义教育取向显然与创客教育的大众化取向格格不入；另一方面，它远离生活实际的特征与创客教育实践的特征也不相匹配；以应用为主线的课程内容构建是受实用主义的影响，虽然它能够快速普及软件工具的应用，但是难免过于强调效率，使课程教材沦为"使用说明书"；以主题为主线的课程内容强调了与生活情景的联系，但是忽视了知识体系的严密性，往往会造成知识的重复学习，不易构建完整的知识体系。

建设创客教育课程体系时，不但要把知识的逻辑性展现出来，从而与学习者的认知规律相匹配，还要超越纯粹的主题罗列与简单的实用主义，从而找到技术工具隐藏的"精髓"。在建设宏观的创客教育课程体系期间，要坚持以工作为主线的建设思路。如此一来，不仅能很好地保持住知识逻辑的体系，还能超越活动与任务的本身，有利于丰富完整的课程体系的构建，提高了学习者的创造能力。

二、创客教育课程内容的组织

（一）创客教育课程内容组织的架构

创客教育课程内容组织的架构，见表 2-1。

表 2-1　创客课程内容组织的三层架构

层级序列	层级内容	思想核心	相关解释
第一层	技术知识	相关技能的掌握	如何操作技术工具
第二层	技术活动	技术工具的应用	如何应用技术工具
第三层	技术思想	技术工具的文化	为何使用技术工具

从创客教育本质特征的视角而言，普遍性实际上强调了技术工具在相关知识技能方面的内容，实践性则反应技术活动方面的内容，人文性则体现了技术工具文化方面的内容。而从"教育技术哲学"的视野来看，技术知识更倾向于"技术"，技术活动更倾向于"社会"，技术思想则更倾向于"人"，即创客教育课程内容的三层架构实际上体现了"技术—社会—人"三者之间的关系：人的发展是社会、技术进步的最终指向，社会则为人与

技术提供了发展的空间，而技术提供了所需的环境条件。因此，以技术知识、技术活动和技术思想为模版来组织创客教育课程内容不仅是可取的，也是合理的。

"技术知识层"是课程内容架构的第一层，一切思想的形成与活动的出现都要以"技术知识层"为基础。这一层次主要是让学习者对常用的技术工具有一定的了解，把握与技术工具有关的技能和知识，并使用技术工具进行某些简单的操作。在一切技术工具的课程中，该部分内容都位于主要地位，但是在创客课程中，则需要弱化这部分内容，也就是要脱离传统技术类课程技能操练层面的固化，而应该让学习者从实践中掌握技术，在所交融的文化中更加理解技术。

"技术活动层"是指通过开展与组织有着特殊意义的活动，整合技术的时间和理论，进一步让学习者掌握技术知识，将他们的创新思维和解决问题的能力培养出来。简单来说，组织本层课程内容是为了让学习者学会运用技术工具，明白在什么样的情况下可以使用技术工具。活动的内容比较多样，可以是模仿制作简单制品的活动，也可以是以项目为基础的作品创造活动，还可以是以设计思维为基础的作品生成活动，活动的自主程度和复杂程度应该以学情为基础综合地考虑，但是不管哪种活动，都应该把"工作"的思路体现出来，也就是一个活动都应该把一类问题解决的过程和方法体现出来，使学习者的知识从"个"迁移到"类"。

"技术思想层"是指深入总结技术应用，深入升华技术理解，目的是让学习者在运用技术的同时，还能理解隐藏的技术价值和技术思想等内容，进一步辩证地看待社会生产和社会生活中出现的技术问题，展现技术携带的文化内涵，使技术和人能够和谐共生。

从技术知识到技术应用，再到技术思想的架构方式，创客课程内容不但将知识凝练，而且"情境化"和"去情境化"螺旋式上升的学习知识的方法与学习者的认知心理相匹配，三层架构循序渐进、从浅到深地把全部课程内容组织的框架支撑了起来。

（二）创客教育课程内容组织的细化

为进一步增强课程内容三层架构的可操作性，可以运用"奥卡姆剃刀法"来对其内容进行划分，即"技术知识"分解为"基础、操作、通用"三个层次，"技术应用"分解为"模仿、假借、自主"三个层次，"技术思想"则分解为"觉知、交柱、自觉"三个层次。在这需要进行说明的是，在实际教学中这些课程内容并不是完全分离的，但是为了方便呈现才依据相应的标准将其进行了剥离。

1. 技术知识层面的细化

技术大众化的发展方向，使课程的内容包括了友好的交互界面与通用的内在思想，特点为可迁移、简单和容易使用。建构论显示，若想让技术有益的特征在学生的学习过程中起到作用，还应该归纳、整理和分类课程的内容。

（1）基础。基础指的是学习者运用技术工具中的基础性知识，譬如，在使用工具方面，学习者应该掌握工具的注意事项、使用技巧、运行原理和各种功能等知识；在应用网络方面，学习者应该掌握网络的组成、IP/TCP的典型应用、拓扑结构、管理模式、域名解析和服务模式等知识；在编程方面，学习者应该掌握数据结构、程序设计的语言和相关算法等知识；在操作软件方面，学习者应该掌握注意事项、常见控制面板的作用、新建文件的流程、工具栏所有工具的名称和使用方法、常用名词的意义等知识。

（2）操作。操作指的是学习者能熟练使用技术工具完成相关任务，主要涉及信息的分享、分享、收集、分析和加工等方面，以及能够日常地维修和维护设备工具。

（3）通用。通用是建立在基础和应用两个过程之上的，是普遍性特征中最核心的内容，主要包括通用的元素、通用的操作、通用的功能和通用的过程。① 通用的元素：技术工具之间通用的窗口界面布局、通用的菜单名称和功能、通用的工具栏按钮图标和功能等；② 通用的操作：软件中鼠标操作以及快捷键操作的一致性，如左键单击、拖拽、滑轮滚动、中间单击、复制组合快捷键、粘贴组合快捷键、撤销组合快捷键等；③ 通用的功能：实体工具、软件平台、编程语言功能的相似性以及使用的通用性；④ 通用的过程：任务处理时的一般过程，涉及信息收集、加工、分析、处理、存储与分享等方面。

在创客教育课程中，"技术知识"层面所涉及的基础、操作及通用这三个方面在教学活动中应是循序渐进的。此外，这三部分内容可以散布于多个教学活动之中，逐步帮助学生获取和挖掘技术工具的价值。

2. 技术应用层面的细化

世界和人之间的关系其实是以实践为中介的人对世界的认识和改造，而在创造与使用技术工具期间，实践性表现得非常明显。在实践性方面，佩帕特提倡认知学徒制式的交互方式，学徒由边缘走到中心的过程会慢慢减少教师与学生间的交互。由此依据实践性把课程内容分解成三个方面，即模仿、假借与自主。

（1）模仿。模仿内容包括学习者不自觉或者自觉地重复别人技术产品的开发、设计、评价与实施的方法和思想，在帮助学生形成创造行为的"链条"的时候起到了非常重要的作用，是实践性的主要形式之一。在选择课程内容方面，首先，要重视编排的代表性，也就是说，选择的案例能代表本部分课程内容的程度；其次，要确保过程的完整性，也就是说，要保证从开始的设计到最后的作品生成的整个模仿过程的连续性；最后，要注重内容的基础性，也就是说，要让学习者对涉及的概念有深入的了解，熟练使用设备，具备创造的意识。

（2）假借。假借内容包括学习者在某些帮助下完成生成技术产品的方法与思想。假借包括意识层面的内容，如创新意识与解决问题的意识、技术层面的内容如选择和使用技术工具，难度处于创造与模仿中间。在具体课程内容方面，要根据学情对支架的类型与详细程度做相应的安排。

（3）自主。自主内容包括学习者不被知识技能所约束，在舒适的创造环境中能把自己想的东西变成现实所涉及的方法和思想，自主以假借和模仿为基础。在实践中，学习者经常因需求、认识和构思等方面的差异而使用不一样的创造方式，也会做出多元化的制品。而多元化正体现了创客教育的可贵之处，也就是展现了学习者思维的开放性，塑造了学习者的创新能力。所以，在编排具体的课程内容的时候，应该重视学生的个性化，要把灵活开放的学习内容提供给学生，从而让他们实现自己的创造性想法。

在创客教育课程中，可以把"技术应用"所涉及的模仿、假借和自主布局到全部学段中，可以是某个时期的课程内容体系，也可以针对某个学习单元单独布局。

第四节　创客教育课程的实施与评价

一、创客教育课程的实施模式

"作为一种新思维、新理念，创客教育通过与各个教学要素重构和融合，成为培养创新型人才的重要方式"①。下面以基于项目的创客课程活动实施模式为例进行阐述。基于项目的创客课程活动模式如图 2-1②所示。

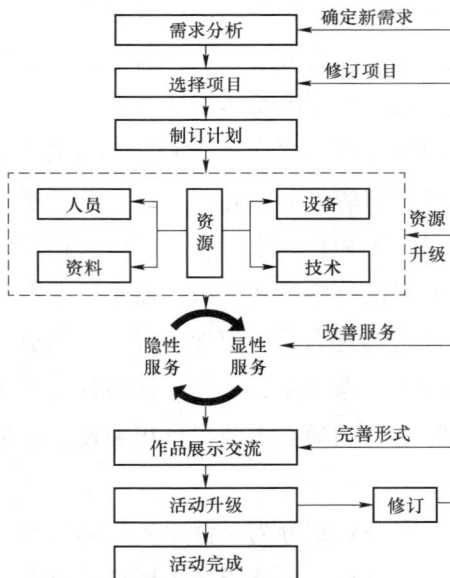

图 2-1　基于项目的创客课程活动模式

第一，需求分析。在"基于项目的创客课程活动模式"中学习者是创造行为的主体，也是知识的主动构建者。在项目开始之前对学习者进行需求分析，有利于助学者了解学习者的现有水平，选择和设计适合于学情的项目内容。学习需求要结合课程目标以及学生的学习预期来确定，学习预期可以通过与学生代表的交谈、问卷等方法来实现。

---

① 王雪，王建虎，王群利. 高校大学生创客教育研究热点及其趋势［J］. 科技创新与生产力，2020（11）：27.
② 杨绪辉. 课程视角下的创客教育探究［D］. 南京：南京师范大学，2016：131.

第二，选择项目。在项目学习中，学习者可以参与到真实的情境中，围绕项目进行实践、反思和协商，形成创造性的学习过程。由此，合理的项目是学习者有效创造学习的关键，也决定了学生学习动力的强弱和主动参与程度。项目内容的来源可以是学生自己选择的，也可以是教师提供的，但最终都必须经过师生双方的评审。项目内容的选择需要符合以下原则：具有较强的切身性；有充足的时间保障；体现适当的复杂性和挑战性；可以较为方便地获得学习资料；易于进行集体的分享；多样性和新颖性。

第三，制订计划。项目计划是指管理项目进程的过程与技术，完备的项目计划能让所有人做好自己的事情，能把学习者的学习效果提高。创客教育中通常包含规划学习时间、安排相关活动，规划学习时间一般是从时间流程上安排好项目的过程，包含负责人员、工作内容、进程信息和完成时间等；安排相关活动则是预先规划将要涉及的活动类型。

第四，资源设计。"基于项目的创客课程活动模式"中的资源设计主要包含人员、设备、技术和资料等方面内容。人员涉及助学者与学习者，助学者的构成一般是技术辅导、教师和专家等，还应该依据学情及时地调整助学者的数量与结构，从而确保满足学习者的服务需求；学习者主要分为派分任务计划和学生的分组等。资料是为了促使学习者顺利创造而提前提供的参考性素材。譬如，项目实施的参考意见、工具的使用说明书和材料性能报告等。此外，教师还应该依据选择的项目提前提供相关设备，把要使用技术的平台搭建出来。

第五，服务规划。服务规划分为显性服务与隐性服务。显性服务分为两部分，即技能支持与认知支持，技能支持主要是辅导学习者对使用工具的学习、对技能的掌握，如使用磨光机等；认知支持包含构建学习环境、开展学习活动、提供的咨询和培训等服务支持。隐性服务主要是为了将学生的元认知提高，助学者能使用下列措施来提供相应的服务：① 帮助学生制订和自身情况相匹配的学习方案或计划、主动调整进度、实施有效的自我评价，从而把学习者的主动意识提高；② 在制作期间要重视采用多样化的活动形式；③ 要通过合理地分配任务、构建完备的帮助机制等方式，提高学生的自我效能感，确保学习者的投入比较持久。

第六，作品展示交流。由于所有小组最后完成的作品是多样化的，这就应该展示作品，从而深入地挖掘优秀的构思、创意与制作，让学习者相互学习、取长补短。展示作品能通过很多活动来实现，如举行演讲会、展示会、产品推销等，让学习者相互交流体会和心得。除此之外，让学习者分享他们自己成功制作作品后的喜悦，提高他们的自信心与兴趣，有利于日后进行创造性的学习。

第七，活动升级。在推进项目期间，学习者的学习需求一直在变化，这就要求助学者在项目节点处重新考量框架中的所有环节，依据变化中的需求升级整个活动模式。此外，助学者还应该时刻关注新观念、新技术和新工具的发展，从而提升围绕项目进行创造学习的效果。

二、创客教育课程的评价策略——定性课堂观察

定性课堂观察是质性评价中经常用到的一种技术方法，它强调运用解释主义的方法对学生行为和课堂事件进行深入的理解，不仅要对其进行真实详尽的描述，还要对其背后的社会意义进行解释。定性课程观察常常在不为对象所知，且不影响正常教学秩序的前提下进行，从而使得评价过程与课程进程无缝联结，并能够协调各个评价之间的关系。此外，这种评价还可以提供被评者的各种广泛信息，而其中的一些信息更是难以通过正规评价的方式获得。定性观察是以非数字的形式来呈现观察的内容，文字、语音、图片、影像等成为承载信息的手段。

对于创客教育而言,定性课堂观察有四种主要的记录方式:① 描述方式。描述方式是在一定的分类框架下对所观察对象做的描述，是一种准结构的定性课堂观察方法，可以采用录音、速记符号等形式。描述方式往往会抽取出较大的事件片段，在具体的情景和条件下考虑事件的意义。② 叙述方式。叙述方式并没有预先的设置分类，而是随着课堂的进行对所观察到的事件和行为进行真实的文字记录。③ 图示方式。图示方式是一种更为直观的记录方式，常常用位置图、关系图等形式来直接呈现相关信息，主要包括教室环境布局图示、教师走动路线图示、教师提问记录图示、社会关系记录图示。④ 工艺学方式。工艺学方式是指利用录音、录像、照相等手段来对被评者的事件现场所做永久性的记录。由于这种方式能够准确还原当时的事件现场，对于被评者微观层面的分析极有用处，也常被用作深入评价的一种方式。

第三章

大学生创客教育的智慧化发展

第一节　创客教育智慧学习环境及其设计

一、创客教育智慧学习环境的分类与特征

（一）创客教育智慧学习环境的分类

当今时代，数字技术和创新理念的深度融合正以史无前例的速度快速发展。数字技术及各种智能设备驱动着创新释放出越来越大的智慧力量。根据多种智能技术的具体应用，当代创客教育的智慧学习环境可以说是由增强现实类、物计算类、超组织社会类、智能计算类、泛在网络类和知识全球连通等不同的环境融合而成，具体形态表现为创客空间、智慧课堂、增强情境、实境情境、实训空间、精控实验室、未来空间站、虚拟社区和连通性社会等。

在这些环境中，融入面向高校创客教育的智慧学习活动，可以使学习者获得虚拟协作与实体活动的人本化服务与个性化体验的双重支持，从而支持学习者个人的多方面、全方位发展及创新创造活动的勇敢尝试，并在这个过程中培养学习者的新颖思维、发散思维、批判性思维、计算思维、跨文化思维等高阶思维和社会智能、感知素养、虚拟协作及合作创新等高阶能力。总而言之，创客教育智慧学习环境可以分为以下几个类型。

1. 增强现实类的智慧学习环境

增强现实是指在现实场景中设置数字化信息的虚实融合，它应用实时感知器、跟踪定位与注册、三维模型、信息叠加等技术，为学习者提供一种超现实的体验，使学习者融入自然交互、沉浸交互的环境中。增强现实技术可以说是虚拟现实技术的增强版，它通过实时三维计算机图形学、计算机图像

处理、高性能计算与网络通信技术、智能交互技术等将虚拟信息与现实场景信息的叠加，借助可穿戴智能感知设备，不仅能让使用者产生三维立体的视觉及听觉的极强画面感，还能给使用者以真实的触感等众多感官体验，其使用给了使用者一种全新的体验与切实的感受。

增强现实技术的早期典型应用其实并不在教育领域，而是在如头戴式智能眼镜的工业制造及维修领域、虚拟手术模拟的医疗领域、作战指导练习的军事领域等。增强现实技术具有三个特征：① 虚实结合，增强现实并没有完全取代真正的现实环境，反而更加依赖现实世界，它依靠计算机技术构建图片、视频、三维模型与真实世界中的场景相结合，让真实场景与虚拟对象合为一体；② 三维注册，增强现实技术以实时的跟踪相机的姿态计算出相机影像的位置及虚拟图像在真实场景中的注册位置，以实现虚拟场景与真实空间场景的完全融合；③ 实时交互，这是指用户能够通过现实世界获取的信息及时地获取相应的反馈信息，这点通常通过智能手持设备及可穿戴技术来实现。

分析增强现实技术的三个基本特征可见，无论是虚实结合还是实时交互，对于创客学习活动的开展都具有积极意义。其中，基于虚拟现实、增强现实技术的教育通过为学习者提供沉浸式及强交互的学习体验，在对学习者的学习兴趣和动机培养方面表现突出。虚拟现实应用于教学活动，学习者的学习动机受评价反馈、技术可用性、交互性、沉浸感、构想性等多重因素的影响；评价反馈和技术可用性是影响学习动机的根本因素，沉浸感和构象性直接影响学习动机，交互性通过影响沉浸感间接影响学习动机。

智慧学习环境要求较强的对物理空间的感知、监控和调节能力，这恰恰与虚拟现实及增强现实技术的特点相吻合，增强现实技术作为一种高效的互动工具和其虚实无缝融合的特点，在智慧学习环境的构建中将大有可为。因此，增强现实类智慧学习环境的研究极有意义。

基于增强现实技术的特征及学习环境的需求分析，增强现实类的智慧学习环境具有三个特征：① 高沉浸性，增强现实技术虚实结合及三维注册的特征，通过将虚拟场景与显示场景的结合，能给学习者一种较强的身临其境感，因此教师可以借助增强现实设备，营造切实的学习情境，帮助学习者融入学习情境，从而增强传统教育比较难培养的情感升华及习惯养成等；② 高交互性，增强现实技术的实时交互是智慧学习环境的重要依托。智慧学习环境中的实时交互能及时解决众多学生的学习需要；③ 强体验感，增强现实技术在虚拟模拟方面的应用，能为学习者提供无危险的类实物练习，如医学专业学生的模拟手术实验、船海专业学生模拟机舱驾驶练习、机械工程专业学生涉及危险的模拟实验等，增强现实类学习环境能做到最大化的仿真而又不会伤害到学习者，具有重要的实用价值。

增强现实类智慧学习环境的应用主要表现在两个方面：一方面，增强现实支持的环境通过技术的应用，实现虚拟与现实世界的连通，以在书籍、动态环境等的基础上叠加虚拟信息为例，不仅有利于学习者对抽象概念与模型的理解，还能够提高参与活动的学习者的知识理解力与连通力。另一方面，在空间中融入增强现实环境，为学习者学习技术技能提供工具与服务，为学习者参与智慧实训活动提供环境支撑。

2. 物计算类的智慧学习环境

物计算技术环境可用于学习空间站、精控实验室和智慧校园等方面，为高校创客教育的智慧学习活动过程中的事物、机器等提供信息的科学感知和数据精准计算的支持服务。物计算环境作为物与物、物与机器之间相互连接所构成的环境，它通过传感器、射频识别（RFID）等设备感知物体信息，对空间内的操作仪器、温度、光、人员密集度等环境进行感知，并将采集到的数据按照传感协议传输到传输层，传输层中互联网按照通信协议传输到应用层中的终端设备，进而到达服务层，为管理者提供可视化的数据分析，实现非物理位置贴近或关联的物体之间的连接，从而达到精确地控制实验室内的物品与环境的目的。基于物计算技术的物与物、物与机器之间的互联，一方面能够防止意外事件发生带来的危害；另一方面还能够使各事物之间的日常管理便利化。

例如，在船舶与海洋工程领域，许多工序、设备仪器、操作步骤等的要求非常严格，操作顺序颠倒有可能对学习者造成身体上的巨大伤害和造成设备损伤；再或者因焊接的环境要求苛刻，如温度太高等而不适合实验者近身操作，学习者在操作时必须做到精细、适量、准确，才能实现教材或参考资料中的效果，因此，在智慧学习活动中，必须通过物计算对设备运转状况、实验设备参数、工作环境等要素进行精确控制，这不仅关系到实验结果的准确度，还关系到实验者的生命安危。物计算类智慧学习环境恰恰能够解决此类问题，它可以通过传感器等智能设备感知信息，可以精准传输并远程操作，保证试验准确度的同时保障实验者的人身安全。

另外，如在生物或农作物的培养领域，细胞的培养基或农作物的培植对于作物环境有较高的要求，无论是温度还是湿度等都有严格的标准，而且每个阶段的要求都不一样，但是在某一个阶段内，通常需要维持某个标准状态。一般而言，学习者对于极少数培养基或培植作物的培养尚能较好照顾，但是对于大量多种作物的培植，就不太方便处理。在物计算类智慧学习环境中则可以通过对操作仪器、温度、光、水分、空气湿度等环境的智能感知，同步将采集到的数据传送给相关管理者，并且结合数据分析及处理技术，为管理者提供可视化的数据分析，方便管理者实时、精准地了解实验场景中的具体环境信息，提高管理效率。

3. 超组织社会类的智慧学习环境

在现代社会中，组织是人们按照一定的目的、任务和形式，互相协作结合而形成的集体或团体，运用于社会管理之中。组织不仅是社会的细胞、社会的基本单元，还是社会的基础。超组织与一般的组织较大的不同之处在于，超组织是全球化背景下企业最大限度利用外部资源赢得竞争优势的新的发展模式，是组织在相互间进行知识转移进而促成超组织来实现的。

超组织理念来源于企业的经营管理。传统的组织通常被看作是单独的封闭个体，其组成或工作环境也是相对稳定的甚至是封闭的，且组织与环境、组织中的不同层级之间的关系也通常是单向的。知识经济的发展，使得企业需要做出改变，因此，超组织的理念应运而生。学习环境刚好与其类似，传统的学习环境通常是封闭的，小到各个班级的学习环境，大到各个学校的学习环境，通常是独立的、封闭的。在传统学习环境中的教学活动也通常表现为教师讲授—学生识记的单向传递过程。随着互联网的普及，社交及学习媒体的广泛使用，传统学习环境的边界逐渐被打破。为了构筑智慧学习环境，特别是关注学生创新创造能力的创客教育的智慧学习环境，也需要超组织的理念支撑。

在超组织的社会类智慧学习环境中，学习者可以突破现有的体制性的阻隔，开展敏捷性学习协作。在传统学习环境中的学习者的学习活动发生于班集体或小组内部，同一传统组织内部的成员在认知广泛度及知识深度等方面都可能存在一定的局限性，而且一般组织还会强调层级性，这对于学习者的即时分享等学习体验形成阻力。而在超组织的社会类智慧学习环境中，打破了这种体制化的阻碍，学习者的学习交流活动少了许多限制。借助于便捷的互联网络及日常的社会交互媒介，方便学习者之间开展敏捷性学习协作，其中"敏捷性"表现在对学习过程中非预期变化的快速应对能力。如创客教育中的学习者在"学"与"创"的过程中，往往会遇到预期计划不成功的情况，此时"敏捷性"的应对与协作就变得至关重要。

同时，由于超组织社会类智慧学习环境的开放性、跨组织性等特点，还有利于学习者产生关联性学习体验、协同性知识创新及开放性文化再造，并在关联、协同、开放创新创造的同时，培养学习者的跨文化思维与虚拟协作意识，提升学习者的学习能力和创新创造能力。

超组织社会类智慧环境强调互动媒介的利用性、多态资源的分享性和创新过程的合作性，学习者利用论坛、社会书签、联合推荐、个性推荐、即时沟通交流、云端存储与计算、实时便捷分享、移动智能软件、可视化协作软件 Pearltrees 等社会化媒介提供的超组织服务，突破原有组织的局限性，在更大的学习空间中互动、协作、分享、更新、创新、创造，在项目规划、实施、评估和决策过程中，分享先进的思维与理念、创新技术、时代性知识与技能等显性及隐性资源。

超组织社会类环境的形成，需要把不同的底层组织整合成新兴组织，而是否成功的整合则取决于成员间拥有信息传递的合适技术。在这里，合适的技术早期主要以语言为代表，但在当今社会对其赋予了新的含义，主要指语言、肢体动作、社会化媒介和新科技的融合，其中社会化媒介和新科技发挥着前所未有的重要作用，这样才有利于形成一个益于学习者发展的超组织社会类智慧环境。

4. 智能计算类的智慧学习环境

智能计算是在通用计算的基础上产生的，它依据生物界特别是人类思维规律的原理来设计求解问题的算法，是一种类似于人的经验化的计算机思考性算法（或程序）。智能计算应具备三条关键特征：① 持续进化，即具有自我智能管理与升级的能力；② 环境友好，即与地理位置环境无关的随地部署、无缝连接与高效协同；③ 开放生态，以及产业上下游多方均可广泛参与，共创共享智能红利。

智能计算类智慧学习环境主要是依据智能计算技术，在多种智能设备的支持下所形成的智慧学习环境。智能环境是由包括多媒体呈现服务在内的异构分布式传感器执行系统、自动化控制元件、智能物理对象、无线传感器网络节点、移动的个体或共享设备，以及其他的智能系统或实体所构成的环境智能计算技术在智能环境的支撑下，结合自身的自我管理、自我优化、自我升级及协同工厂的特点，为学习者的新颖思维与创新观点在面向创客教育的智慧学习活动中得以实现提供了便捷途径。

作为智能系统、智能物体、智能计算和 3D①打印等新技术催生的产物，智能化环境通过感知人体声音、姿态、动作和所处情境等基本信息，再加上对语言和文本等非语言符号的搜集，进而利用智能设备对此符号进行分析，结合智能计算相关算法，自动完成富含意义的智能化交互动作，非常适用于创客空间和智慧课堂等智慧学习环境的构建。

就面向创客教育的智慧学习环境而言，基于智能计算的智能化环境的创客空间，能为学习者提供建模软件、加工工具、测评环境、智能化推荐等各种基础设施及服务。例如，基于 Waspmote、Plug 和 Sense 等系统构建出来的智能计算类智慧学习环境，能够监视移动智能终端、监控某些化学成分和其他要素、感知物体信息、创建感知网络、连接各个传感器到云端等，从而实时查看监控到的信息，在此基础上结合基于人类经验化处理规律的智能算法，做出智能化的管理决策，进一步管控环境中的各个部分，为创客教育智慧学习环境中的学习者提供强大的智能技术支撑。

5. 泛在类的智慧学习环境

互联网络、移动终端和多种学习支持软件等技术的快速发展与普及应用，为微课、微视频、慕课、小规模限制性在线课程（SPOC）等的发展提供了孵化基地，同时这些也为学习者进行任何内容的学习提供了条件，学习者只要有一台移动智能设备加上无线网络，就可以根据自己的学习需要、时间安排进行学习，真正为实现"人人皆学、处处能学、时时可学"的学习型社会提

---

① 3D 是英文"3 Dimensions"的简称，中文是指三维、三个维度、三个坐标，即有长、宽、高。

供了实践路径，同时，这使得泛在化学习成为移动互联网时代的一种新型学习方式。

泛在类智慧学习环境是支持泛在化学习行为发生的基本场域，它是指"学习者在互联网络、移动终端等多源技术的支持下，在任何时间、任何物理空间、以任何方式进行的任何知识或技能等内容学习的场域，是现实世界和网络世界融合的、隐性知识和显性知识互化的学习活动环境"①。泛在类智慧学习环境的最大特征在于其便捷性与可获得性，这与当代众多学习者的现状十分契合。当代社会中的竞争越演越烈，知识更新越来越快，每个人都应该也必须是终身学习者才能更好地进行工作与生活，泛在类智能学习环境为学习者的终身学习及技能培养提供了强大支持。

嵌入感知定位技术与移动智能技术的泛在环境具有境脉感知性，这对于传统学习环境中学习方式的变革具有革命性作用。例如，它可以通过感知定位技术追踪记录每一位学习者的活动路径，再结合智能感知技术获得学习者的基本信息，从而建立具有专属性的学习者模型，有利于进一步分析出学习者的学习难点等学习需求及其潜在的创造力，进而根据周边实时动态及时为学习者提供适切性活动材料和个性化推荐服务等。

泛在类智慧学习环境中适切性活动材料的提供和个性化学习服务的推荐离不开泛在类演化资源的支持，因此，泛在类演化资源设计与制作是泛在类智慧学习环境构建及发挥作用的必备支持。在泛在类智慧学习环境中，学习者可以基于移动互联网络及资源平台实现与多类型、多维度、多领域的演化资源间的直接联系，这就要求演化资源，特别是数字化演化资源的设计不仅要尽可能丰富、多维，还应该在保证使用质量的前提下使文件存储所需空间尽可能小，方便存储与网上传输，进而方便学习者随时随地根据自身需要即时、便捷、迅速地获取资源，从而保证智慧学习环境对泛在化学习的支持服务。

与此同时，泛在类智慧学习环境作为一种便捷化、非正式的学习环境，具有学习时间的碎片化和学习内容的微型化等特点，对于非正式学习具有重要意义。

---

① 詹青龙，杨晶晶，曲萌. 高校创客教育的智慧化发展研究［M］. 北京：清华大学出版社；北京交通大学出版社，2019：69.

以高校面向创客教育的学习活动为例，创客教育的学习环境是一种非正式的学习环境，创客团体通常是由一群有共同兴趣爱好的不同年级学习者混合而成，大家因为兴趣爱好聚在一起，但本身都有自己的专业，有自己的班级，因此有自己必要的课程安排及班级活动。创客活动对于他们而言是一种非正式的学习形式，泛在化的智慧学习环境能帮助他们更灵活地安排自己的学习时间，能给他们提供更多的实时多态资源，方便他们一旦有了新的想法就能够实时记录、上传、分享交流，便于创新想法的落地实施等。

如上所述，泛在类智能学习环境的最大优势是其便捷性与可获得性，这为学习者进行碎片化的学习提供了条件基础，使知识的获得更加便利，但与此同时，碎片化知识本身系统性的缺乏，再加上学习时间的分散化，结合人的记忆与以往规律，可见，碎片化的学习很容易导致学习缺乏系统性和整体性。因此，在泛在类智慧学习环境中，高校面向创客教育的智慧学习环境中的活动设计需要依据"零存整取"的思想，采用深度融合、创新再造的方式重新构建学习者的知识体系，基于"随时性学习、螺旋式发展"的学习理念，活化学习者的学习体验和智慧活动过程。

综上所述，泛在类智慧学习环境对教师提出了新的挑战。当学习者可以自主地获取学习资源、可以基于泛在类智慧学习环境根据自身实际获得个性化推荐及个性化支持服务，因此，在泛在类智慧学习环境的作用下，教师需要充分认识到智慧学习环境的作用特点，再次审视自身的角色定位与职能需要，摆正自身态度，对自身角色进行重构。

6. 知识连通类的智慧学习环境

连通主义是一种描述在网络时代学习是怎样发生的理论。连通主义的原则主要包括：① 学习和知识需要多种看法来呈现整体，并允许选择最佳方法；② 学习是一个连通专门化结点或信息来源的网络形成过程；③ 保持知识的时代性（准确性、最新的知识）是所有连通主义学习活动的目的；④ 决策过程就是学习。通过现实不断变化的透镜，我们可以选择学习哪些内容并理解所得到的信息的意义。由于信息环境的改变影响决策，今天正确的答案，明天就不一定正确了。连通能促使学习者学得更多、知道得更多，并且在众多知识及信息的作用下，使学习者能找到解决问题的最佳方法，从而做出智慧决策，这对于我们构建当代连通类智慧学习环境有重要的指导意义。

泛在网络的快速发展与广泛使用，知识经济的不断更新，促使各行各业构成一个连通的社会，也促使全世界各个国家构成一个连通的整体大环境。在这个知识连通的整体大环境中，学习者通过参与创客教育的智慧学习活动，能与其他学习个体、专家等多个信息源进行连通，相互交流观点、探讨问题，不同专业领域学习者之间的思维碰撞往往能够产生意想不到的思维火花；多领域、多主体的讨论交流能整合多种视角的观点，帮助所有参与者对主题形成一个全面的、整体化的认识，从而在全面整体化认识的基础上，恰当选择，做出正确决策，促进智慧的生成。

全球连通类环境强调个性化连通的学习网络的生成，这是因为在智慧学习环境中所形成的巨型学习网络内部，不同的学习结点对于同一知识或问题的关注度不同，换言之，并非所有的结点都会持续性地保持相关性。作为一个智能网络，为了保持时代性及准确性，学习者的心智模型会不断地被冲击、调整，甚至重塑，不再有价值的结点会被逐渐弱化，弱化可能会以多种方式发生，但其中最明显的是失去网络内部的连通。因此智能网络是时刻在更新、时刻在调整、时刻在生成的。

个性化连通的学习网络包括个性化连通的外部网络与个性化连通的内部网络。其中，外部网络是学习者按需连通外部具有关联性的结点而形成的网络，这些结点可能是个体、团队、网站、著作、数据库或其他信息源；内部网络是学习者根据自己的信念、经验和连通的外部网络而构建的存在于大脑中的网络学习网络可以被理解为是我们建立的一种知识结构，建立这种知识结构的目的就是保持知识的时代性，持续性地获得经验，以及创造和连通新的知识。因此，个性化连通的外部与内部网络融合所构成的学习网络，有助于学习者连通新知识并保持知识的时代性，有助于知识在学习网络中流动、技能的迁移与创造，有助于培养学习者的全球文化思维和连通能力。

学习的网络模型，把某些知识流的处理和解释功能作为学习网络上的结点，因为并不是网络中的每个人都需要处理和评价每一条信息，而是要创建由人类个体和内容等可信结点构成的技术增强型的个人学习网络。当前的世界十分复杂，各种形势转瞬即变，任何一个个体都不能够也不可能时刻精准地了解情境、领域或主题的整个范围，没有一个个体能独自进行一项复杂的手术、造出一列高铁或架起一座横跨巨大水域的高架桥等，基于网络实现的知识连通是以整体的方式拥有若干个体知识的结构。因此，面向高校创客教育的智慧学习环境必须是连通的，不仅仅是一个学校内部创客教育空间的连通，更应该是一个市、一个省、一个国家甚至全世界范围内的连通。

每一位创客都有自己的特长与不足，不同地区有不同地区之间的区域优势，每一位创客、每一个创客团体、每一所学校都应该基于自身优势，充分发挥自身长处及价值。因此，高校在构建自己的创客教育智慧学习环境的同时，一定要保证基础网络设施等硬件设备的支持，同时与其他高校建立互联及友好合作关系，为学习者跨学科、跨学校、跨区域等跨界交流合作提供基础保障。创客教育智慧学习环境中的学习者应充分利用在线工具和资源来丰富自身网络，而不断丰富自身的网络，能够使学习者持续不断地在迅速发展更新的知识面前保持时代性，从而保证自己的理解、设计、创新、创造都保持时代性及前沿性。

（二）创客教育智慧学习环境的特征

高校创客教育的智慧学习环境，是通过凝集群体智慧并利用新技术和新方法驱动创新的环境，除了具备虚实环境融合、服务个性化学习、支持校内外学习，以及支持正式与非正式学习的智慧学习环境的一般特征外，还应立足于其新颖特征。因此，需要深入分析面向高校创客教育的智慧学习环境这一复杂系统，在知晓个性特征的前提下，展现智慧圈的内在关联。创客教育智慧学习环境的特性主要包括以下几方面。

1. 知识情境性特征

知识情境性是创客教育智慧学习环境的首要特征。面向创客教育的智慧学习环境应以创新创造为驱动力，以 Web 4.0 技术为基础，将数字技术与创新理念深度融合，建立全局性的知识情境。知识的情境性表现为对于知识的理解及运用需要情境的辅助与支撑，反过来又受到情境的影响与制约。作为学习者在学习活动中与环境相互作用的实果，知识根植于社会文化和活动情境中，无意义关联的知识是格式化的、僵硬的，只有植根于情境脉络当中的知识，才是"活"的知识，即具有情境性的知识才是能真正被学习者理解掌握并能运用于实践之中的。无知识情境性的学习环境，无疑等同于抽出扎根于社会的知识，割裂知识间的联系，孤立知识与体验的关联，浅化学习的层级，简化知识的多维视角与结构。因此情境的构建对于学习者对知识的理解深度及习得应用具有至关重要的作用。

知识的情境性要求教育过程中应充分认识和发挥情境在促进知识运用和迁移上的作用。知识的情境性设计与构建来源于生活，又反过来作用于生活，它强调理论化的知识与技能向实际生活中的迁移与应用。学习本身就是为了应用，脱离情境、脱离生活实际、脱离应用的学习是无意义的行为，因此，智慧学习环境作为培养学习者技术智慧与创造智慧相融合的双重智慧的必要依托，离不开知识情境性的设计构建与实施。关于知识情境性的构建与实施，需要注意以下几方面。

（1）应该从认知的情境属性出发，将知识自身包含的单元点之间的联系、包含的应用于实践的方法策略与技术等全面分解展开；知识情境性的一个重要作用是帮助学习者深度理解知识，明白在何时、何地以何种方式应用该知识，因此在知识情境性的设计上，首先应该明确知识的下位知识及应用的可能性，可提前了解其上位知识，为之后的学习展开铺垫。

（2）知识情境性的构建与实施要注意立足生活，采取活动与情境相结合的多样化方式。依托于教材的教学过程在学习者的认识方面具有间接性，即学习者学习的内容是已知的、间接的经验，是前人根据当时的真实情况总结出来的，因此，学习者对于知识的实际应用场景缺乏直接性，缺乏代入感及认同感，故可以通过一个或多个相关联（如递进、并列等）的学习活动的设计，使学生在完成活动的过程中逐步构建知识的应用场景，自己建构知识的情境性，促使学习者解决非良构的复杂问题。

（3）知识情境性的构建与实施还应该注意充分利用智能工具。小到动画视频的配合演绎，大到结合虚拟现实、增强现实技术的沉浸性、交互性特征，帮助学生形象化记忆、切身性体验，增强学习者对知识的感知。如通过超链接、思维导图、知识图谱等揭示关联知识点和涉及的隐性知识，展现知识生成的情境与共享知识的脉络；借助手机等移动智能终端，通过在户外真实场景下进行的亲近自然的知识学习，增加学习者的学习体验及应用成就感。在这样的知识情境中学习，可提升学习关联度，降低认知负担，增强学习体验，生成学习智慧。

2. 创能发展性特征

创造能力是指不依据现有的模式或程序等，独立自主地掌握知识和获得技能，发现新的规律，创造出新的方法的能力。能力的形成与获得是与具体的活动紧密联系在一起的，离开了具体的活动，能力就无法形成和表现；同时能力的形成与获得不是一蹴而就的，而是不断发展变化的。创造能力作为学习者众多能力中的一种重要的高阶能力，具备一般能力形成特征的同时，在创新及发展方面表现出更高的追求。

人的创造能力不可能在初始阶段就处于高水平的自动化状态，而是从低层到高层不断进化、不断发展的，因而重在培养学习者创造能力的创客教育智慧学习环境，需要利用新思维、新方法和新技术促进协同创新，直至使学习者的创新创造能力持续地螺旋式上升并成为新常态，即展现了创能发展性，这既是创客教育人才培养的内在创新要求，也是培养创造型人才的必要路径。

创造型人才就是具有创新意识、创新思维和创新能力的新型人才。且其中的创新思维包括发散思维、逻辑思维、形象思维、直觉思维、辩证思维和横纵思维。因此，指向创能发展性的创新型人才的培养应该注意对创新意识、创新思维和创新能力的共同培养，但在这个过程中，由于创新意识解决的是"为何要创新"的问题，而创新思维和创造能力则是解决"如何创新"的问题，所以，高校面向创客教育的智慧学习环境的创设，应在养成学习者创新意识的前提下，侧重于对学习者创新思维和创造能力的持续性培养与提升提供支持。创新思维是创造能力养成与优化提升的必不可少的关键，创造能力则是创新思维发展到一定阶段的产物，因此更准确而言，创新型人才培养的核心应该是创新思维的培养，所以创客教育的智慧学习环境应该为学习者的创新思维即发散思维、逻辑思维、形象思维、直觉思维、辩证思维和横纵思维的培养提供支持。

如发散思维强调多向辐射、同中求异、正向求反，这就需要学习过程中的大环境（或说学习氛围）应该是平等、自主的，因此每个学习者及其想法都应该被给予公平公正的对待；直觉思维和形象思维则强调直观观察、积累表象、启发联想，因此，在构建智慧学习环境时，我们需要注意提供多维、直观和形象化的教学资源，以给学习者提供资源支持，帮助他们建立自主学习的基础。辩证思维侧重于使用对立统一的观点去看问题，凡事看到问题的两面性，因此可以通过运用案例如历史上的小故事等，帮助学习者树立从截然不同的视角看问题的意识，注重辩证思维的培养等。同时，还应该充分发挥现代信息技术及智能设备的价值，如利用基于计算机的图像处理工具、动画及视频的制作工具、建模工具等技术为直觉思维及逻辑思维的培养提供大力支持；利用互联网络、智能学习系统、社交软件等为学习者提供实时交流讨论空间，便于其发散思维、辩证思维的养成。

创新创造能力的培养与获得并不是一个状态的终结，而是一个持续积累的、动态变化的过程。其表现可以体现在两个层面：一是个体浅层感知事物所获得经验的改造或重组，即学习者个人整合自己的已有知识，对其进行重新排列组合、编排改造形成一种新颖的观点或视角；二是汇聚个体思考与顿悟的群体智慧和创新力量，即在个体智慧的基础上，聚合群体智慧并进行思维的碰撞再生，汇聚成新的智慧。因此，创新创能发展性要求引导学习者积极思考、乐于沟通、勇于实践、持续创新。

3. 环境智慧性特征

蕴含智慧性的学习环境，是创设知识情境与促进创能发展的支撑条件，也是学习者在创客教育的智慧学习环境中进行学习的重要保障。

创客教育智慧学习环境的环境智慧性表现在关注新技术与智慧战略对智慧环境的影响及作用，关注创新者，关注新技术采纳、跨领域议题、学习型组织、活动形式和创新的业务环境。其通过建立创新空间、创新文化的网络化、协同创新智慧模型和创客空间等学习环境，平衡过程创新和创造性，强化创造性文化和跨学科的智慧性解决方案，从而把智慧战略与数字技术整合提升到一个前所未有的水平。

创客教育智慧学习环境紧紧围绕着数字技术，如社会媒体、移动计算、大数据、云计算、传感物联网、因特网和机器智能等，产生聚焦智慧的技术组合，为学习者的学习体验提供更好的情境性和增值性。例如，利用社会媒体网络创造增强性共存，使不在统一物理空间的学习者仍能实时分享交流；利用数据挖掘、学习分析等大数据技术基于学习者全程学习行为的真实数据提供全方位的观察视角，甚至从独特的、罕见的视角分析提供了可能性及技术支持，从而能够瞄准情境中的具体问题提供相应的解决策略及进行个性化的偏好推荐；利用移动技术创建位置情境服务和感知，智能感知学习者的基本情况数据并同步可视化呈现；利用云计算及云存储扩能资源的访问和服务，方便学习者大型文件的存储及传输，从而提高问题解决速度，减少无效时间，提高做事效率；利用传感器等相关技术创建实时反馈与响应，增加人机交互的实用性；利用机器智能和数据智能获取全方位无间断实时数据，提高教师与学习者的洞察力及决策质量。

基于数字空间的智慧性环境通过新的连接方式整合上述多种数字技术，把各种事物和行动者实时地连接起来，增强数字技术的关联性、实用性及重要性，增强工作过程中的协同，从而获得高增值成果。因此，智慧学习环境通过新的方式的结合，驱动个体、组织和社群的多种智慧，建立跨行业和行动者创新的智慧网络，构建新的数字智慧生态系统，产生智慧生成效应。同时，智慧学习环境将因特网带入真实的世界，形成人类联网、物体联网、服务联网，这种融合将技术、媒体、市场和行动者的配置融合在一起，把因特网演变成更泛在化的外网（Outernet），利用 Web 4.0 把真实世界的产品、服务和位置的智能应用进行进一步的交联。

另外，环境的智慧性，还表现为嵌入到环境中的智能系统具有持续的学习和自我控制能力，即系统自身能够根据具体情况自动调整，持续优化。智能系统通过融入最新的人工智能技术，赋予环境记忆、计算及进行逻辑思考的智能，以便为学习者提供更加智能化的服务。当前大多数关于智能系统的研究主要是智能教学系统、智能导师系统、智能代理、智能机器人等。智能系统的研究是一股不断发展着的力量，它能够通过自我诊断、自我优化、自我增强，促进能量呈现螺旋式聚集的形态。

环境智慧性是智慧学习环境的基本特征，但必须明确的是，判断环境智慧性程度的核心指标不在于智能设备等软硬件技术的增加，而在于智能设备等软硬件技术的加入是否实现了与原有环境的契合，以及技术设备等的融入是否真正地帮助到教师的教与学习者的学，是否致使教与学的方式发生变革，以及该环境下学习者的学是否真正向着以智慧为学习中心的方向迈进。

环境智慧性的创设必须牢固树立以学习者为中心的教学理念，支持教师为主导、学生为主体"主导—主体"相结合的教学模式。智慧学习环境创设的根本目的是为学习者智慧地学掌握智慧提供支持服务，因此，环境智慧性中"智慧"的体现与评判标准必须以学习者是否智慧地学及是否获得智慧为根本遵循和依据。环境智慧性特征强调的是利用多种信息技术来创设一种数字化、信息化的教学环境，这个环境不仅把技术作为辅助教或辅助学的简单辅助工具，而且能支持情境创设、实时信息感知、实时分享与反馈、多态交互、协作创新等多种功能。

4. 感知实时性特征

感知实时性以环境智慧性为基础，以实时数据感知、实时声音感知、实时位置感知、语音识别、实时翻译、面部识别、情感计算、空间定位等技术为依托，以摄像头、超声波等传感器为硬件支撑。通过姿态、指示、凝视和语音等接口，感知学习者的身份、位置、活动、面部表情和语言情绪；通过 XWand、Phicons 等接口对物体进行跟踪、识别、控制与维护等，同时，利用人与物的类型关系模型智能关联人与对象，对所感知的人的指令做出相应反馈，并能自动分析学习者的需求，智能推送与学习者所处环境相关的学习信息，强调自动化、智能化与时效性。

具有感知实时性特征的智慧学习环境开创了具有高度代入感、沉浸感、真实感的学习实境。在正式学习过程中，学习者的学习数据、学习时间等的实时感知获取，有助于教师及时了解每一位学习者的实际学习情况，结合学生的实际学习情况记录与学生学习结果的对照，精准发现学习过程中存在的问题，从而形成个性化的指导与建议。实时感知的智慧学习环境不仅有利于在正式学习中提高学习者的学业成绩，更有利于在没有教师现场指导情况下学习者的非正式学习。如基于面部识别技术及实时位置感知的电子签到系统，督促学习者正常出勤；再如通过感知学习者的身份等基本信息，自动分析学习者的可能性需求，对学习者的独立学习进行智能辅助等。

基于实时感知所提供的有意义的敏捷反馈、学习社群支持和开放的交流，对增强学习者获得积极的学习体验显得格外重要。例如，可利用具有高度自适应、快速更新和精准识别等特性的长短期记忆网络（LSTM）模型进行语音实时感知与智能识别，以增强互动反馈，增加学习者的学习体验；应用于讲座会议现场的讯飞听见，其实时语音识别技术能自动化获取中英文语言信息，同步到大屏幕上的同时还伴有中英转换即实时翻译功能，且中英文的转换精准度极高，方便与会者跨越语言障碍的理解；便于学习者自学英语口语的英语流利说——一个相当成熟的语音实时感知、智能反馈的实用英语口语学习软件，在正式使用之前会通过一个小测试来了解学习者的词汇基础及口语情况，测试结束后不仅能即时给出学习者存在的问题，还会对学习者当前的能力等级进行划分，为学习者接下来的学习提供基础依据。同时，它不仅能跟读标准发音，还会将学习者的录音音频与标准音频进行精准匹配，并实时将结果反馈给学习者，如果匹配度较高，即学习者的发音比较精准，可以进入下一句的练习，但如果学习者的发音不准确，与标准音频的匹配度较低，则会提醒学习者再来一次并自动播放一次标准音频，学习者也能够实时听到自己的录音，便于与标准音频进行对比。通过这样一种精准化及时反馈机制，口语练习者能独自进行精细、精准化发音训练，反馈的实时性极大地提升了学习者的情感体验。

另外，实时感知性智慧学习环境有助于教师进行教学管理。在真实的学习场景中，教师通常会因为视觉、知觉的有限性及情绪的主观性等，只能获得部分学习者片面的信息，会漏掉许多相关信息，再加上由于时间等因素的影响，教师对于学生行为的判断通常具有主观性和局限性，这非常不利于公平公正地进行教学管理，而实时感知性的智慧学习环境则完美地解决了这个问题，它能帮助教师全方位地感知学生信息，从而将对学生了解的片面性向全面性转变，有助于教师进行有效的教学管理。

5. 交互多态性特征

交互多态性是面向创客教育的智慧学习环境的关键特征。交互多态性智慧学习环境通过人、物、机三大主体之间人—物（H2T）、人—机（H2M）、物—机（T2M），以及人—人（H2H）、物—物（T2T）、机—机（M2M）之间的内部交互，为学习者的智慧学习提供更加人本性、个性化的服务，满足学习者对高度互动体验的强烈需求，也为学习者进行高效深度的交流讨论提供技术支撑。

友好的多态性交互，离不开人—物通信装置设计、机器操作物体设计和多模态人机交互设计。多态交互涉及跨学科的不同领域，为人、物、机之间，自然、便捷、高效的互动提供支持。因为交互是教学过程中的必要存在，且近年来随着移动终端等通信设备、富媒体资源及智能机器设备的应用逐渐广泛，人机交互的研究明显增多。例如，Catherine Guastavino 建造的多模态交互实验室（MTL），主要涵盖听觉识别与认知、音乐检索与存档、多感官的整合、知识展示、人—机互动五大维度，是交互多态性展现的一方面，该实验室不仅涉及人、机、物之间的交互，还包含声音、文字、手势等多模态信息之间的交互转换。

多态性交互的作用不仅仅体现在人、机、物之间的交互，增强学习者的感官刺激上，它还可以极大地提高学习者的学习兴趣，提高学习者能力的同时激发并维持学生的创新意识。例如，利用作为新时代人机交互技术产物的体感交互技术——Kinect 体感交互技术，借助 C# 研究定义常用人际互动的手势动作，并将其应用于编程语言教学中，极大地改善了学生对编程学习的兴趣，教学效果显著。

6. 资源融合性特征

作为在智慧环境中通过实时感知而得到的信息统一体，学习资源具有强度融合性。从不同视角分析，学习资源的融合性可以从以下几个方面来体现。

（1）多模态资源的融合，即不同类型学习资源的融合。随着信息技术快速发展及其与课程教学的整合，支持学习者更好地学习的学习资源的数量越来越多，形式也越来越多样。当前学习资源不再仅限于文本与黑白印刷版图像，而是变成了包含文字、彩色图形图像、音频、动画、视频甚至虚拟场景等多种类型。同时，互联网络的普及发展为学习资源的共享提供了有力平台，基于云的计算与存储技术为学习资源的存储提供了技术支持。因此，智慧学习环境的构建应具有资源融合性的特征，能及时根据不同学习内容与要求使用多模态的融合资源，为智慧学习提供资源基础。

（2）线上、线下的虚拟与实体物体及空间等的融合，如真实的物理校园与数字化校园相结合。随着互联网、数字化及相关技术的发展，每个学校甚至每个学院都有自己的专属网站，这些网站中除了学校（学院）的简介等基本信息之外，还有学校（学院）各个机构的数字化空间及管理部门，与实体校园一一对应，如实体图书馆与网站上的数字图书馆，部门相互对应但具体内容又有所区别，线上、线下具有区别于对方的特殊性，也是其存在的意义。线上与线下物体的融合，是资源融合性的又一体现。

（3）真实的物体与叠加在其上虚拟控制信息的语义融合，支持异构数据库互操作，支持相关数据源的转化。例如，实体空间与基于增强现实软硬件无缝连接所展现的虚实融合的信息，是学习者学习的额外资源或拓展资源，同样可成为他们的核心知识来源。增强现实技术在虚拟现实技术的基础上，基于现实场景与虚拟场景的构建，配合智能头戴设备、手柄等硬件设备，虚实结合，能极大地提高学习者的代入感与沉浸感，从而增强其学习体验的切身感，优化学习体验。

（4）虚拟控制的信息与线上物体的数据融合。线上物体为虚拟控制的信息提供源源不断的数据，而虚拟控制的信息又实时扩充线上数据库，它们的数据融合体现了学习者对知识的核心诉求，这里的线上物体可以有多种，本书以对学习者的智能感知而建立的学习者模型为例，学习者的学习情况会在线上实时全程记录，形成学习者个性化的学习路径，系统可以结合学习者模型及其学习路径给出有针对性的学习指导，还可以自动进行学习偏好推荐，当然，学习者也可以按照自己的想法收集或上传、分享学习资源，进一步加深资源的融合性。

（5）搭建研—赛—产—商协同育人平台，解决学校人才培养与企业需求脱节的问题，以行炼能有效提高学生解决复杂问题的综合能力和实践动手能力。

实行"本科导师制"、教师"学术进课堂"等，学生大一就跟着导师的科研项目，推进研学协同融合育人；依托学科竞赛，学赛协同融合，以赛促学；成立校企联盟，设立"企业大讲堂"，联合中船、港务等名企制订培养方案、开发课程等，实现产校协同融合；开展创客教育、设立创客空间，搭建商科实践平台，推进商学协同融合。

将分散的实践环节通过研—赛—产—商纵横连接，形成基础训练层、专业基础层、专业层、综合设计层逐次递进的实践体系，实现一二课堂、课内课外、学校企业、专业教育与家国情怀思政教育融合。

7. 服务定制性特征

我国由于人口众多，各学习阶段的适龄学习者也多，因此学校一直采用班级授课制的形式进行教学，且由于班级人数较多，学习科目及内容丰富，基于班级授课制的传统学习很难做到定制化服务，教师没有充足的时间，也没有足够的精力照顾到班级里面的每一位学习者。然而在使用以移动智能终端、泛在网络、智能计算为新常态的学习型社会中，通过耦合先进技术与现代教育理念于智慧学习活动，能够改变"统一定制"的同一化刻板要求，进行"私人订制"的有针对性的教学，从而更好地支持每位学习者的个性化学习，使学习者得到更好的发展。

服务定制性强调以学习者为中心和对每一位学习者不同需求的服务性，

关注不同学习者之间认知水平、性格特点和学习基础等的差异性，利用智能感知技术、自适应技术等创建学习者模型，通过构建多层次的知识内容，创设"多维、多模态的学习选择，为学习者提供个性化、创新化的学习"私人订制"服务，以满足学习者参与创新的、独特的学习需求。

服务定制性是个性化学习的内在要求。近年来，随着大数据技术、学习分析技术的宣传应用，个性化学习成为研究热点，这其实不难理解，因为无论是数字化技术构建的数字化学习环境还是智慧学习环境，其根本目标都是实现学习者的个性化学习，挖掘学习者独特的潜力，使每一位学习者都能得到充分发展。

而服务的私人订制性是实现个性化学习的必要路径，个性化学习的实现需要有针对性的学习支持服务，以学习资源而言，当前的学习资源非常丰富，不仅数量多，种类还多样，如果没有针对性的智能推荐，学习者在收集选择资源方面会浪费大量的时间，而且超链接知识结点的便捷性很可能使学习者淹没在信息的海洋中。因此，类似于根据学习者需求及偏好进行智能推荐的定制性服务，是真正帮助学习者实现个性化学习的必要依托。

服务定制化的实现离不开环境智慧性、感知实时性、资源融合性等几大特性的支持。例如，以科学知识、活动生成的大数据为基础，以深度学习结构为挖掘方式，结合语言理解与图像识别，智能化输出问题答案、图像信息和动作示范等为学习者定制服务。因此，服务定制性的实现先需要记录并采集学习者在不同场景中的大量学习行为数据，基于这些数据构建学习者模型，同时还需要利用学习分析等技术对数据进行实时处理分析，再结合人工智能技术科学预测、智能推荐。

8. 决策科学性特征

在推进教育治理体系和治理能力现代化的过程中，教育决策科学化的重要性越来越凸显，提高教育决策科学化和民主化的水平，是促进教育健康发展的基本保证。

无论是在线上还是在线下的学习环境中，评价反馈都对学习者的学习状态具有显著影响，传统学习环境中教师的评价反馈与决策通常是基于学习者的直观表现和自身教学经验所判断的，导致决策存在表面化和主观化的特点，教师若想了解学习者真实的知识掌握情况需要后续的测试，具有一定的滞后性。而新一代智慧学习环境基于环境感知技术、大数据技术及学习分析技术等多项技术的应用，能够在获得学习者全方位、动态数据信息的基础上构建全面化、精准化的学习者模型，并据此进行关于兴趣爱好及决策建议的智能推荐，因为整个过程是基于学习者的实时动态数据实现的，故具有相对真实性、客观性及科学性等特点。

面向创客教育的智慧学习环境中的决策科学性主要表现在教师的决策科学性和学习者的决策科学性两方面，两者相互影响，彼此作用，共同为学习者智慧学习活动的开展和智慧学习目标的实现提供动力支撑。

教师决策的科学性与否对于全体学习者的学习状态、相处模式及学习结果都具有重要影响。智慧学习环境的构建使教学内容、学习资源、教学评价甚至教与学的方式都向数据化方向转变，为了更好地发挥智慧学习环境的价值，实现教学全过程的智慧化，教师决策需要由之前基于主观直觉和以往经验的经验化决策向基于数据的科学化决策转变。教师的决策主要表现在教学设计决策和教学管理决策两大部分，其中，教学决策主要指与教学活动设计、教学进度安排、教学内容拓展、巩固练习设计等教学设计相关的决策；教学管理决策则主要指为了维持教学环境的秩序，保证教学活动的顺利开展，以及教学目标的实现而进行的关于人员分配、不当行为管理等相关的决策。

学习者做出的学习决策直接影响他们的学习行为表现与学业成绩，因此学习者学习决策的科学性与否势必关系到创客教育的智慧学习环境的效率高低。学习者进行科学化的学习决策不能仅仅依据个人兴趣爱好及一时的冲动，而是需要借助学习分析技术和信息及思维的可视化技术来辅助做出判断与选择。学习分析技术方面的支持表现为：在确定或不确定的信息场景下，通过对学习者自身学习过程中生成的大量数据进行科学分析，优化决策并减少误差，从而发现潜在问题，评估学术进展，预测未来表现，具体的支持工具如NVIVO、ATLASTI、CATPAC、LIWC、VINCA、UCINET、COORDINATOR等。另外，借助信息及思维可视化技术的支持表现为：用图表或立体影像展示复杂数据的技术，旨在快速轻松地识别事物的关联与模式。由于学习者自身的知识结构和认知特征，以及思维的局限性，相较于教师决策更具有主观性、暂时性等特征，因此，学习分析技术与信息及思维的可视化技术对于学习者做出客观、科学的教学决策至关重要。

总而言之，科学化决策离不开信息技术的支持，特别是基于数据的采集、处理、分析、可视化等相关技术，在这个过程中，数据可视化模块作为教师和学习者对数据及模型使用的最后环节，且相较于文本信息，人类更优先选择图表、文字云、思维导图等直观的视觉信息。教师和学习者应结合数据可视化技术，充分发挥可视化技术的价值，培养并提升自身的数据素养，力求做出科学化的决策。

二、创客教育智慧学习环境的设计

以智慧性为核心的学习环境研究，具有高度复杂性，需有适切的理论基础支持，遵循认知科学规律。正是智慧学习环境的新突起和高复杂，不仅决定了理论基础中融入新的时代认知科学发展成果的重要性，而且决定了从多元理论视角下对环境进行设计的必要性。因此，对创客教育智慧学习环境研究进行精细设计具有重要意义。

设计模型是提出要素、梳理关系和反映机理的实果，是对复杂事物或过程的概括化。智慧学习环境设计模型的构建，抽取出核心要素、梳理要素间关系、反映其本质机理，促使环境紧紧围绕智慧性而表征出多样性、效能性和创造性。因此，智慧学习环境模型的设计，对学习环境研究者开拓环境设计视角、丰富设计模型和指导具体智慧学习环境构建具有关键作用。

创客教育的智慧学习环境以培养学习者"技术智慧"和"创造智慧"这双重智慧的融合为目的，旨在通过给予满足学习者特定需要的理解，获得问题的解决方案，从而培养和提升学习者独立处理复杂问题的能力。

作为知晓知识、参与创新和获得智慧的学习场域，高校创客教育的智慧学习环境，需要紧紧围绕"智慧"，同时以嵌入其中的环境感知、云端服务、工具支持和系统融合为基本支撑，着眼于学习活动、演化资源、智能空间这三大要素，着力于对三大要素相互融合所表征的多样性、效能性和创造性进行设计，致力于实现智慧目标。

（一）创客教育智慧学习环境的多样性设计

多样性设计，是高校创客教育的智慧学习环境的智慧性设计的首要组成部分。高校创客教育智慧学习环境的多样性的设计，主要包括对学习活动和演化资源这两大核心要素的设计。其中，多样性演化资源是丰富活动内容与学习方式的基础，而多样性学习活动又会增加学习资源的生成，多样性演化资源与多样性活动两者相互依存，彼此促进，共同实现创客教育智慧学习环境的多样性设计目标。

1. 多样性的学习活动设计

（1）创客教育智慧学习活动的要素。创客教育的智慧学习活动是一个由多要素共同作用而构成的融合体，通过对活动整体进行深入拆解剖析，明晰活动的六大构成要素——技术、使能、方式、过程、给养和成果，进而清楚活动各要素之间的联系，从而为创客教育智慧学习活动的设计提供清晰的逻辑思路。

第一，技术。技术是学习活动寻求创新的必然选择，也是创客教育智慧学习活动顺利开展的关键要素。当前，快速发展成熟的技术不再仅仅是学习活动中传授知识的工具，而是具备感知学习者基本信息、预测学习者学习需求、追踪活动开展路径、统计全过程动态数据、呈现分析报告及可视化功能的中介，具体包括嵌入技术、移动技术和无形技术。

常见的嵌入技术包含 DSP、ARM、单片机、FPGA 等，嵌入技术的核心是嵌入式系统。通常，嵌入式系统是一个控制程序存储在 ROM 中的嵌入式处理器控制板，因为大部分嵌入式系统是针对用户特定任务而定制的，所以有些嵌入式系统还包括操作系统。嵌入式系统在消费电子、电信设备、工业控制、汽车电子、医疗电子等领域广泛应用，在教育领域，由于嵌入式技术强调软硬件的结合，因此在环境建设方面有一定的应用，如基于云桌面的嵌入式技术实验环境建设的研究等。

移动技术本身具有很广泛的定义与分类，如移动语音服务、无线电广播、蓝牙技术、全球定位系统（GPS）等，此处的移动技术主要是指以智能手机、笔记本电脑等智能移动设备为载体，以互联网络为介质，教师能随时随地创建移动多媒体学习空间的移动智能工具。移动技术与互联网的融合为当前的教育带来了极大的变革，也为智慧学习空间的创建开辟了全新的视角。

无形技术也可以称为"软技术"，是与具有实体形态的"有形技术"相对而言的，即指不具有实体形态的技术，如虚拟场景中的数据、信息等技术，管理技术及组织活动的方法与手段等。智慧学习活动的成功开展，离不开有形技术与无形技术的共同作用，两者相辅相成，共同发展。因此，在研究、开发及引进有形的硬件设备等技术的同时，应注意相应的无形技术的研究与开发，让有形技术与无形技术两条腿一起走路，这样才能在更好地发挥其自身价值的基础上，产生一加一大于二的效果。

关于技术对学习的重要支撑作用，乔纳森等人也强调技术不应该仅仅作为传递的工具，而应该作为学习者思考和知识建构的促进者和帮助者，并将技术应用于学习的方式分为五种：① 技术作为智能知识建构的工具，用以表征学习者的观点、理解和信仰，以及帮助学习者智造结构化的多媒体知识库；② 技术作为探索知识的信息工具支撑学习者在建构中学习，用以访问需要的信息及比较观点、信仰和世界观；③ 技术作为背景支撑做中学，用以描述、模拟有意义的真实世界的问题与情境，出现他人的观点、意见和故事，以及定义一个安全的、可控的问题空间给学生思考；④ 技术作为社会中介支撑在对话中的学习，用以与他人合作，在共同体的成员中讨论、辩论并达成一致意见，以及支撑知识构建共同体之间的对话；⑤ 技术作为智能伙伴支撑在反思中学习，即帮助学习者清楚地表达并呈现他们所知道的，反思他们学会的及他们是怎样学会的，支撑学习者对意义的个人表述，以及支撑用心的思考。

人们关于技术对学习的作用的分析，在智慧学习活动的设计与实施过程中具有重要的参考意义，教师可以依据活动内容及实际具备的技术基础与硬件设备基础，结合实际需要进行适当的选择与应用。

第二，使能。使能是技术发挥作用的具体体现。创客教育智慧学习活动中的使能体现在技术使能的空间、技术使能的学习和技术使能的评估等各方面，主要表现为紧密耦合前沿技术到创客教育的智慧学习活动中，通过搭建技术赋能、使能的学习空间，使学习者利用技术进行扩展或增强自身能力的技术使能的学习，并基于合适技术进行技术使能的评估，以此来充分发挥技术的使能作用，从而帮助学习者将其创意想法逐渐实现由不能变成可能，由小能变成大能。首先，技术使能的空间是指以技术融合为支持的实体物理环境与虚拟环境的总和，智慧课堂、实境情境、未来空间站、学习讨论群及论坛等都属于技术使能的空间，其能够为学习者在活动中捕获新颖思维提供给养。其次，技术使能的学习是指学习者在技术使能的空间中通过使用合适技术、参与各种学习活动而获得的思维、经验、策略和行为的总和。最后，技术使能的评估是指对学习者参与的活动过程进行全方位的监控、数据的采集处理及评估，其结果是智慧学习活动过程中进行精准化的学习分析和科学化的教学决策必不可少的支持与依据。例如，通过数字徽章评估机制来追踪、捕获和可视化学习活动，在正式或非正式学习中全面考察学习者的学习能力，以做到科学评估。

第三，方式。活动方式作为创客教育智慧学习活动的核心要素，直接关系到整个教育活动的方案设计，更影响学习者创造能力的生成。在技术使能的学习空间的支撑下，此处将创客教育智慧学习环境中的活动方式分为自主式、路演式、共创式和探究式四种。

自主式是指学习者以"终身学习和创造性学习"为目标，以技术使能的空间为外部条件，根据自己的兴趣爱好及需求，自发性地开展学习活动，主要表现为学习者积极主动地去实现自定目标，并在实现自定目标的同时实现个人学习的自我发展，从而提高自身的创新思维与反思能力。

路演式是指学习者通过腾讯 QQ、微信、视频、音频、白板等线上群享工具或线下公共活动区间进行项目宣讲、产品演示、想法理念推介等手段展开学习。路演式学习活动注重介绍分享，但分享介绍的前提是讲演者自身十分精通，同时，无论是线上还是线下，都需要一定的社交媒体等宣传平台。

共创式是指从"学习即社会建构"的视角出发，以学习者为中心，强调学习活动的互动性和实践性，以团队或小组为单位来解决生活中的实际问题，团队或小组成员共同参与问题的解决过程，共同创造解决问题的新思路。共创式的学习活动能够满足学习者合作互动的需求，促进学习者积极参与活动，同时提高学习成就感。共创式强调团队成员的集体努力，术业有专攻，通过头脑风暴等集思广益，大家提出各自的问题，一起分析交流，一起寻找解决方案，并在这个过程中逐渐建立起学习上和精神上的双重联系，在获得知识技能的同时，养成强烈的团队意识。

探究式是指学习者结合技术工具，在连通早前捕获的学习经验与当前感知的信息时，对不确定领域进行持续性探索的活动方式。探究式学习活动通常是围绕一个既定问题，先吸引学习者的兴趣，然后结合角色扮演等给不同学习者分配不同的身份，增强学习者的代入感和责任感，在保持探究热情的情况下，达到掌握知识、培养能力等目的。

不同方式的创客活动适合不同主题及内容的学习，但创客教育的智慧学习活动并不是单一方式的运用，而是多元化、信息化和个性化方式的整合，如复杂性"实境任务设计项目"等，通过多种活动方式的自由组合，有利于个体进行深度学习和创造性学习，从而促进学习者的全面发展。

第四，过程。过程是对学习活动整体概念的表述，在技术使能的创新教育智慧学习环境中，学习活动是一个动态变化的、个性化的学习过程，表现出技术的支持性、方式的多元性、思维的高阶性和过程的灵活性等特征。首先，动态变化的学习过程是指整个活动过程不是预设的，不是完全按照预先的计划一成不变地执行的，而是在预先设计的基础上，根据活动过程中学习者的即时反应，针对学习者需求及技术使能的评估结果，实时动态调整、改变活动策略，把控学习行为指向，直到目标的成功实现。其次，个性化的学习过程是指在智能技术的支持下，学习系统依据学习者模型中学习者的学习状态、学习层次的分布等信息，为每个学习者智能推送个性化资源，如智能信息、工程项目、问题、案例、虚拟仿真动画等，以满足学习者个性化的学习需求，从而达到个性化学习的目标；同时，技术捕获的学习经验则是指学习者在参与任务模拟训练、竞争益智、问题传递、问题抢答、拍摄反馈、合作探究等学习活动的过程中，通过运用移动智能终端、3D打印机和增强现实工具等技术设备，获得技术捕获的知识、方法、策略和技能的综合体。

第五，给养。给养是指学习环境中的实体所具备的支持学习者特定类型的感知和行为可能性的属性，它揭示了有机体和环境之间的交互决定方式。给养可以分为物理给养、感官给养、认知给养、操纵给养和情境给养五种，为学习者在智慧与创造的学习活动中进行灵活化、情境化学习提供必要支持。其中，物理给养是指在使用工具时用以支持学习者的身体动作；感官给养是指通过文字、语音、图片、视频等交互方式，支持学习者眼、耳、舌、肌肤等感官；认知给养是指通过设计工具以帮助学习者对物体进行认知，以及理解事物组织方式；操纵给养是指通过设计工具内部执行结构以支持学习者对工具的操控；情境给养是指依据体验学习理念设计出更加人本化工具，使用这些工具为学习者提供知识学习的情境，便于学习者形成知识学习网络。

总而言之，不同活动目的的实现需要不同给养的提供，因此，在创客教育的智慧学习活动中，要根据具体活动的要求，学习者的实际需要，利用知识即时共享、数据可视化呈现技术，智能导学、实时反馈及反思系统，思维导图、知识图谱等认知工具，以及多样化技术工具为学习者提供适切性给养。

第六，成果。成果是指创客教育的智慧学习活动目标最终达成的状态，是技术、使能、方式、过程和给养五要素适切配合与深度融合的结果。成果是创客教育的关键组成部分，根据学习成果的分类，可将创客教育分为三个不同尺度：① 以可视化的作品为学习成果的广义创客教育；② 以微创新的可视化作品为学习成果的中义创客教育；③ 以微创新的物化数字作品的狭义创客教育。

在创客教育的智慧学习环境中，学习者在技术搭建的空间中主动参与活动，灵活地转变思维方式，拓展学习机会，支持个人学习计划，访问全球连通的学习资源，改变行为模式，获得技术捕获的经验，成为技术赋权的学习主体。同时，无意识的技术应用，能够促进信息的流动与知识的转移，促使学习者进行全新的学习体验，提高学习者的学习能力，对学习成果方面具有显著影响。显然，在这个技术融合的世界中，学习者被赋予了创造性发挥新思维、新想法的权利，能够在创客教育的智慧学习活动中逐渐成为具有智慧的人，知道如何用新思维、新方法和新技术解决新问题。

创客教育活动的开展通常是以项目为基本依托的，注重创造产品的过程与方法，比较侧重于学习者通过软硬件技术的运用，将自己的创意想法付诸实践，从而产生可视化的学习成果，可视化的学习成果常被看作创客教育是否成功的关键。

（2）创客教育智慧学习活动的多样性设计。面对数据超额生成、信息量过载的当代社会，如何变革学习者学习与认知的方式以适应学习环境的变化，最终落脚点在于对学习成效有直接影响的学习活动上，因而学习活动的设计是决定创客教育智慧学习环境设计成败的核心要素，活动设计的得当与否直接关乎智慧学习环境构筑的成效。

由于智慧学习活动具有技术、使能、方式、过程、给养和成果六大要素，六大要素彼此相关，互为支撑，因此，创客教育智慧学习活动的多样性设计应紧紧围绕这六大要素，特别是技术、使能、方式与给养，通过多种技术、多种资源的使用，实现并丰富学习活动的多样性设计。

创客教育智慧学习环境中的学习活动应该是深度学习活动，即指通过运用创新方式将丰富的核心内容"传递"（不是指学习者被动地接受知识，而是指教师对学习者学习的指导与启迪）给学生，激发学生学习的主动性，促使学习者应用所学知识与技能解决真实问题的活动，以获得批判思维、沟通交流、内容知识、学会如何学习，主要包括基于项目的学习、基于问题的学习、基于探究的学习、基于主题的学习等积极参与式的学习活动。

基于项目的学习活动强调通过实践获得真知，一般而言，基于项目的学习是指让学生通过对复杂、真实问题的探究过程，通过精心设计项目作品、规划和实施项目任务，掌握所需知识和技能的一整套系统的教学方法，这里的项目是指复杂的且具有挑战性的任务，通常是学科内容与真实工作等的连接，便于学习者通过项目完成过程来熟悉真实的工作程序并完成工作目标。创客教育、STEAM 教育等通常会设计并采用基于项目的活动，通过学习者切身参与到一个项目完成的完整过程，拉近理论学习与生活实际之间的距离，为完成项目而不断经历思考与尝试，从而在项目完成的过程中培养与发展学习者的发散思维、批判性思维和创新创造能力。

基于问题的学习活动主要用于非良构问题的解决，早期是美国的医学教授结合真实病人遇到的情况，形成一个诊断问题给学生，然后在教授的指导下，学生对诊断问题提出假设，再通过进一步检测收集病人相关数据来验证假设，该学习活动旨在让学生在真实问题情境中思考解决办法，此处的问题通常是由教师提出的非良构性问题。

基于探究的学习活动主要分为自主探究学习和合作探究学习两种，探究性学习是指学生通过类似于科学家探究活动的方式获取科学知识，并在该过程中，学会科学的方法、技能和思维方式，形成科学观点和科学精神。通常而言的探究性学习是教师通过探究活动的开展，让学习者在实际发现、分析及解决问题的过程中掌握知识和提升各方面的能力的过程。探究性学习更加重视学生发现问题、分析问题和解决问题的能力。

基于主题的学习活动强调学习的内在逻辑性，其中"主题"通常是指依据知识的内在逻辑和生活逻辑整合起来的话题，基于主题的学习活动变现为基于话题或问题，以学生的已有经验与生活实际为基础，内容通常是整合式的，涉及之前学习内容与现在学习内容的重组，有助于学生知识系统的形成。

上述四种类型的学习活动都是以学习者为中心，都遵从"学生主体—教师主导"的教学模式，主张学习者主动性的发挥、主体性的体现，其中基于项目的学习和基于问题的学习应用更广泛。相比较而言，基于问题的学习大多运用于医学、法律、经济和心理学等社会学科，而基于项目的学习则多用于计算机科学和工程学等学科，近年来盛行的关于 STEM/STEAM/创客教育等的研究中，也大多数是以基于项目的学习形式来开展活动。

基于创客教育智慧学习环境下要开展多样化的深度学习活动。首先，最初的问题来源于真实生活之中，每位学习者的生活方式不同，因而对统一问题每个人会有不同的视角，会形成不同的认识和看法，大家各抒己见，这就有利于学习者彼此批判性地看待问题，在社交媒体等交互设备的支持下，高效地与同伴沟通；其次，来源于真实情境中的问题通常是跨学科的问题，因此这有利于学习者在掌握专业核心知识的同时了解与之相关联的其他跨学科领域的知识与发展情况，以及掌握多种学习的方法与技术；最后，学习者将所学、所知、所思、所想与真实问题联系起来，并用以解决问题，这有利于学习者养成发现问题、思考问题、解决问题的意识，以及更为灵活地运用知识，敏捷地迁移技能，科学地创新事物。

2. 多样性的演化资源设计

在创客教育智慧学习环境的活动中，无论是活动内容的智慧性学习，还是活动方式的多样化开展，都需要丰富学习资源的支持。而演化资源作为学习资源的高端形态，是进化的进化资源，因此，明晰演化资源的具体进化形态，并依其设计多样化的丰富资源，对活化学习体验及开展智慧活动至关重要。

（1）演化资源进化形态。演化资源，是指进化的进化资源，是在连通和泛在的环境中处于动态和不断演化的学习资源，从静态的材料数字型、自展型、媒体微型的基础的学习资源，不断演化为信息立体化、自创+共创、任务关联化、情境自适应，以及持续进化的创客教育的学习资源。该资源可以划分为三个层级——初级资源、次生资源和创生资源。其中，非技术性的投入越少，人与群体的智力投入越多，则演化资源层级就越高。

初级资源是次生资源与创生资源的基础，主要是指未经过处理、未经关联的、原始的数据信息。初级资源通常是通过仪器记录、智能设备跟踪、个体观察等方式获得的能够表征事物变化，真实地反映客观实在现象的资源，具有低关联、多碎片、弱聚焦的特征。随着云计算、互联网络和大数据技术的快速发展及传感器、自动感知设备、移动终端等硬件设备的支持，对学习者动态的学习全过程的数据采集得以实现，特别是在互联网技术和移动智能设备等的强大作用下，可以突破时空的限制，时刻获得学习者的各类数据，这在极大程度上丰富了初级资源。当然，除了对学习者基本学习行为等非结构化数据的采集，随着虚拟现实技术、增强现实技术的发展，虚拟场景的构建、虚拟物体的建模等也产生了大量的多样化资源，例如，立体仿真资源、实时感知数据等。

次生资源是对初级资源的处理、剖析、关联、思考、解释与协调整合，其强调对于事物内在发展规律的揭示，以及数据信息的可视化呈现，通常以形象化、关联性的可视化形式存在。次生资源主要是对初级资源的直接精简、重新组合、可视化呈现等，主要表现为借助各类处理分析工具，对初级资源进行加工处理，通过剖析其内在联系，连通断裂的相关数据，结合生成数据所暗藏的原理与模型、追寻其所蕴含的意义或文化，达到可视化展示初级资源的内在关联及预测事物发展的目的。

创生资源则是对次生资源的升华与再创，是资源开发者经过顿悟而创新的实果，也是方法与策略的集合，更是个人经验与集体智慧的融合。它是次生资源的升华，同时又可利用相应策略来指导初级资源的生成和次生资源的整合。

（2）演化资源的设计内容。创客教育的智慧学习环境，是一个动态的学习场景，是一个为学习者提供创新可能、多样化选择的智能场域。与此同时，智慧学习环境的变革进程应是一个不断进化的、递归发展的多线程过程。在进化及递归发展的过程中需要融入新元素，注入新动力，如"变化发生方式的变化"的新技术元素，这些新技术元素将催生创客教育时代新的学习方式，发展出发挥个人与集体智慧的创新形态的新导向。

第一，演化资源的多样性实现方式。演化资源的多样性主要通过以下两个方面来实现：

一方面，在资源创造和再创造的过程中展示其自然性与去中心化。在新的创新时代，互联网络及开源软件的普及应用使任何使用者都可以对资源不断进行整合、重组与再创造，这就意味着人人都可以成为资源使用者的同时，也都可以成为资源的创造者与提供者。学习者可借助移动智能终端，将活动经验等隐性知识转化为文本、图片、视频等显性资源，将自然发生状态下操作的现象、工作流程、活动过程等图像化或视频化的实用资源传播于社会网络上，这些都表现了演化资源的自然性特征；同时，学习者也可以根据自己的实际需求，随时随地地搜寻自己所需的各类资源，如果觉得这些资源不太好，也可以自己再重新设计制作并上传分享，这表现出了演化资源的去中心化特征。全新的资源分享方式体现出资源的使用与创造已突破时空与阶级的界限，越来越多的资源成为大众共同创新的成果。

另一方面，演化资源的多样性，是学习者在非预设条件下协同设计与共同创造的成果。学习者针对课题的在线研讨、项目的探究、内容的辩论等数字化内容，针对主题的协同写作、概念的共同完善等在线信息，皆可成为学习资源，而且这是集体智慧的结晶。各类智慧教学系统等的应用支持同步记录与更新学习者的创新想法及假设，系统支持学习者一键保存自己的已有学习及思考成果，只要学习者具备高价值的知识或技能，皆可分享与传播，而这些分享的智慧将成为所需资源使用者的各种支架式信息，帮助相应的使用者的知识生成与技能训练过程。

第二，演化资源的多样性设计维度。对于演化资源多样性的设计可以从"泛在、智辩、分形、递归"四个维度展开，具体如下：

一是，泛在。无处不在的多样化资源，既是演化资源的内在特征，也是学习者对智慧学习环境的强烈要求。随着终身学习、碎片化学习理念的推广，大家希望也需要随时随地获得各类知识、资源，因此，泛在维度的演化资源的设计是对当前资源的关键设计，泛在的实现不仅需要云计算及云存储技术的支持，保障众多演化资源的存储，而且需要互联网技术的支持，保障分散演化资源的共享。此外，由于泛在演化资源的存储及共享都是基于云及互联网络进行存储和传输的，因此考虑到存储及传输的便捷性，多样化的演化资源的设计应尽量精简，在保证质量的前提下尽可能缩小其所需的存储空间。同时，设计泛在的资源应依托群体，展现集体智慧，创造共建共享的知识。

二是，智辩。智辩是指通过提供极具思考性与挑战性的问题，为学习者创造"越辩越明"的多样化资源。只有身处智辩的多样化资源中，才能为学习者智慧的生成、创造力的发挥提供可能。智辩演化资源的设计需要从不同角度、不同视角出发，因此需要跨学科人才的参与，这为学习者全面地、多角度地看待问题提供了支持，只有对问题的不同方面都明晰了，才能够辩证地看待问题，从而形成客观的认识与观点，这也是"越辩越明"的必要支撑。

三是，分形。分形是指事物并非仅仅处于二维或三维的空间中，而是处于一种更为复杂的、非线性的状态，并且这才是一种真实的自然状态。根据分形理论，演化资源的设计应该考虑到使演化资源尽可能自然地表征真实的、复杂的各类问题，促使学习者感知事物的自然存在，而非人为抽象出来的模型。分形演化资源的设计应尽可能在日常生活经验的基础上演化提升，抽象概括，但同时应保持其与自然生活的关联性，帮助学习者快速地建立与生活的联系，而不再是孤立的二维或三维存在。

四是，递归。明晰演化资源从初级到次生，再到创生阶段的演化过程，初级资源为次生资源提供思考依据及必要支持，次生资源是初级资源的加工进化形态，又为创生资源的产生提供必要支持，创生资源是次生资源的升华与再创，同时又为初级资源的搜集提供指导，间接影响次生资源的设计与开发，三个层次资源的相互影响、递归发展，说明了资源只有处于不断流通的、动态的、智慧共建共享的递归式的进化过程中，才能使知识不断增值，才能使知识成为持续的、活的知识。

（二）创客教育智慧学习环境的效能性设计

多样性智慧学习环境为教师及学习者提供更多的选择，但仅仅具有多样性是不够的，智慧学习环境的存在就是为了能给学习者提供智能支撑，通过给学生提供丰富的学习资源及简单友好易用的技术工具，帮助学习者更好地进行学习与创新创造，因此智慧学习环境是否能真正地给学习者提供其所需要的支持，即智慧学习环境是否具有实际效用性，是高校创客教育智慧学习环境设计的关键所在。

智慧学习环境效能性的设计需要在明晰学习者的基本信息的基础上，结合一定的教育学、心理学等相关知识，特别是学习科学的相关研究，关注学习者认知过程的发展及学习风格的形成等，从而结合其特征给予适当的学习资源，设计适切性的学习活动，在智能空间及技术工具的支持下，帮助学习者更好地学习。其中，学习科学是国际上近几十年发展起来的一个跨学科的研究领域，涉及教育学、信息科学、认知科学、脑科学、生物科学等重要学科。

学习科学研究的目标，首先是为了更好地理解认知过程和社会化过程，以产生最有效的学习；其次是为了用学习科学的知识来重新设计课堂和其他学习环境及用到的认知工具，从而使学习者能够更有效和更深入地进行学习，简单而言，学习科学就是专门研究人究竟是怎么学习的，怎样才能促进有效地学习这一根本问题的。由此可见，学习科学的研究目标，正是智慧学习环境发挥作用及实现价值的重要考量，因此，结合学习科学相关研究作为智慧学习环境的效用性设计的支撑，是十分有道理且必要的。

实际上，当前学习科学对于智慧学习环境效用性特征的实现具有强大的支撑作用。因为学习科学在自身发展的过程中，在研究内容上，从只关注个体内部认知结构的心理状态，逐步拓展为结合真实情境的认知研究，如开始研究真实情境等环境因素对学习的影响等；同时，在研究方法上，从关注宏观的、可见的行为表现，如通过视频分析、语音分析等研究学生的行为学习情况，逐步拓展到微观的、肉眼不可见的行为变化，如应用大脑成像、眼动追踪、心率等技术测量大脑的真实生理变化。因此，学习科学的相关研究使教师、学习者及教育相关研究者能够从生理学与心理学双重角度分析学习者的真实学习表现，这也为我们当前智能空间中的众多智能分析、智能推荐等提供了理论依据。

创客教育智慧学习环境效能性的设计，主要包括对高效能的演化资源的设计、高效能的智能空间的设计及高效能的学习活动的设计三大部分。其中，高效能的演化资源，既是智能空间自然融合数字影像信息和实体空间的基础，又是智慧学习活动开展的必备支持，也是高校创客教育智慧学习环境的内在要求；而智能空间的效能性设计又为演化资源的升级及更好地支持学习变革提供关联化的情境依托，为智慧学习活动的开展提供全新的活动场域；最后，智慧学习活动作为实现教学目标的必要凭借，其效能性的实现离不开高效能的演化资源和高效能的智能空间的共同作用，同时，经过验证的高效能学习活动的成功开展，为演化资源和智能空间的进一步改善及优化提供事实依据。因此，效能性设计是学习环境智慧性设计的关键部分。

1. 高效能的演化资源设计

（1）高效能演化资源的特征

创客教育智慧学习环境中演化资源的高效能特征可以从两个方面来体现：一方面是情境性与高度代入感；另一方面是高度聚合与支持性学习策略的获得。

第一，情境性与高度代入感。情境性与高度代入感是智慧学习环境高效能演化资源的体现。其中，情境性意味着空间中的演化资源能自动地去匹配、适应学习者的位置移动、学习路径、学习偏好和动态活动，并结合学习科学的研究及技术的支持，为学习者提供适切性资源、情境性帮助和及时反馈，这对于正式学习与非正式学习都极为关键。

由于知晓知识的过程就是理解知识在不同情境中的表现与运用，因而作为学习知识的物质基础的演化资源，同样应支持知识获得的过程，这就要求应该根据学习者的特征及实际情况，对动态变化的学习者需求提供情境化与高效能的资源。其实真实情境化学习的典型表现大家应该都不陌生，在移动设备及互联网络普及应用之前，校园中的树木等大型植物上通常挂有一个小小的牌子，上面写着该植物的名称等关于该植物的基本信息，不过信息量很少；随着移动设备及互联网络的普及，小牌子上面逐渐多了二维码，大家通过扫一扫该二维码就可以立即获得关于该植物的详细网页信息，如文本、图片甚至相似植物的照片对比等；而现在，随着图像识别技术的发展成熟，我们不再需要二维码之类的辅助，直接通过对该植物叶子等的拍照识图功能就能够查到绝大多数植物的详细信息。因此，智慧学习环境也随之突破课堂教学环境的局限性，由狭窄的教室拓展到广阔的户外。

真实情境化学习环境固然有利于学习者的感受与学习，但许多知识的真实情境化环境并不容易获得，因此，随着虚拟现实技术与增强现实技术的发展，使得智慧学习环境由线下拓展到线上、线下相结合，越来越多虚拟场景的构建，为情境化学习提供了巨大的资源支持，主要表现为学习者可利用智能手机、穿戴设备、透视显示器等移动智能装置，利用融入增强现实技术而展现的叠加在真实物体上的影像信息，以加深学习者对事物的理解。

例如，学习者可利用"移动性透明显示屏"在户外探究性学习植物的类型、特征和品种，针对感兴趣的植被只需要扫描一下，显示屏上则展现立体的植物生长过程、可视化养分分析、图像化的植被特征对比等信息。

具有高度代入感的演化资源，能使学习者随着资源脉络、场景及内容情节的发展走向产生相应的情绪、情感变化，使学习者能够身临其境般感知内容，从而使学习者产生高度认同感，并生成积极的活动体验，这使得促进学习者对知识的深度理解和灵活运用及提升学习效果具有强大的积极意义。

关于高度代入感，以游戏的设计与开发为例，虚拟现实、增强现实技术重要的应用之一就是游戏。当前，许多游戏中场景、任务、道具、交互等的设计越来越精细，使许多游戏玩家沉迷其中，甚至玩得根本停不下来。如果教育界也能通过教育游戏或虚实结合情境化学习资源的设计使学习者产生"学得停不下来"的感觉，那才是虚拟现实与增强现实在教育界充分发挥价值的表现。

结合当前虚拟现实技术和增强现实技术的应用现状，学习者通过佩戴特殊的眼镜、耳机甚至穿戴相应的衣服、手套等智能感知设备，能在视觉、听觉、触觉等多种感官体验的基础上实现与虚拟场景之间的多种交互，而且，佩戴上此类设备之后学习者更容易沉浸在其学习世界中，也会减少与其他学习者之间不必要的交谈，这在某种程度上不仅能够提高学习者的学习兴趣与积极性，而且可以提升学习者的活动参与度与体验感。

第二，高度聚合与支持性学习策略的获得。高度聚合与支持学习策略的获得是高效能演化资源的展现。演化资源并不是孤立的知识单元，而是具有高度关联的知识整体系统，以促进学习者学习为目的，为学习者提供优质资源。随着互联网技术的快速发展，在当前知识经济时代，超链接等相关技术的实现，使人们将以往单一的线性思维转化为广泛互联的网状思维，因此，从某种意义上而言，新的技术形态不仅改变了人们的生产生活方式，也改变了人们的思考及学习方式。人们不再强求把一切知识刻录一般地复制转存到自己的大脑中，相较而言，"知道在哪里"找到知识、"知道怎样改变""知道成为"比知道知识本身更重要。因此，演化资源应根据本体而关联一切可关联的、有价值的信息源，如专家、学者、研究实果、图像视频、网站网址等，方便潜在使用者的一键获取。

同时，相关资源的设计与开发者及使用者都应该结合自身需要，在初级资源及次生资源的基础上，通过感知情境、理解主题和意义建构而主动进行资源聚合，形成动态树状或网状的组织资源，为再次使用者更快更方便地使用提供实际便利，从而实现支持富有策略的学习，并以此来降低资源使用者的认知负荷，提升资源使用者的认知建构系统性，进而提高学习效率。

（2）高效能演化资源的设计

第一，情境性与高度代入感的演化资源的设计与开发，离不开虚拟现实、增强现实等技术及硬件设备的支持。虚拟场景及虚实结合环境的构建，基本表现为结合实际场景中的相关基本信息,通过 3DS Max 等软件创建虚拟场景及环境中的相应模型,然后结合 Unity 等功能软件在虚拟场景中添加适当交互设计,最终,学习者通过 3D 眼镜、头戴式设备等加以应用。情境性得以实现的同时,高度代入感的演化资源的设计还需要从学生的视角出发,结合学习者的实际生活圈、可能的兴趣范围、期待的新鲜经历等,便于学习者对情境产生认同感,从而假设自己真的置身于该情境,进而产生高度代入感。

第二,高度聚合与支持学习策略获得的演化资源的设计与开发"知识网络",离不开超链接技术的支持与思维导图等认知工具的应用。互联网思维使我们将以往单一的线性思维转化为广泛互联的网状思维,这在给我们的搜索带来极大便捷的同时,也改变了我们的思考与学习方式,通过网状化知识网络的形成与应用,我们不必再按照由简单到复杂的单一线性化顺序进行学习,而是可以结合某个知识点的相关知识网络,一次性将相关联的知识一网打尽,而且在相关知识网络的学习过程中,极有可能会与之前已有知识经验建立起连接,这又会使两方面知识得到再一次深化。

此外,在互联网技术及移动智能终端急速发展的今天,作为演化资源的使用主体,大多数的学习者会利用零散时间进行碎片化的泛在学习,因此,作为快速获得所需要知识的重要资源之一——碎片化学习资源,其设计与管理也必须引起足够的关注。碎片化学习资源的四大主要使用场景分别为移动与泛在学习、社交化学习、情境化学习和创作中学习。根据其应用场景及基本特征,碎片化学习资源在具有易于快速获取优势的同时,还存在资源琐碎零散、关联性差等突出问题,因此在碎片化资源的设计过程中,一定要将碎片化的知识与系统化思维结合起来,尽可能地提高碎片化资源的系统性。在碎片化资源的管理方面,也有化零为整,重塑个人知识体系;随身而行,建立可移动的个人知识库;提高效率,强化碎片化时间管理能力的碎片化资源管理体系。同时,碎片化学习的普及,给资源设计者带来的一大挑战是需要一瞬间吸引学习者的眼球,抓住学习者的兴趣点,这就要求资源设计者充分应用可视化技术,将资源以可视化的方式呈现,节省学习者时间的同时尽可能完整化地呈现。

2. 高效能的学习活动设计

作为智慧学习环境智慧性得以体现的必要介质,学习活动的效能性设计必不可少。创客教育的智慧学习环境所蕴含的学习活动，以智慧为核心，以感知学习需求和连通外在信息源为前提条件，以多元化、可视化、智能化的学习评价为支撑，是学习者利用情境泛在的活动内容，采用多样化的深度学习活动和创造性学习活动的总和。高效能的智慧学习活动应该包含三个方面的设计：一是贴近生活；二是增强交互；三是注重反思。三者相互影响，互为补充，共同促进。

（1）贴近生活的学习活动与情境化的演化资源是相辅相成的。贴近生活的学习活动，在情境化学习资源及智能空间的支撑下，能够最大化地吸引学习者参与活动的兴趣，同时，生活化的学习活动能使学习者认识到学习并不是与生活割裂的，也不是许多莫名知识点的简单堆砌，而是与日常生活息息相关、在真实生活中有实际用途的。生活化学习活动的设计，有助于学习者深入理解知识的来源与内涵，并灵活运用。

（2）增强交互的学习活动是提升学习者学习体验的关键。学习者都希望自己能够被别人关注，无论是其他学习者还是教师，而增强交互是满足学习者基本的被关注的需求得到满足。特别是在智慧学习环境中，分布式存在的学习者，大部分并不在同一物理空间，此时，不同学习者点对点的连接就变得十分必要，一旦某位学习者感觉不到足够的交互，自己的提问、交谈等未得到快速的回复，这会在很大程度上降低学习者继续参与活动的积极性。因此，实时交互的增强，有助于维持学习者参与学习活动的积极性，从而提升学习者参与活动的积极体验。

（3）注重反思的智慧学习是高效能活动必不可少的特征。由于学习的动态生成性，学习过程通常不会跟教师课前预设的完全一样，因此教师及学习者对学习过程的反思就显得极为重要。每次学习后大家都根据自己对学习过程的感受进行反思，教师及时整合汇总学习者反思中的问题，并与自身的反思进行对比，分别从学习者和教师的视角进行分析，有助于教师客观地看待教学过程与效果，同时不同学习者与教师共同反思能比较全方位、多角度地显示课堂过程中可能存在的问题，从而为之后学习活动的开展提供指导借鉴，因此注重并认真做好反思工作是学习活动有效性设计的必要环节。

（三）创客教育智慧学习环境的创造性设计

创造性是人类思维的高级形态，是人类智力能力的集中体现。创造性定义为根据一定的目的，运用一切已知信息，产生出某种新颖、独特、有社会意义或个人价值的产品的智力品质。关于创造性的定义，我们通常意义上所理解的是百度百科所定义的——指个体产生新奇独特的、有社会价值的产品的能力或特性，此外，创造性表征的关键词是"新"，即前所未有的，这个"新"既可以是新成果，如新产品、新用途、新形式、新技术等；也可以是新思路、新方法，如以一种更便捷、更有效的方式实现之前的某种良好效果。

1. 创造性的智能空间设计

（1）智能空间的创造性表征。智能空间是数字化信息空间与实体物理空间相融合的高端形态。智能空间的融合性表现在两个方面：一是物理世界中的物体将与信息空间中的对象互相关联；二是物理世界中物体状态的变化会引发信息空间中相关联的对象状态的改变，反之亦然因此，智能空间的创造性表征既包含数字化信息空间的创造性构建，也包含实体物理空间中支持创造性的建设。此外，两者之间产生关联的关键在于实时信息的传送与共享。

第一，智能空间的创造性首先体现在对空间的知化。凯文-凯利在《必然》一书中提到"知化就是赋予对象认知能力"，即让一个事物具有认知的能力，如深度学习算法和大数据技术使人工智能具有认知能力，使其可以自动化地解决问题。同理，对空间的知化即通过自动感知、智能识别、自动反馈等智能技术的支撑使空间具有认知的能力。因此，智能空间应该具备自动观察、感知获取信息，对信息进行分析推理，并在此基础上给出相关推荐及进行决策与执行命令的基本功能。在教育领域主要表现为学习空间对于学习者及其学习行为数据的获取，通过对数据信息的分析构建学习者模型，并推理其可能的偏好及问题，在此基础上给出相应的偏好推荐及问题解决策略，从而完成对学习者的智能认知与相关决策。

第二，智能空间的创造性其次体现在对网络的知化。未来的知化网络将是集连接、感知、计算和数据服务为一体的网络，将实现超级安全、自主优化、进化更新三大能力。同时，"知化网络"必须经过网络使能阶段、人机协同阶段和机器智能阶段三个阶段。其中，在网络使能阶段，网络进行软硬解耦，物理网络向高维度的软件化发展，实现一个更灵活的网络。此时网络通过 SDN/NFV 等技术，屏蔽底层硬件的差异，实现网络的扁平化和集中配置，主要能实现标准化的应答服务。

人机协同阶段，增强现实（AR）、机器设备等将成为此阶段网络的重要服务对象，通过自动服务、柔性覆盖，网络将向"自动化"发展。通过自动化技术、认知计算等，网络将实现自动化的调度和配置，动态全覆盖，在局部实现自组织、局部决策和组网。网络将面向智能设备，提供千人（物）千面的个性化服务。

在机器智能阶段，泛在环境将成为网络的重要服务对象，人工智能的网络将与环境融为一体。网络从模拟生物向泛在智能化发展。网络的形态将去中心化，类似于生物神经系统，能够自愈合、自修复。网络的计算能力也将向着"类脑计算"的方向发展，能够主动学习。面向智能的世界，网络将成为超级人口，实现更人性化的服务。

作为具备认知能力与深度学习能力的产物，智能空间在与学习者互动的过程中汇聚大数据、优化算法、提高并行计算力，通过不断学习人类智慧以使空间变得更加智能，这个持续增强的创造性智能空间，在与学习者交互的过程中，为学习者提供他们所需的可视化数据、未考虑到的信息、深度参与式的情境、互连的共同体等，因此，它更能提升学习者的创造力与智慧。

创造性的智能空间，展现的是一个全新视角下的学习场景，凸显泛在化、轻小化和虚实信息自然叠加的特征。例如，传统穿戴式头盔虽然能帮助人们更"真切"地感知虚拟场景，增强人与虚拟场景间的交互，但长时间使用会令人产生眩晕等不适症状，而虚拟现实视网膜眼镜，应用虚拟视网膜显示技术（VRD）直接将图像投射到人的视网膜上，改变了传统穿戴头盔依托"实物"显示图像的机理，这极大地增强了智能空间的泛在化。

第三，创造性的智能空间离不开各类技术及资源的支撑，如模拟类的计算机仿真技术、虚拟实验室、远程实验室等；演示类的虚拟现实、增强现实、多屏互动技术等；情境感知类的物联传感、定位、数字标识、面部及手势等自然动作的识别技术等；制造类的3D扫描、3D打印技术等；以及学习资源类的微课、慕课、SPOC、语义化学习资源、各类智能题库与基于移动终端的软件平台等。为了实现学习者的创造性学习，满足学习者自主探究、创新创造的积极性思考与实践，创造性智能空间的设计应该为学习者提供更多的选择性支持与功能性服务。

（2）创造性智能空间的特质。通过对智能空间及其创造性表征的分析，创造性智能空间应包含以下三个特质。

第一，自组织。自组织的智能空间是学习者在创客教育智慧学习环境中进行学习的重要保障。嵌入到环境中的智能系统，通过深度学习等机器学习算法，具有持续学习、自我控制、自我优化和自我更新的能力，通过融入人工智能技术，赋予环境记忆、计算、逻辑思考和自组织的智慧，以便为学习者提供更加智能化、有序化的学习，如基于学习者当前的问题提供有针对性的练习与建议，有针对性地提升学习者知识范围与能力，通过节省无效练习的时间而极大地缩短了整体学习时间，这是智能空间知化的关键特质。

第二，微创新。微创新是一种新的教育思维方式，是教育中的每个个体都能从事的创新，它不是突破高科技，而是对技术应用的微变革，然而其中却蕴含着巨大发展潜能。日常创新的小行为同样也是伟大的，人类大多数进步都是由微创新累积产生的重要结果微创新发生在日常生活与学习中，每个学习者都可以是创新者，都具有微创新的能力，都能参与到产生创新性结果的活动中去。开放性的智能空间，为微创新的实践提供了场景。同时，微创新运动能激发教育的深刻变革，使其成为数字教育变革的核心战略。

微创新虽然由一个个学习者或小团队主导，但它与宏观创新具有共同的特质：创造性思维基于不断的行动，并利用再造使每个想法都是新的机会，建立创造性解决方案，带来真正的进步。微创新是局部行动，全局创新，是一种去中心化的、网络化的创新，局部微创新的组合会对全局性的教育结构产生直接影响。微创新不是整体性组织和指导的，因此在这个意义上，创新变成了日常习惯，为任何规模的教育机构提供可持续的创新结果，鼓励新技术、新过程在教育中的扩展。

第三，智慧圈。智慧圈是作为生物圈发展的新阶段而提出来的概念。人类通过运用自身智慧探究新方法、创造新技术、开发新工具，并借助所创造的产物进一步提升群体智力、扩大作用范围和变革学习环境，进化为蕴含发展力和创新力的人类智慧圈。开放性智慧学习环境的整体构建就是为了智慧圈的形成，智慧圈是智慧学习环境的重要特质，依靠数据流、信息流、智慧流的快速流通和高度连通，产生巨大的变革力量，创造关联智慧个体、提高群体智慧、活化参与式创新体验等全新的学习场。

（3）创造性智能空间的设计原则。在人人皆可进行个性化创新的环境中，智能空间体现了用户创新、开放创新、大众创新、协同创新的新理念，更有利于创客教育智慧学习活动的开展。创造性智能空间致力于实现学习者"知、行、创"的统一，因此，在具体的设计上，创造性的智能空间作为多样性演化资源的重要使用媒介和创造性学习活动开展的必备基础支撑，在设计的过程中不能随兴所至，而应该遵循一定的设计原则。

第一，基于虚拟现实和增强现实技术，凸显数字化信息与物理场景的自然融合。创造性智能空间与普通学习空间相比，应该更侧重于学习者创造性学习的开展，注重学习者创造性精神的培养与创造性实践尝试。基于虚拟现实、增强现实技术、语音识别等识别技术、智能操作系统等的结合，学习者能够实现与计算机等各类机器设备之间的自然沟通、交互，便于学习者更好地沉浸于满足自身需求的智能空间中，在自身问题被解决的过程中，逐渐理解知识原理，从而激发创造的元动力。

第二，充分利用互联网络与各类智能终端，打造互联互通、共建共享的学习空间，强调智能空间的开放性与连通性。互联网络、智能终端、多功能操作系统的共同作用，为众多有相同兴趣爱好的学习者提供了机会与平台，使得任何富有创意的学习者都可以加入自己感兴趣的项目之中，并能与外部信息源协作学习或进行学习求助，这体现了创客教育可持续发展的真正内涵。

第三，结合 3D 打印技术，充分发挥 3D 打印技术教育应用的价值。作为一种将设计快速变成实体的神奇技术，3D 打印是蕴含"设计思维"的个性化创造工具，可以塑造可重用的多态教育对象，打造虚实结合的教育应用服务创新平台，促进基于创造的学习。因此，有了 3D 技术的加持，能够更好地促进创造性智能空间的建设。同时，智能空间还应提供整合异构、多样、动态计算场景的中间件，屏蔽智能设备复杂性，为顶层应用提供服务。

2. 创造性的学习活动设计

（1）创造性学习活动的特征。作为学生创造力培养的重要保证，创造性学习活动是创造性智慧学习环境的重要组成部分，创造性学习活动的设计也是必不可少的。基于智能空间所构筑的活动场域，创造性学习活动是学习者自身参与的一种创新创造的活动，强调发挥学习者的思考力、想象力和创造力。然而单单依赖于沉积在脑海中的知识与技能要点是无法实现创新学习的，创造性学习的发生需要学习者依托创造性活动，在真实地做的过程中体会与思考，在动态过程中追寻升华与创新。因此，创造性学习活动必须具备以下三个基本特征。

第一，创造性学习活动应是以学习者为中心的活动。创造性学习活动作为创造性学习的关键部分，旨在培养学习者的创新创造力，进而培养出能够适应当前社会的创新型人才，强调以人为本的理念，应紧紧围绕以学习者为中心来开展。因此，创造性学习活动应关注到每位学习者的差异，鼓励并支持学习者积极主动性的发挥，在调动其主观能动性的基础上帮助其结合自身特长进行创造性的学习及创造力的培养。

第二，创造性学习活动不一定非得有创造性的创新产品，也可以是方式方法的创新。方法的重要性不言而喻，创造性学习应该强调对学习者创新思维的培养，而不能只关注创造性产品的产生，这个创新思维融入学习过程主要表现为学习方法和学习策略的创新性，即要求学习者学会学习而不是学会知识。每位学习者的学习过程，都可以是创造性学习的过程，即学习者是以怎样的方式实现了怎样的结果。因此，创造性学习活动不能仅仅关注结果，而更应该关注学习者学习的过程及方法策略。

第三，面对当前海量数据、信息与技术可供选择使用的现状，创造性学习活动应培养学习者善于借助外力（智能终端、智能工具等），与表征的知识与信息进行交互，与连通的小组外学习共同体进行互动，不仅产生小组内部的学习活动、生成个体的认知活动与组织内部的经验智慧，还能通过人与技术、与外界知识、与关联的境外学习共同体生成集体经验、汇聚成大智慧，而活动中生成的这种人机分布式认知、协同思维和创新能力，是适应社会大格局变革的基础。

当前情景感知、模拟演示、操作制造、智能决策等多种技术的应用及创造性智能空间的建设，为创造性学习活动的开展提供了强大支持。例如，在学习颜色的活动中，学习者不再仅仅通过图片展示来看不同颜色之间的差别，还可以利用全息影像技术用手触碰不同颜色，使学习活动由视觉领域扩展到触觉领域，通过多感官的调用与体验，具身感知不同颜色的特征，同时，还可以通过将自主选择的颜色叠加在虚拟校园中的相应位置上，从而设计自己心目中的、新颖别致的美丽校园。

（2）创造性学习活动的设计原则。侧重于培养学习者创造性学习方式的创造性学习活动，是我们当前追求的、适合现代创新型社会对创新型人才需求的、高水平的活动方式。也正因为学习活动创造性设计的重要性，在设计过程中需要依据相应的创造性教学与学习理论，遵循一定的设计原则。

第一，凸显学习活动的多维性。学习活动的多维性体现在项目领域、参与方式、学习路径及活动内容等多个方面。

项目领域的多维性是指创造性学习活动的项目可以是跨领域的、多学科融合式的活动，即项目式学习活动中的项目不一定只包含本学科的学习内容，很可能是以本学科知识内容为连接点，通过项目的逐步展开涉及其他科目或领域，因此，在整个项目的完成过程中，学习者要考虑到项目领域的多维性，不局限于本学科的知识视角，发散自身思维，逐渐养成从不同专业视角、不同领域范围看待问题、寻求解决方案的思维习惯。

参与方式的多维性是指不同学习者可以根据自身实际情况，结合自身地理位置等特征自主决定采用线上还是线下、个人还是小组及组队方式等。学习路径的多维性是指在丰富的演化资源及友好的智能空间的支持下，可供学习者选择的知识资源及技术工具具有多维性，同时，每位学习者的知识基础、个人学习风格、学习兴趣及特长等是存在实际差异的，因此每位学习者选择的学习资源、学习工具甚至学习时间等都不尽相同，这直接形成了学习路径的多维性。

活动内容的多维性是指创造性学习活动的开展通常涉及多个不同领域、不同方面的知识内容且通常是以项目的形式进行的，因此整个项目活动的完成需要大家分工合作，每位学习者根据自身兴趣或特长负责其中的某个部分，因此不同学习者之间在学习内容方面也具有多维性。

第二，支持学习者创造性思维的培养。创造性思维作为当前创新型人才培养的核心，同样也是创造性学习活动设计应该关注的核心。学习者创造性思维的培养可以通过将创意想法视觉化、活动过程中实时援助、可视化的即时反馈、活动策略的支持等加以体现。

将创意想法视觉化是在发散思维的基础上，利用可支持的多种直观化、视觉化技术工具来实现的，创意想法的视觉化呈现是将创意观点进行分享的前提。活动过程中的实时援助是指在学习者活动进行的过程中，对于超越其领域范围等问题提供及时帮助，以使活动能够顺利进行的行为，这种实时援助行为可以来自教师、也可以来自活动中的其他参与者。

可视化的即时反馈是学习活动中学习交互的必要支持，学习活动过程中的每一个选择都可能产生完全不同的活动结果，一个问题难点的滞留可能严重影响整个活动的开展进度，可视化的即时反馈能在给学习者提供知识应答的基础上，对学习者的操作实践或阶段性结果给出及时的反馈，从而保证学习活动的顺利进行。

活动策略的支持通常是基于即时反馈的交互系统和个性化智能推荐来实现的，智能空间中的智能系统，结合自动感知、建模、大数据、可视化显示等技术，针对每位学习者给出适切性的活动策略推荐及相应的服务支持。通过以上三个方面的共同作用，在活动过程中培养学习者的创造性思维。

第三，强调内部心理。创造性学习活动的设计应该强调内部心理（思维、动机等）与外部体验即动作、操作、环境感知等的双向转化，兼顾面向物理情境、社会情境这双重情境和注重与活动结果相关联的学习活动方式的学习轨迹。创造性学习的活动设计需要依托于外在的技术环境的支撑，但不能只关注外在技术环境的支撑设计，而应该结合学习者特点及物理与社会情境特征，紧紧围绕学习者的思维特征和潜在学习动机，设计并选择相应的技术环境，给学习者的学、思、创提供足够的支持服务，从而创设学习者能拥有较好学习体验的学习活动。

第四，注重创造活动的趣味性、参与的便捷性和活动的开放性。学习者创造性思维作用的发挥离不开其细致入微的观察与积极主动的思考，而细致的观察与积极的思考是以真正感兴趣且能够做些成绩为前提的，因此，创造性学习活动内容和形式的趣味性、开放性及参与活动的便捷性，在影响学习者了解活动的兴致和积极性的同时，直接影响其参与活动的行动表现和最终结果。

综上所述，在遵循活动设计原则下，积极的、互动的和参与的学习活动，契合于小组讨论、实践和教其他同伴的参与式的学习活动，即大多数人所掌握的知识、与技能的获取途径的观点，这样的活动更能够激发学习者的学习动机，拓展其知识范围的同时加深其学习深度，优化学习过程，从而使智慧环境的创造性得以发挥。

（四）创客教育智慧学习环境的支撑性设计

环境感知、云端服务、工具支持、系统融合是高校创客教育智慧学习环境的四大必要支撑。为了体现学习环境的智慧性，作为创客教育智慧学习环境构建三大要素的学习活动、演化资源和智能空间作用的发挥需要基于环境感知敏捷地适应学习者的学习行为，利用云端技术为学习活动提供人本化服务，使用智能工具创造并共享智慧与经验，通过系统融合为学习者构筑自然无缝的、全方位的智慧性环境。

包含环境感知、云端服务、工具支持、系统融合的支撑层是创客教育智慧学习环境构建的必要基础，也是智慧学习环境充分发挥其智慧价值的有力抓手。在智能设备、云计算、大数据技术等快速发展的今天，四个方面的设计与建设应该共同推进，缺一不可。

1. 环境感知支撑层

关于环境感知，首先映入人们脑海的多是无人驾驶汽车。无人驾驶汽车、自动泊车等智能车辆的使用是环境感知技术的一大应用领域。除此之外，环境感知在森林防护、移动商务、智能图书馆、家居及教学机器人等方面也发挥着重要作用。环境感知在教育领域的应用是随着物联网、虚拟现实、增强现实、大数据及数据处理等技术的应用而逐渐发展起来的，主要表现为对学习空间环境的感知和对学习者个人基本信息及学习行为与情绪状态的感知，环境感知是根据实时情况提供进一步发展的参考与依据，也是为学习者提供个性化、精准化、适切性支持服务的基石与前提。

环境感知是智慧学习环境智慧性得以体现的关键特征。环境智能感知在智慧学习环境中的应用主要是通过运用 RFID、HRS、QRCode、传感器、嵌入式设备等技术，对学习者的学习、活动场域进行物理感知、情景感知和社会感知，收集与学习者相关的信息数据，进而提高人—机—物的交互质量。特别是在与物联网技术的融合下，环境感知技术能够实现"人—物""物—物"之间的智能识别、精准定位、实时跟踪、全程监控及支持后台的多管齐下的智能化管理。常见应用如智慧校园服务平台利用物联网和环境感知技术，可以实现实时采集各种数据，全面感知师生的活动状态、仪器设备的运行状态、学习与生活环境的互动状态等。

环境感知作用的充分发挥需要多维传感器与智能感知技术的共同作用。

以智慧课堂或智慧校园环境为例，车辆进入校门时通过车牌的自动识别开关智能门，学习者进入时需要借助人脸识别技术自动化感知并决策是否准许进入，进入学习环境后，能根据环境中的温度、湿度感应器及烟雾等安全感应器状态进行适当调整。同时，由于智能学习环境的开放性，还需要多源感知技术的辅助，以实现对该学习环境下多位学习者的智能感知。

环境感知离不开多类传感器的使用，但又与基本的传感器存在明显的区别。一般传感器是对某一类型状态、场景的数据收集与简单呈现，环境感知则是在综合各类传感器基本作用的基础上，实时整合相关数据，并以此来了解学习者的学习、生活等各方面情况以达到系统认识，从而构建学习者独特的数字化模型，判断其行为动机，以及推测其下一步的可能行为和提供支持性学习服务。

在环境感知过程中，视觉、听觉、触觉等各类传感器就像人类的眼睛、耳朵、皮肤等感官一样，灵活地获取实时信息及模拟表征，通过模数、数模转换等实现模拟信息与数字化信息之间的实时转换，因此，各类传感器是环境感知的重要组成部分。通过集成硬件和软件传感器，环境感知设备将预测用户需求，为用户提供建议，并引导用户在日常生活中使用。在泛在网络中，通过对互动终端、创新学习体、加工工具、移动终端、智能空间、加工场景、学习活动、RFID、传感器、学习书籍、关联资源等进行智能感知，能实时收集与学习者相关的多维语境信息。

此外，基于学习者的语言、面部表情、手势姿态等的捕获与感知，还可以了解学习者的情绪、心理状态等个体隐性信息，通过聚集分析创新学习团体在通信交流中所反映的关系信息，汇聚实体空间中相关设备与实用工具等的属性、位置等数据信息，可以更精准地为学习者提供学习支持服务。

然而，由于学习过程的动态性，动态实时数据的搜集免不了因为信息的时间瞬时性与空间碎片化现象，导致所收集的大量数据存在异构性，并且关联度极低；此外，多种环境感知设备及智能感知系统的共存，导致所搜集到的数据信息比较分散，不易整合。因而需要在收集数据的基础上，结合大数据技术及数据分析处理技术对多维的多终端实时数据进行智能解析，分析挖掘出其中富有价值的信息，发挥数据智能作用。鉴于学习者的学习兴趣与活动偏好，提升学习者对智慧学习环境的适应性、自主解决学习困难、增强学习、活动体验等至关重要。

2. 云端服务支撑层

环境感知所汇聚的大量数据，离不开云端所提供的承载与计算服务。所谓"云端服务"，其实指的就是网络服务。换言之，所有运用网络来连接、沟通多台手机、计算机等智能终端的运算工作，或者是通过网络连接在客户端或平台等获取由远程主机提供的服务支持等，都可以称为"云端服务"。

云端服务的实现需要互联网、物联网、云计算等技术的支持。其中，互联网又称因特网，指的是网络与网络之间通过 TCP/IP 等网络协议相互连通所形成的庞大网络。物联网是指通过各种信息传感器、射频识别技术、全球定位技术、红外感应器、激光扫描器等各种装置与技术，实时采集任何需要监控、连接、互动的物体或过程，采集其声、光、电等信息，通过割裂可能的网络接入，实现物与物、人与物之间的泛在连接，实现对物品和过程的智能化感知、识别和管理。简言之，物联网就是基于互联网及传统网络，实现人与物、物与物之间连通的网络。云计算作为分布式计算的一种，在当前大数据时代具有革命性意义。云计算作为一种高扩展、高弹性、虚拟化的计算模式，为大数据挖掘的存储能力及处理速度提供了动力支撑，其核心技术包括分布式存储及分布式并行计算。分布式计算的特征极大地提高了计算速度及效率；分布式存储能够存储结构化、半结构化及非结构化的数据，这极大地拓宽了数据存储的范围，也解决了传统数据存储的难题。

随着互联网、物联网、数据挖掘等技术的大规模应用与推广，数据信息的爆炸式增长，云端服务在当今社会具有越来越重要的影响与作用。在智慧学习环境方面主要表现为：① 随着环境感知技术的应用，动态变化的学习过程中会产生越来越多的数据，对这些数据的分析处理与保存离不开云计算及云存储；② 随着各类技术工具的使用，为了给学习者提供更丰富、更合适的学习支持，越来越多的演化资源被创造出来，在当前的网络带宽下，涉及资源分享过程中的上传、下载与存储等问题时，如果没有分布式云计算及存储技术，不仅更消耗时间，还会影响资源的使用率。而通过依托于云计算及存储技术的云端服务，可以直接通过链接的形式将可能需要的资源保存到网盘（云端），真正要使用时再下载到本地，也可以通过链接的形式快速分享资源给他人，这种资源共享方式极大地节省了彼此的时间，也间接地提高了资源的使用率。

云源端支持大规模资源共享，对设备具有较低要求，并且具有相对高的安全性与高可扩展性，而云计算所拥有的特质是高校创客教育的智慧学习环境必不可少的现实需求：高效共享（可通过生成网址而将指定资源广泛共享于学习社群）、按需访问资源（组织无须自建平台，可按需求访问公共资源库）、自治性（资源自动分配与调度，用户无须技术支撑）、低成本高扩展（对设备的低要求、云服务的低价格、资源的动态创建与上传）。

云计算技术支持服务能极大地满足不同学习者的个性化需求与服务，但学习者个性化需求得以满足的同时也存在一定的安全问题，这是因为个性化需求与服务获得满足的实现方式决定了使用者（学习者）的数据信息会存储到公用数据中心，这样一来数据信息的获取就完全依赖于网络的传输了。

3. 工具支持支撑层

各类智能工具的支持是部分智慧学习活动开展及演化资源应用与分享的必要凭借，也是智能空间及整体智慧学习环境的重要组成。智能工具，在创客教育的智慧学习环境中并不仅仅是教师知识授递的媒体，还是众多跨地域学习者自主学习、交流合作及经验共享过程中的中介依托与辅助认知工具，也是学习者及众多"志同道合者"发挥个体智慧、建立群体智慧的主渠道。

根据不同的用途，可以将基于智能终端的常见的智能工具分为教程设计型、协同学习型、效能学习型、学习研究型和课程评价型五大类。

（1）教程设计型工具。教程设计型工具是指对教学设计过程与系统性学习过程具有支持作用的工具，比较常用的如思维导图、WPS等，还包括新的时代下图片、视频等多维演化资源的设计工具如美拍等。此外，随着数据挖掘及学习分析技术的应用，量化数据以可视化的方式呈现已成为教学设计的一大要务，当前人们深刻认识到可视化的教学设计及学习分析是教师需要的两个非常有威力的工具，故依托电子课本学习平台开发了"学习地图"这一可视化教学设计工具，并提出了分别满足学习标准化与个性化的"遵从机制"和"定制机制"两种机制，这是在新的信息技术环境下，教程设计型工具的一大进步。

（2）协同学习型工具。协同学习型工具是指帮助学习者与教师、其他学习者或其他感兴趣的人之间及与手机、计算机等智能机器间的交互，从而实现协同发展的技术工具，包括人与人沟通的微信、微博等社交媒体类软件及英语流利说等基于人工智能技术的人机交互工具等。此处的"协同"指向于人—人协同和人—机协同两种类型，其中，人—人协同既包括学习者与学习者之间、学习者与教师之间协同共创形成学习共同体，又包括教师与教师之间协同合作形成科研共同体，双共同体一起发挥作用，进一步构筑协同学习的浓郁氛围，推进协同机制的稳定发展。

（3）效能学习型工具。效能学习型工具主要有两个部分，① 指在教师的教学与学生的学习过程中通过简洁操作或相对便宜的方式即可解决难题，从而达到提升学习效率目的的技术工具，如蜡笔同步、一键投影、交互式电子白板等。以交互式电子白板为例，它不仅能实现教师机与白板之间的材料同步，白板自身还可以对屏幕局部进行放缩、进行笔触及颜色切换，以及对笔记的一键存储或清除等，比黑板、粉笔更方便快捷。② 指工具自身的设计是基于人脑的认知特点，通过对学习者的认知结构加以调整，帮助学习者快速进行知识理解与架构，同时结合人的遗忘规律，有规律地、有针对性地进行系统学习与巩固，减少无意义的无效时间，从而提升学习效能。

（4）学习研究型工具。学习研究型工具是指支持学习者自主进行知识学习、活动探究等研究性学习的技术工具，它包括多种视频学习平台如网易公开课、滴滴课堂等客户端及综合性学习平台如超星图书馆、幕课网等，也包括支持学习者研究性学习的翻译软件如网易有道、百度翻译等及各类专业化学习库如 MBA 智库等。众多的学习研究型工具通过视频、语音、文档等丰富的多维资源和实时反馈等智能技术的支持，为学习者个性化的自主学习提供综合性与专业化兼备的有力支撑。而且许多学习研究型工具都具备打卡、交流讨论及相关推荐等功能，支持线上学习者之间的学习交流。

（5）课程评价型工具。课程评价型工具是指帮助教师及学习者对课程进行评价及能够提升课程评价的技术工具。如增进反思评价的新浪博客和能够提升课程评价的录音宝、汇声绘影工具性软件等。

当然，各类智能工具的分类方法并不是一成不变的，根据其具体的使用特点及分类标准可以有不同划分，一些工具软件如思维导图、概念图等可视化工具既能支持教师的教程设计，又有助于学习者的效能型学习，还便于不同学习者之间的协同学习等，既可以将其称为教程设计型，也可以称其为效能学习型或协同学习型。

各类智能工具的应用打破了传统工具"整齐化、同一化、预设化和顺序化"的使用特点与局限，并结合自身优势形成了"关联化、智能化、共享化"的新特征。

关联化一方面表现在不同工具创作的产品可以在多个工具平台之间建立联系，方便使用，如 Word 文档中的超链接可以实现本文档与其他文档、其他文件、网页之间的关联，一键进入其链接的工作界面；另一方面则表现在工具内部知识与功能设计的关联性，以相似性知识与功能推荐等充分发挥关联优势。

智能化主要表现在数据智能与机器智能的共同作用，如智能语音输入与转化工具能根据自身需要精准化地实现语音、文字及文本之间的实时自主切换；人脸识别技术能快速进行人的面部特征信息的提取并进行对比判断等。

共享化则主要表现为依托于互联网与物联网技术的数据、信息、技术软件等资源的实时共享。

4. 系统融合支撑层

创客教育智慧学习环境系统融合的支撑层是指为创客教育提供有效支持和促进学习过程的关键要素，这个支撑层由多个组成部分组合而成，共同构建了一个创新的学习环境，为学生提供了丰富的学习资源和机会。下面主要阐述系统融合支撑层的教育技术、物理设施和硬件设备、学习资源和内容。

（1）教育技术是创客教育智慧学习环境的核心组成部分。通过教育技术的应用，创客教育可以提供多样化的学习工具和平台，例如虚拟实验室、在线编程环境和模拟软件等。这些技术工具不仅能够激发学生的创造力和创新思维，还能够促进合作学习和跨学科的实践经验。

（2）物理设施和硬件设备是创客教育智慧学习环境的重要组成部分。例如，创客实验室配备了 3D 打印机、激光切割机、电子元件等工具和设备，为学生提供了实践操作的平台。这些设施不仅能够培养学生的动手能力和实践技能，还能够激发学生的兴趣和创造力。

（3）学习资源和内容是创客教育智慧学习环境中不可或缺的一部分。创客教育注重实践和项目驱动的学习，提供了丰富的学习资源和内容，例如创客教材、开放式教育资源和在线课程等，这些资源能够满足学生的个性化学习需求，促进他们的自主学习和创造性思维。

第二节　创客教育智慧学习活动的设计

一、创客教育智慧课堂学习活动设计

（一）智慧课堂的认知

高校创客教育的智慧课堂是在学科课程之上，通过学科拓展学习活动，打破学科间的壁垒，对学生潜能进行开发，抓住各科课堂学习活动重点，以激发学生的创造力、创新思维能力为主，从而挖掘学科的深度与广度。

在个性化教学的诉求下，智慧课堂是信息化时代教育发展的高阶形态。智慧课堂是新一代信息技术支持下的智能、高效的课堂，这主要强调在智能技术支持下课堂效率的提升，更强调技术，忽略教学理念与方法和教学要素。智慧课堂也是在智慧学习环境下，以学生为本位，实现精准教学、个性化教学，帮助学习者进行研创型学习，形成高级认知、培养智慧。其观点强调对教学方法的变革，运用技术来实现智慧课堂，智慧课堂的目标是生成智慧。总而言之，智慧课堂是在云计算、大数据等技术和各种智能终端设备支持下，综合运用智慧学习环境中可用的一切教学资源，实现教师的智教、学习者的智学，不仅习得知识，为创新和智慧发展打牢基础，还能启迪智慧，培养品行优良的创新型人才。在智慧教育理念下，以学习者为中心，满足学习者个性化需求为先，支持教师和学习者多元发展。教师和学习者在智慧学习环境中，在各种教学策略下，形成生态化的智慧课堂。在此过程中，教师、学习者和技术形成生态化的智慧课堂。教师的教学智慧与技术共同帮助学习者生成学习智慧。

另外，智慧课堂具有丰富的知识库，为学习者的多元化发展、个性化发展提供充足的认知土壤，根据学生不同的学习情况、学习兴趣结合不同的学习特征，智慧课堂在数字画像、知识图谱等技术的帮助下可以更懂学习者需求，为其推荐更符合其需求的学习资料，利用丰富的软件、硬件工具帮助学习者生成智慧。学习者的主动学习在智慧课堂中尤为重要，学习者能自己引领学习，成为学习的领导者。教师主要负责组织学习、引导与情感激励，提供适当的学习支持，学习者在学习过程中，积极通过记忆、理解、提问、反思和评价以达到深度学习，形成高阶认知。教师在智慧课堂中，对于课堂气氛的营造、教学策略的使用，都要注意引导学习者进行思考，培养批判性思维和高阶创新思维。

在智慧课堂中，课堂交流互动（包括师生交互、生生交互）与提问方式多样，线上线下交流可以延伸到课堂之外的平台。教学评价伴随教学数据的动态生成，运用数据挖掘、分析呈现更客观准确的评价，即时发送到师生手中，便于师生及时调整教学策略，增加课堂灵活度。教师与学习者在智慧课堂中教学相长，在教学过程中，互相帮助发现、掌握知识，在此基础上，运用知识、思维碰撞，还能创造知识。泛在化的技术运用于智慧课堂教学全程，帮助发现知识、内化知识、运用知识，启迪智慧，以期创造新知识。智慧学习借助信息技术，实现各种学习策略、教学模式的综合运用，在教学中培养学习者的分析性思维、创造性思维、综合性思维及发散型思维。

（二）创客教育智慧课堂的智能空间设计

高校创客教育的智慧课堂学习环境空间，该空间就设施层面而言，应用了智能墙、智能地板、智能课桌、移动智能终端等智能感应设备；智能墙可以实现电子白板的功能，不仅可以影像展示，传感器还支持手势感应进行交互，同时智能墙还可以与其他智能教育设备连接，如智能音箱、灯光、课桌等，实现对音量大小的调整、对教室光线明亮程度的调整，甚至调整空气湿度、二氧化碳含量等。就功能层面而言，空间可自动感应物体位置及其属性，感知学习者活动需求；可通过学习数据记录与学习分析，呈现可视化分析结果，帮助教师与学习者适时调整教学步调、教学策略；教师与学习者能通过手势、姿态和声音，控制设备智能搜索信息，为智慧课堂提供多元教学资源，以丰富的教学资源作为智慧教学的土壤，从而促进学习者知识生成与智慧发展。集多功能于一体的智慧空间，为学习共同体的多元性、差异性和开放性提供支持，为学习者在智慧课堂活动中连通信息源、优化探究方案等方面提供认知给养，以构建个性协同化、智能跟踪化、工具丰富化、活动智慧化的智慧课堂。

（三）创客教育智慧课堂的学习活动设计流程

面向高校创客教育的智慧课堂学习活动，采用基于项目的深度体验式学习活动方式，旨在培养学习者灵活运用知识解决生活中复杂性问题的能力，能够帮助学习者获得更加积极的学习体验，促进高阶思维的生成。在活动中，教师可通过平板电脑查看每一位学习者的项目完成进度，让完成进度较快的学习者进行进一步的自主学习，拓展其知识深度与广度，并对完成进度慢的学习者给予个别指导；学习者也可通过移动终端实时查看自己的任务学分，自定活动步调。同时，在课堂上学习者可连通境域外工程师，连通做相同项目的其他活动组织，连通与项目相关的信息资源，体现一个无缝互连的智慧课堂。比较典型的实例是"桥梁的设计"，其活动流程具体如下。

第一，创设情境。教师在智能墙上展示与活动相关的信息，通过图像、模型等形式，创设真实生活中的项目情境。

第二，展现任务。项目目标为桥梁的设计。具体任务包括：① 进行在线桥梁仿真；② 采访一位桥梁工程师；③ 创造出一个桥梁设计图稿；④ 构建一个桥梁比例模型；⑤ 进入桥梁压力测试比赛。

第三，自主学习。学习者通过使用移动智能终端搜索关于桥梁设计的多种学习资料（视频、音频、文本、图片等），学习者可根据自己的喜好来选用学习资料，理解和掌握桥梁设计的基础知识与技能，在学习过程中，若对定义、原理等知识有疑问，可以通过组内协作，借助智能设备终端进行线上、线下的互助学习。

第四，提供支架。教师把典型的桥梁设计图稿展示在智能墙上，搜索相似设计的真实桥梁，通过对设计原理、设计重（难）点的讲解与提示，由此引发学习者深入思考与再创造。

第五，活动测试。对学习者掌握桥梁设计的基础知识、构建等情况进行五分钟的学习测试，通过者继续完成下面的任务，未通过者则需要对未掌握的知识再次学习，直至通过，教师可根据学习者情况，提供适当的学习帮助。

第六，合作探究。学习者通过远程采访一位桥梁工程师，交流想法，获得该工程师的指导，分析自己的桥梁设计图稿是否可行，进而建立桥梁在线3D 模型，通过虚拟仿真技术增加物体质量，测试桥梁承受压力，进一步确定桥梁设计的合理性与实效性。针对设计的不完善部分进行再设计，之后使用3D 打印机打印出一定比例的桥梁模型。

第七，作品竞赛。通过对不同组别的桥梁模型加大质量，测试桥梁的承受压力，点评不同设计的优点与合理性。

第八，活动评估。师生共同对小组作品进行评价，其结果作为小组得分；在活动过程中通过收集与学习者相关的数据信息，使用学习分析技术，呈现可视化的活动评估结果，即过程性评价结果结合教师评价与学习者互评给出个人得分。

第九，反思与总结。学习者总结本次学习的知识，结合作品竞赛与评估中教师与同学的点评，明确作品薄弱点所在，尝试进行优化。教师反思本次教学是否达到预期效果、教学过程中有哪些不足、如何进行改善等。

二、创客教育智慧实训学习活动设计

（一）智慧实训的认知

创意是创新的关键输入，又依赖创新实现价值。操作是把创意变为创新的基石，实训是把习得的知识用于指导实践、培养实际工作能力的有效途径。高校创客教育的智慧实训是在智能化的实训环境中，提供符合其需求的软件和硬件设施，创设真实的情景，实现实训智慧化，支持开放与多元平台组合，实训教师为其提供指导与支持，为学习者提供实践所学知识的机会，让学习者增强专业技能、实践能力，激发综合性想象力，实现创新。

此外，在智慧课堂中，学习者能较好地进行理论学习，但要达到知行合一，必须要在学中做，在做中学，智慧实训应运而生。智慧实训并非仅仅提供硬件设施，机械地照本宣科，生搬硬套标准程序，而是通过具有启发性、开放性的实训过程，让学习者习得技能性知识，锻炼学习者的实践能力、创新能力。高校创客教育的智慧实训具有开放性、独立性、启发性，学习者优先通过学习者独立参与探究小问题，小组协作探究大课题，教师引导启发建构群体性知识，发展创造性思维。智慧实训的虚拟现实等技术打破了有限、乏味的实训空间，为学习者提供了更有吸引力的实训环境，更好地调动学习者参与实训的积极性；同时物联网技术也让智慧实训更好地连接现实世界，让学习者能更好地掌握专业技能，适应未来工作。

　　智慧实训以有挑战性的项目式学习为基础，可以给出具体的操作建议与成功标准，要最大限度调动学习者参与实训的主动性，让实训参与者明确自己的任务。实训过程要让学习者有自主感，给其足够自由的实训空间，能自行去探索实践、激发创意与创新。学习者能够自行进行评价与学习策略调整，能和实训教师对实训伙伴进行引导，提供帮助，给出精确的评价与建议，在交流中深化知识，共享实训心得，创造新知识。

　　在高校创客教育的智慧实训中，不仅有丰富的实训资源、工具与平台，实训师资也很丰富，不仅有专职的实训教师，还有大量行业（企业）的专家、管理者等，可以随时响应学习者的求助。实训教师的角色可以由多位不同行业的专家、技术人员联合担任，实验室的实训教师作为组织者、管理者的角色，主要负责授课、指导实训，当多个学习者遇到问题时，实训教师可以为其推荐其所需资源、可咨询的专家；场外专家提供更多的专业指导，为学习者提供个性化的支持，帮助其创意落实到具体实践上来。学习者在智慧实训中，学得知识，提升实践能力。智慧实训有开放的平台，支持多人团队、多平台协同工作，对于不同平台可以进行融合，支持团队创新。

　　智慧实训可以将实训设备最优化地利用，避免闲置与浪费，减少学校设备损耗，优化实训管理与评估过程。从效益上看，智慧实训可以通过虚拟现实等技术，节省时间成本与资源成本，并最优化利用人力资源。

　　运用技术来增强学习者的理论联系实际的能力，高校创客教育的智慧实训环境要具有足够的开放性，避免限制学习者的认知与创新。面向创客教育的智慧学习环境中多用开源硬件并具有开发工具的可使用性，在实践中丰富学识，增长智慧。智慧实训在学习者学习过程中，可以记录学习者的操作过程，自动生成实验报告，记录实验数据与结果，确保实验过程真实可靠。智慧实训的评价更注重过程而非结果，在评估中充分考虑学习者的表现、参与度等柔性考核指标，采用多元评价的方法，避免用统一标准固化学习者思维。

　　基于情境认知学习的研究表明，真实生活的实践应用是知识获得的重要途径智慧实训不仅具备真实的工作环境，还有真实的实训工具，呈现逼真的操作结果，通过运用虚拟现实技术、增强现实技术与混合现实技术拓展实训时人的感知边际。智慧实训运用物联网、移动互联网技术来实现实训的多方联动性，提供丰富的实训资源，不仅包括普适性资源，也包括个性化的实训资源。在实训过程中，实训教师与学习者可以通过远程视频，求助相关行业专家，获得更多可操作性建议。此外，智慧实训的边界不应只局限于实训室等场所，通过互联网将实训的物理空间与网络空间相结合，拓展实训空间，全方位地为学习者实训提供支持，锻炼学习者的操作能力与创新能力。

高校创客教育的智慧实训不仅关注学校理论知识的实践运用，也通过连接行业，让实训更容易实行，连接行业能让学习者更了解行业实情，同时发挥其独特的想象力，添加更多的创新创意，将其转换成创造。智慧实训可以与高新技术园区、创意园甚至国际研究团队等进行合作，与企业共同建设产学研合作教学基地，将企业项目作为学校实训教学项目，保证实训紧跟行业发展趋势，更好地为学习者提供创新实践服务，让智慧实训成为产教研融合促进创新创造的最佳方式。

（二）创客教育智慧实训的智能空间设计

面向高校创客教育的智慧实训学习环境，以智慧实训空间为物理载体，以实训项目为活动，以知识情境性与技能发展性为活动设计原则，能够满足学习者对技术技能学习的需求，促使他们灵活性地使用技能和创造性地应用技能。其中，在实训智慧空间，通过无形技术、体感交互技术、超微计算机嵌入、移动增强现实等技术，利用全息眼镜创造全息环境，在真实环境中叠加数字化信息，能够对学习者动作进行自动识别，能够智能控制环境所构建的立体模型，为学习者带来全新的交互体验。

（三）创客教育智慧实训的学习活动设计流程

以"汽车维修"为例，面向高校创客教育的智慧实训活动流程见表 3-1。作为虚拟情境式活动方式的应用案例，该活动让学习者沉浸在基于真实汽车维修的虚拟情境中，然而虚拟情境并不代表环境反映的内容是虚拟构造的，它是在对学习者需求感知之后，通过传感器投射出学习者现实生活中真实体验过的情境。同时，在汽车维护修理的环节中可设置活动关卡，融入"闯关"元素，体现了活动的趣味性与游戏性，促使学习者在该生活化的真实学习情境中愉快地掌握技能，创造性地解决问题。

表 3-1 "汽车维修"智慧实训活动

活 动	内 容
展开全息环境	智能设备，如微软全息眼镜 HoloLens，把虚拟物体和数字内容叠加到当前环境，构建了一个全息环境
模型构建	通过选择所喜爱的品牌汽车的各个部件，使用 TopMod3d、3DVIA Shape、TrueSpace 等软件，按照一定规则进行组装，构建在线 3D 模型，同时，在构建的过程中，眼前实时显示立体的汽车构建模型，针对不满意的部分，可实时修改在线模型进行优化
创建情境	在智能墙上显示学习者曾经去过的真实场景，以及刚才所构建的汽车模型，通过智能识别学习者的手势、姿态等动作，汽车做出相应的方向、速度等的调整
维护修理	汽车运行了一定时间后，出现难度由低到高的故障问题，学习者通过提示的操作动作或语音等信息，对汽车进行修理。同时，在修理的过程中，屏幕会出现所需要的修理工具、使用说明书等资源
求助专家	对难以独立解决的汽车故障，可求助专家共同解决，在专家指导的过程中，所需要修理的汽车部位会出现相应的操作提示，如旋转的箭头提示
任务实践	摘下智能眼镜之后，与其他学习者共同完成具有一定难度的真实汽车故障修理
评价、反思、经验交流	学习者对汽车故障修理要点进行总结，对自己和实训伙伴进行评价，并对自己取得的评价进行反思，交流感悟，查找不足，进行提高

三、创客教育智慧创造学习活动设计

（一）智慧创造的认知

创新能力作为创客教育培养的关键，离不开技术支持与专业指导。智慧创造是为学习者提供一个设备齐全而开放共享、独立创造又协同创新的创造环境，具有共同兴趣、共同目标的学习者共同讨论决策，共同参与对现实生活中的实际工程项目的实施，共享创意与知识，充分转识为智，转智为创。

创新是创造的基石，创造是创新的终极目标。智慧创造为创新提供了良好的氛围与工具支持来实现从创新到创造的跨越。创新是创意与实际结合碰撞的火花，而创造是创新的进一步的"落地"。智慧创造是对先前的大胆想象、不成熟的创意想法，通过与生活实际相关的项目、课题的实施，经过主动学习、探索、联系实际、不断探究、不断反思迭代，将其变得可操作、更成熟，从而实现智慧创造。它更强调学习者的批判性思维能力与创造能力及团队协作能力。

智慧创造进行平台互联、云端存储，可以在学习者灵感迸发的时候，第一时间通过云平台记录、分享，同时通过物联网、混合现实等技术，尽可能地为其提供足够的创造空间，突破环境和空间的限制，实现随时随地创造；同时将过程翔实记录下来，以便学习者在智慧创造学习环境中与同伴进行后期完善。

通过凝聚更多领域的专家团队，具有共同兴趣、不同特长的学习者共同参与，形成创新共同体，通过头脑风暴，激发创意，将创意产品不断改进升级，进行再创新，达到智慧创造的标准。智慧创造不仅要有足够的技术支持，还要有足够的人力支持，在学习者遭遇创新瓶颈的时候，为其提供专家支持，为创新到创造提供专业发展指导，使智慧创造与行业有更紧密的黏合度。让学习者从企业、科研等不同角度来考虑如何对创新性课题、项目的进一步完善，将创新用于实际生产，让创新走出实验室，实现智慧创造与创业，让创客教育实现价值变现。有条件的高校可以积极探求构建国际化多边合作创造团队，让学习者获得国际化视野，从国际化角度来提升团队创新的高度。

综上所述，要求智慧创造学习环境有别于以教为主的实训课堂，师生之间与学生之间更多的是创造伙伴关系，学习者在智慧创造环境中，更强调学习者的创造，强调学习者的主动性与团队协作能力，由学习者转变为创造者甚至组织者的角色，能自行对项目进行策划、调控；同时教师以指导者、伙伴的身份，提供建议，进行合作创造。合作创造的基础是大家有共同的创造目标，能够对于项目策划达成共识，分工明确，对于创造过程中遇到的问题、分歧进行有效沟通，共同积极寻求解决方案。在智慧创造环境中形成高效、有质量的创造团队。

需要注意的是，创造是一个漫长而复杂的过程，并非一蹴而就的。在智慧创造的学习过程中，除了预设性目标，还充满非预设性目标，没有绝对的成功标准，容许试错与失败，鼓励跨界思维，让学习者具备敏锐的洞察力，综合运用显性知识，更多地习得隐性知识，得以实现创新创造。学习者在创造过程中强化实践能力、团队协作能力，在实践中生成创造智慧。

（二）创客教育智慧创造的智能空间设计

作为自身实践与创新理念的结合体，创客空间搭建起了创意实物化的便捷桥梁，而移动创客空间更是集便捷、开放和共享于一体，也称车轮上的创客空间，不但能通过太阳能板将光能转化为电能而使车辆持续运转，达到任何目的地，拓展了创客活动的物理空间与影响范围；而且车内部有电子和计算机实验室、焊接台、激光切割机、3D 打印机、钻孔机等设备，为学习者构建了一个设备齐全、协作分享和发挥创意的智慧创造环境。

（三）创客教育智慧创造的学习活动设计流程

基于创客空间的智慧创造活动，旨在培养学习者新颖思维与创新能力，解决扎根于现实生活问题的工程项目。多形态资源的融合应用与复杂结构的工程项目，能够帮助学习者提高解决非良构问题的能力。下面以制作一辆两轮自平衡小车这个工程项目为例，对面向高校创客教育的智慧创造活动进行详细介绍。

在智慧创造活动中，具有共同兴趣爱好的学习者通过参与决策、创造和共享，完成非预设活动目标，采用适切性方式完成项目，同时，无意识地连通学习网络，保持知识的时代性。制作一辆两轮自平衡小车智慧创造活动的流程具体如下。

第一，学习者依据课题分析结果做出智慧决策。在确定项目之后，学习共同体分析项目完成的难度、所需知识技能、必要环节等信息，从而探究性学习所缺失的知识，之后，对活动的整体安排做出决策。

第二，分工完成采集数据、PID 自动控制，并利用 Rhino3DPRINT2015 和 TopMod3d 等软件建立小车的各零件的 3D 模型，使用 3D 打印机打印零件，并利用 ARDUINO、热风枪、螺旋仪、电焊台等工具进行加工，完成过后，进行成品组装、测试及其再修改。

第三，在反思与改进的过程中完善自平衡小车，并与其他爱好者相互交流，共享经验。

第三节　创客教育智慧化发展的推进机制

智慧化信息技术的互联思维推动了高校创客教育的系统性发展，有助于弥补高校创客教育发展断层的问题。依托于智慧化信息技术搭建的开放多元的平台，使参与创客活动的学习者更具多样性。跨学科、跨行业和跨领域的特征，弥补了高校创客教育自身横向发展的局限性，同时智慧化信息技术支持资源的再创性，提升了高校创客教育资源的更新频率，从而有利于消除高校创客教育路径发展过程中的封闭性。

创客教师和创客学习者作为高校创客教育中的核心主体，构成错综复杂的高校创客教育主体的多样化。多样化主体可看作互联网络中的节点，节点之间的连线构成了关系，同时也为系统能量的流动指明了方向，能量可持续流动的动力来源于主体的推动。高校创客教育的智慧化推进需要不断注入动力，因此构建高校创客教育的动力机制是维持高校创客教育智慧化发展的根本。

多元的创客主体相互交织构成了丰富的网状关系，维持关系的良性循环是保证高校创客教育系统有条不紊运行的关键。系统中每条关系都具有可替代性，形成极度丰富的关系形态，如果系统中的一条关系线路突然断裂，系统自身会自觉地更新出新的可流动关系链，这种自组织的修复性，能保证能量流动的多条路线的持续畅通，为高校创客教育系统运行注入新鲜血液，因此高校创客教育运行推进机制是促进系统智慧化线路畅通、增强流动动力和循环的保障。

此外，高校创客教育的评价机制从智慧流的深度、协同流的力度、管理流的速度和服务流的态度四个方面实现全面的监督、衡量和评价，为推动高校创客教育智慧化发展提供新的力量。多元主体和多样关系构成高校创客教育系统，而智慧流、物质流和能量流融合在一起构成衡量高校创客教育系统稳定性的重要指标。其中智慧流是高校创客教育动力机制的关键点，决定高校创客教育的质量水平；物质流是高校创客教育运行机制的着力点，制约高校创客教育的发展速度；能量流是高校创客教育评价机制的核心点，影响高校创客教育系统的动态平衡。

综上所述，从动力机制、运行机制和评价机制三个方面层层深入设计和实施，将有力推动高校创客教育的发展。同时，有快速发展的物联网、人工智能、云计算、大数据等智能技术作为推动高校创客教育智慧化发展的技术支撑，也为创新人才培养提供了良好的环境。因此，高校创客教育智慧化推进机制具体如下：

一、创客教育智慧化发展的动力机制

智慧化能为高校创客教育提供发展动力，互联全球信息，融生动态知识，连通多向思维。借助大数据技术创设个性化数据跟踪分析环境，简单明确诊断创客学习者学习过程中存在的问题；通过人工智能技术智慧精准地为学生提供药方，对症下药消除其学习病痛症状；依托增强现实技术开创魔幻仿真全方位体验，高度模拟学习情境有希望彻底摆脱机械灌输导致的思维固化困扰。大数据、增强现实、人工智能等智慧化信息技术与高校创客教育的融合，有助于挖掘高校创客教育的深层内涵，打通智慧化信息技术与高校创客教育的连接点，从而为培育创新、创造型人才贡献推动力。

高校创客教育的智慧化发展旨在提升学生的审辨思维和创造力，培育创新型人才，而高校创客教育智慧化发展的源泉是创客教师和创客学习者汇聚的智慧流。目前，创客教师是高校创客教育智慧化发展中的重大缺口，普通教师成长为创客教师需要经历一定的发展阶段，此处提倡从推动创客教师的成长过程和提升创客能力方面来提高创客的师资能力，从而进一步提高各高校创客教育智慧化的质量。

（一）动态演进机制

随着高校创客教育智慧化发展的不断推进，高校创客教师逐渐走进人们视野，不过不同研究者对其定义不尽相同，有研究称其为创客教师、高校创客教育者、教师创客、创客指导教师、创客型师资等。

一般而言，创客教师的角色可以是向导、鼓励师、激励者、联结者、倡导者、模范、学习者、导师、朋友、评论家、顾问、治疗师、协作者、教练等，其中最鲜明的两个转变是教师作为学习者和教师作为联结者。

创客教师作为高校创客教育智慧化发展的重要支撑力量，制约高校创客教育智慧化发展的速度、力度和深度，然而创客教师的成长不是一蹴而就的，同高校创客教育的演进一样，创客教师的动态成长也是循序渐进的过程，如图 3-1[①]所示。

目前，大多数创客教师处于孕育与萌芽阶段，尚需引导创客教师更快地进入成长和引爆阶段，从而更长久地维持该阶段的动态平衡，进而推动创客教师进入共存和竞争阶段。构建创客教师共同体，营造良性竞争环境，是筛选高品质创客教师的关键。

---

① 詹青龙，杨晶晶，曲萌. 高校创客教育的智慧化发展研究［M］. 北京：清华大学出版社；北京交通大学
　出版社，2019：171.

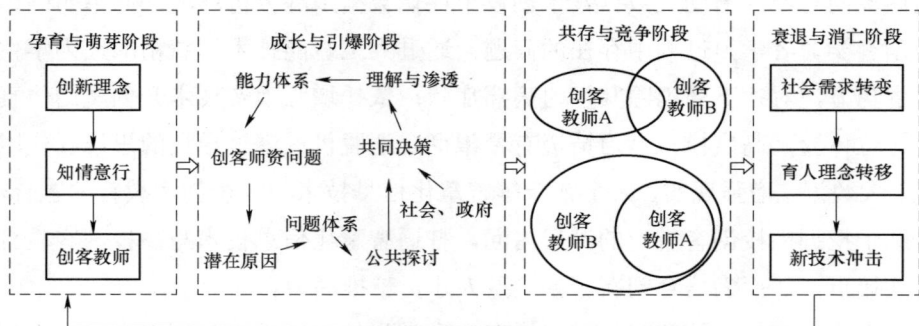

图 3-1　创客教师的动态演进过程

1. 动态演进机制的孕育与萌芽阶段

高校创客教育运用智慧化联通一切的思维，解除创客教师萌芽阶段的桎梏，引领教师进入自由健康绿色成长的道路。高校创客教师资源共存于高校创客教育智慧圈中，通过线上匿名考核，筛选真正热爱创客教育的教师，并制定该圈相应的应用规则；连通各行业的企业精英，打造线上虚拟圈，为高校创客教育智慧化引入实践智慧；同时，创客教师积年累月地不断探索和大胆尝试，离不开领导层的不断认可、激励、耐心、包容；此外，高校根据实际情况，积极创建宽松、开放、有爱的创客教育智慧学习环境，才能为高校创客教育智慧化虚拟圈和现实圈中的教师持续性地注入激情和活力。

高校创客教育旨在培养具有创新意识、创新思维和创新能力的创新型人才，培养创客学习者的创客教师更应该树立创新理念，不满足于现有的知识架构，对不擅长的知识领域大胆探索、追求创新。高校创客教师在产学研的氛围中造就了敏锐的感知能力，他们能及时对学习、生活中值得注意与研究的现象进行推理和分析，透过表层现象观察事物的本质和内在联系，从而为创客学习者提供情境化高校创客教育的智慧化发展研究的项目参考与及时指导。

在高校创客教育智慧化发展进程中，教师的角色不再是掌控者而是引导者，创客学习者的创造能力在很大程度上取决于创客教师的引导，所以创客教师本身应是一名高级创客，以创新精神感染学习者，提升学习者的学习热情，以保持创客项目向创客课程的良性转换。

2. 动态演进机制的成长与引爆阶段

通过"望、闻、问、切"四步法诊断创客师资的潜在问题，为高校创客教育智慧化发展提质增效贡献力量。

（1）"望"。教学现场观摩模范课程，评析教学设计实施中的不足。不同于传统的课堂教学，创客教学是将创客项目转变为创客课程，所以创客课程的教学设计难度更大，结构上需要更为优化。创客课程的教学设计直接依赖于创客教师对学生学习能力和水平的了解程度，以及丰富的教学经验，构建创客空间、选定创客课题、购买开源硬件设备、设计课题流程等均是创客教师的任务。参与观摩课程的跨学科教师多元化，既可以是校内教师也可以是校外的专家，无法临场参与评课的学者可通过课程实况转播同步进行评课，借助智慧化信息技术解决"观摩最后一公里"的局限。

（2）"闻"。创设教学情境浇灌学生思维和心灵，聆听学生课堂反馈。学生作为高校创客教育智慧化主体之一，是教学活动的中心和服务对象，学生的课堂反馈最直接表现教学设计的效果和情境创设的成功与否。学生的直接反馈体现在创作的作品质量、课堂氛围、合作参与程度，但部分间接反馈是不易察觉的，诊断人员可借助眼动追踪技术和观看教学录像等方式综合考量。

（3）"问"。跨学科教师参与评课，咨询多元主体点评意见。高校创客教育虽不对学科知识做具体要求，但强调以跨学科知识和思维解决问题。创客教师具有精深的专业知识和广博的科学知识，但对于跨学科的知识整体架构并没有专业教师明确，如何将知识巧妙融入创客课程中、使学生以何种方式习得、知识点怎样串联成知识网络等问题还需要跨学科教师参与指导，给出改进意见和评价。在多元跨学科教师的指导下，创客课程的知识更加结构化。通信技术便于多元主体间实时交流，点评意见以电子化形式存档也便于创客教师累积教学经验和反思。

（4）"切"。转换位置，从创客教师本体出发，全面整合资源以优化教育质量。高校可鼓励教师向"双师型"教师转变，"双师型"教师一般指同时具备教师资格和职业资格，从事职业教育工作的教师，是教育教学能力和工作经验兼备的复合型人才，具有较强的创造能力。高校可从企业引进优秀人才，招聘工作经验丰富且技术一流的专家到学校工作，或者校企合作，鼓励在校教师考取职业资格证，然后到合作企业实习。

在这一阶段，创客教师不仅需要外在的诊断发现问题，也需要对教学能力水平进行自我诊断，发现自身不足之处并加以改进。要实现维持创客教师成长和引爆阶段的动态平衡，需要注入智慧化信息技术的力量。智慧化信息技术为创客教师的成长提供充足的养分和持续的动力，为创客教师搭建多学科融合的平台，提供多元主体共同参与的创新项目，给予多领域交叉融合的机会，共创多元能力考核体系。

3. 动态演进机制的共存与竞争阶段

优胜劣汰、适者生存的法则，同样适用于高校创客教育智慧化系统。创客教师在极度丰富的状况下，将面临共存与竞争的威胁，因此，促进创客教师共同体协同创新与良性竞争便成为重要发展目标。人工智能技术的无形渗透，使得创客教师的智慧和学习能力成为生存的法宝。智慧化信息技术时代颠覆了传统学习方式，教师学会学习、学会思考、学会生存成为其重要的能力指标。创客教师只有站在智慧宝塔的顶端，进行精准课程的设计、开发、创造、管理、评价才能跟上知识更新的速度，以及能力考核的指标。

终身学习是创客教师在共存与竞争阶段得以生存的必备方式。任何创新实践都需要理论知识的支撑与指导，因此创客教师应当具备良性的知识结构，即精深的专业知识和广博的科学知识，能够多方面融会贯通；同时还需要掌握学科的研究前沿，把握专业动态。然而当前大多数创客教师直接由信息技术学科教师担任，高校的创客教师也少有通才。由于高校专业分类详细，大多数教师对于专业知识都很精通，但其他领域知识了解甚少，这就造成理工科教师缺少人文社科知识、人文社科教师又对理工科有知识盲区的现象，导致创客教师整体上的创新创造能力有限。智慧化信息技术是创客教师终身学习的得力工具，创客教师可利用互联网上的一切教育资源、工具实现自我的提升与智慧化发展。

在人才辈出、共存与竞争的时代，创客教师生存的独特之处就在于跨学科的多元知识结构。创客项目需要多学科知识的融合联通，一般而言，教师所需要具备的知识可以分为通识类、本体类、条件类和实践类四类知识。

（1）通识类知识。通识类知识是指教师知识结构最基础层面的根基性的知识，指的是一般科学文化知识，包括哲学类、自然科学类、技术方法类、人文类、艺术类、综合类等，一般通过广泛的阅读获得。对于创客教师而言也是最基础、必须掌握的知识，高校创客教师的通识类知识是最为丰富的。

（2）本体类知识。本体类知识是指教师所具有的特定的所教学科的专业知识，在高校创客教育智慧化中，本体知识即指跨学科知识，是创客教师培养创客的关键。提及跨学科知识都会和 STEAM 教育的五大学科联系起来，即科学（Science）、技术（Technology）、工程（Engineering）、艺术（Arts）、数学（Mathematics），两者的核心思想一脉相承，创客教师可完全按照 STEAM 五大学科知识体系学习，寻求知识，产生新突破。

（3）条件类知识。条件类知识是指教育教学和教育心理学方面的知识，可以帮助教师更好地认识教育对象、理解教育教学活动的规律和方法，是教师进行教育教学的必备知识。创客教师也需要教育教学和教育心理学方面的知识来指导如何进行教学、怎样针对学习风格各异的学习者进行个性化教学等。

（4）实践类知识。实践类知识是指教师所具有的对课堂真实情境的多维认知，是教师教育教学经验的积累，也可以认为是教育机智，如创客教师对课堂上的突发情况的理性处理。创客教师在教学中应尽可能积累基于真实情境的实践类知识，其对创客教师的可持续发展尤为重要。

总而言之，创客教师的成长过程是一个不断循环、动态改善的过程，完善的推进规则如同热带雨林规则，更有利于进一步促进高校创客教育系统的资源丰富、能量充沛、动力十足、智慧多样，进而促使多元主体的能力螺旋上升，系统机能进化，并逐渐趋于平衡稳定。

（二）能力提升机制

物联网、人工智能、虚拟现实技术、增强现实技术等智慧化信息技术走进课堂，逐渐淡化了创客教师的课堂表现力，越来越侧重于创客教师课前教学设计能力、知识连通能力、提升学生创新能力和精准智慧化指导能力等的彰显。智慧化信息技术虽然在某种程度上弱化了创客教师的课堂存在感，但教师可充分利用这些技术辅助自己的课前设计与内容教学。教育是一个双向传播的过程，教师与学习者处于一条平行线上，教师的能力如同弹簧的弹力，根据双方作用带动学习者达到一个新的高度，动态地调整到更高层次的平衡。高校创客教育智慧化更是如此，因此，如何增强创客教师的创客能力成为关键一步，创客教师能力提升机制主要包括以下几个方面。

1. 设计能力

高校创客教师的设计能力，突出表现在对学习者分析问题的能力和思考问题的思维方式的培养上，这是因为学习者具备知识的识记等基础学习能力，但缺乏批判与解剖问题的能力，这就需要创客教师适当设计，给予引导，直到学习者获得审辨分析问题的能力。创客教师的设计能力主要包括问题设计能力、活动设计能力和资源设计能力三个部分。

（1）问题设计能力。若在创客课堂开始时直接布置项目，创客学习者一时难以进入状态，创客教师可通过一系列问题循循诱导。创客教师设计问题时需综合考量，问题要与创客学习者先前知识结构联结，然后逐渐拓展知识层次结构，围绕课程内容设计环环相扣的问题，促使创客学习者思考深度层层递进，培育创客学习者独立思考的能力。若设计的问题高于创客学习者的知识结构，出现断层现象，创客教师则需搭建"脚手架"，便于创客学习者进行知识联结和迁移。

（2）活动设计能力。在高校创客教育智慧化中，创客学习者在课程结束后知识掌握程度是否加深、人际关系是否进一步加强、创新实践能力是否得到提升等，都与活动设计直接相关。创客教师应紧扣内容设计活动之间的连接点，通过连接点的巧妙过渡，增强创客学习者之间的交流互动，提升创客学习者团队协作能力。活动的设计要激发创客学习者的学习热情和求知欲，释放创客学习者的天性，打破他们的思维定式。

（3）资源设计能力。完成一项创客项目最重要的资源是硬件资源和信息资源。在经济条件允许的情况下，创客教师应为创客学习者准备数量足且质量佳的硬件设备，创客教师要根据项目需要选择硬件设备而不是一味地以最先进的设备为最优选，将设备利用最大化。

在大量的信息数据中，筛选支持问题解析的信息，经过去粗取精，为创客学习者提供多元、前沿的信息与知识。创客教师在提供信息的同时也能锻炼创客学习者的信息价值分辨能力，借助互联网，创客学习者获取大量信息更加容易，但有效与无效信息的掺杂，需要创客学习者在浩瀚的信息中去伪存真、准确提炼有效观点、迅速融汇信息、精简表达见解，逐步完善语言表达能力体系。

设计能力提升策略旨在将课堂转变为创客学习者能力提升的大熔炉，促进创客学习者的能力迁移。创客教师的设计能力决定课堂的效果，影响创客学习者的成就层次，而一名优秀的创客教师能够将层次从底部呈金字塔状稳步提升。

2. 联通能力

智慧化信息技术延伸到各行各业，在无形中加快经济发展的速度，重塑了生产方式和发展模式，联通思维渗透到教育中，从思维方式上吞噬固化和线性的方法，形成发散式和网状的思考脉络。

创客教师的联通能力可分为内联通和外联通。内联通，即将复杂知识体系化，联通简单的例子，使内容变得更为简约，而不是简单。内联通能力使得碎片化的知识实现逻辑化，清晰串联知识的思维是连通世界万物的重要能力，也是优化知识结构的重要能力。高校创客教育智慧化发展的独特性决定了创客教师的工作任务难度大且不易独立完成，此时教师应具备外联通能力，即与创客空间、技术专家、学科专家、同行教师联通，借助外部力量完善知识结构，更好地指导创客学习者。在高校创客教育的智慧化系统中，内联通能力处于主导地位，创客教师借助外联通能力不断内化知识，重组知识结构，为内联通能力提供保障。

创客教师不仅要主动联通还要被联通，要意识到自己和创客学习者都是高校创客教育系统中的一员，是网络中的一个节点，注重节点内部、节点与节点间及跨节点间的联通。创客教师在高校创客教育的智慧化系统中，只有学会联通一切有价值的资源，才能以恰当的方式持续推进高校创客教育的智慧化发展。

3. 创新能力

创新能力是创客教师联通创新意识和创新思维的桥梁，教育内容创新、教学方法创新、活动模式创新等都是对高校创客教育智慧化横向发展的推进。而高校创客教育智慧化纵向创新则是创客教师设计教学内容新颖、有趣，激发学生兴趣，又可回味其中深度、难度、跨度和宽度。创客教师的创新能力包容了知识结构的完整性、专业能力的层次性、道德素养的工匠性，创客教师的能力体系梯度需要不断地更新和完善，从根本上提升教师的创新能力。

创客教师的成长过程是曲折漫长的，从学习如何成为一名创客成长为一名高级创客到最后指导其他学习者成为创客，角色从学科教师到创客学习者再转变成创客教师。高校创客教师的发展是一个不断探索、持续学习与思考创新的过程。高校创客教师的创新能力包括创新实践能力和创新教学能力，具体如下：

（1）将创新想法变成现实作品是创新实践能力的主要体现，高校创客教师不仅要产生有价值的创意还要经常动手实践操作，产出作品。动手实践是作品产出的必由之路，高校创客教师要不断培养提升自身创新实践能力，在"做中学"并以内在知识结构指导实践，在实践中检验知识的理解和掌握程度。

（2）高校创客教育作为一种新型教育教学形式，要求创客教师根据教学情境灵活运用教育教学技能，培养创新教学能力，循循诱导学习者发挥创造能力。创客教师应充分发挥创客学习者的主体地位，进行创客项目时不需要向创客学习者讲解过多的知识内容及自身想法，而应该扮演好组织者、支持者和引导者的角色，引导创客学习者主动发现问题、分析问题、解决问题，启发创客学习者在跨学科知识的融合中对事物产生新的理解与认识。

在具体的教学过程中，"创课"教学法实施的有四个关键步骤：① 根据情景或问题设计创新性的项目任务；② 设计完成项目的路径、提供相应的资源和工具；③ 通过学习、讨论、实践完成项目；④ 组织分享和作品完善。

4. 智慧能力

创客教师的智慧能力是指创客教师使用智慧化信息技术对创客学习者进行精准指导并进行智慧教学的能力，其主要表现为通过大数据等技术跟踪记录学习者的学习轨迹，凭借云计算等实时推送个性化信息，依托人工智能系统等智能分析、呈现问题等，创客教师以其自身智慧能力精准指导创客学习者是智慧教学的重要部分，其中，智慧教学是创客教师利用各种先进信息技术和丰富的教学资源开展教学活动的过程，依托智慧化信息技术进行数据分析、特征提取，个性化建议推荐等教学活动具有高效、开放、多元、互通、深度交互等基本特征，可以提升创客教师教学智慧，从而促进创客教师专业发展。

智慧化信息技术是创客教师进行教学和创客学习者自主学习的重要辅助工具，真正的智慧体现在创客教师在搜集处理学习者动态学习数据的基础上，依靠精深的专业知识、广博的科学文化知识和多年积攒的教学经验对创客学习者和创客项目的精准诊断，然后做出个性化教学指导与教学设计，培养创客学习者成长为智慧型创新人才。

二、创客教育智慧化发展的运行机制

（一）资源共享的机制

高校创客教育资源因智慧化信息技术的渗透，实现了大连通和大融合，互联网平台的迅速发展，通过缩短信息传播的路径从而降低了获取信息的成本；拓宽了信息传播的通道并提高了信息内容的丰富度；使得闲置资源发挥了最大价值。高校创客教育资源质量水平是推进高校创客教育系统发展的重要保障，因而畅通创客资源的流动路线，促使创客资源的模块化管理，是提升创客资源内容深度、广度和高度的原动力。

1. 加快资源流通速度

高校创客教育资源是高校创客教育质量提升的生命线，保证高校创客教育机体健康成长，需要保证资源流动的血管畅通，补充养分提高血液质量。

创客运动的蓬勃发展，极大地丰富了高校创客教育资源的种类和数量，但其中部分资源内容存在重合且时效性低的问题，高校优秀创客教师和创客学习者作为高校创客教育系统的生产者，应具有筛选高校创客教育资源的能力，恰当精准地过滤冗余、过时、无效信息，加快资源流通速度。同时高校创客教师和创客学习者在创造生产过程中也要体现学术的前沿性、理论指导实践的精准性、创客项目的创新性，将优质、有效、时效性高的高校创客教育资源投入到创客教育智慧化系统，在保证源头教育资源质量的同时，为高校创客教育智慧化发展注入源源不竭的动力。

开放的高校创客教育平台，连通社会各行业的分解者，加速高校创客教育资源的分解，扩散系统的能量和热量，分享智慧的结晶。高校创客教育平台的学习社区高效运作，缩短了高校创客教育资源多元流向所需的时间，从而加快高校创客教育资源流速。高校联合企业开放高校创客教育绿色通道，增添高校创客教育资源的多重通道，同时借助媒体力量横向拓宽通道，纵向缩短高校创客教育资源流通路径，提升流动速度。同样，校企合作便于高校创客学习者及时享受优质教育资源，也加快了资源流通速度。因此从高校创客教育资源链上提升资源流动速度，确保资源品质，进而促进高校创客教育高效。

2. 扩大资源共享限度

高校作为创客教育培养创新型人才的主战场，享有更多的优质创客教育资源，所以扩大资源共享限度的一种方法是提高高校创客教育资源的利用率。高校应贯彻"全民创客"的精神，倡导全员学习者参与创客活动，发挥主观能动性，充分利用高校创客教育资源。

扩大资源共享限度的另一种方法是不断整合分散的、零碎的高校创客教育资源，优化教育资源整体结构，构建模块化功能，最终实现统一化的分布式管理，实现高校创客教育资源最大限度的共享。

虚拟现实技术、增强现实技术、人工智能技术等智慧化信息技术推动各领域发生深刻的变革，与教育跨界融合，在教育场景中的深度应用，引起创客学习者的创新兴趣，开发多样的资源种类，使得知识可视化程度增加，清晰的模块化管理资源，更有利于资源的流动。

高校创客教育落地于生产生活的创新思想，剖析创客学习者能力提升的资源需求，将高校创客教育资源与提升创客学习者能力以递进的形式匹配，螺旋式推动学习价值与资源的匹配度；资源的扩充与共享的整体力量建立在良好的管理机制之上，而机制是促进共享的良好推力，公开化、透明化的资源创新管理准则，是网络化平台运行的支撑，也是资源共享深度的保障。

3. 促使教育资源内容和形式的深加工

高校创客教育资源内容体系打破了传统专业知识固有的层级结构，创建了灵活的网状式知识，增强了知识的生命力，赋予了学生更多的生存与生活技能。

高校创客教育涉及跨学科知识，知识错综复杂，尤其是高校创客项目涉及知识难度大且零散，不易将其系统化。高校创客教师和创客学习者可将每个项目的相关知识以思维导图或知识地图等形式进行表述，在整理过程中深度思考厘清知识脉络和相关关系，并将其上传到学习社区，在讨论和被评价中反思与再重构。

部分创客学习者容易在错综复杂的专业知识网络中迷失方向，而高校创客教育资源提供边缘化的新颖知识体系，其中囊括了更多业余形态的交叉学科知识，在丰富创客学习者的知识广度的同时，汇聚生活常识类等多元化知识涌入高校创客教育系统，丰富创客学习者的知识广度，培育多样的业余专家，提升创客学习者的个人幸福感，进而推动社会的和谐与进步。

就技术而言，虚拟现实和增强现实技术等正在改变人们与世界交互的方式。在高校创客教育中，这项技术有助于创客学习者在与虚拟、现实世界互动的过程中，建构自己对教学内容的理解，同时在整个交互过程中，易于对操作、行为进行采集和分析。在交互过程中，各个信息通道中呈现的内容，可以根据教学内容进行设计，并在可控的条件下进行呈现，有利于创客学习者的注意力更为集中在有效教学内容上，对知识进行深加工。

就工具而言，高校创客教育资源中最重要的工具是开源硬件。开源硬件是指用与自由及开源软件相同的方式设计的计算机和电子硬件，其成本可控的优势加快了高校创客教育的普及速度，在产品迭代更新过程中促进创客学习者资源的深加工。

高校创客教育系统中各要素的不断提升、演变都离不开物质资源的供给，只有高校创客教育资源内容持续更新与不断拓展，才能更好地促进创新人才的成长。

（二）系统协调的机制

高校创客教育颠覆了传统教育的模式，革新了运行模式。高校各层级之间需要厘清高校创客教育内涵，协同调控高校创客教育的运行，才可使得各级管理人员共同为高校创客教育智慧化开辟良好的环境。因此，如何促使高校创客教育理念的深层次渗透，消除各个部门之间对高校创客教育运行的障碍，是高校创客教育在协同创新中实现互惠互利及达到社会价值积累的关键。

1. 互惠互利的系统协调机制

建立互惠互利的高校创客教育系统，才可保障系统运行的有条不紊。不同学科教师、不同岗位的管理人员、不同知识背景的创客学习者和跨知识领域的高校创客教育参与主体，促使多元主体参与高校创客教育协同发展，为高校创客教育系统贡献更多能量和智慧，增加了更多的创新利润。

高校创客教育主体的异质性不断增强，促使高校创客教育链中节点更加丰富，同样为创客学习创设多元素文化氛围；另外，创客教育智慧化系统实现公平合理的利益分配制度，"多劳多得"的原则，同"物竞天择，适者生存"的法则一般，保障创新主体互惠互利；系统整体稳定地运行需要良好的管理体系，多元主体共建规则，共同遵守秩序，从而维持高校创客教育系统的长久稳定、动态平衡。

在企业层面，通过校企合作将企业的先进技术、项目运营和管理经验优势引入高校，通过参加赛事和实践实操等形式补足教学资源短板，高校定期邀请企业家到学校宣讲，企业提供高校创客学习者观摩、实习、竞争上岗的机会，企业与高校协同开展高校创客人才培养，全面提升创客学习者的创新意识、创新思维和创新能力，促进创客实现项目落地，为培养高校创新型人才提供动力，为企业聘用合适的人才提供保障。

2. 系统协调机制的价值积累

无论是高校创客教师还是创客学习者，都享用社会提供的丰富优质教育资源来实现人生价值，所以也应当服务于社会。对社会尽责任、做贡献是人生价值的主要标志，只有充分发挥自己的创造潜能，才能在劳动和奉献中创造并实现自己的人生价值。人生价值包括人生的社会价值和人生的自我价值两个方面。人生的社会价值，即个人对社会的责任与贡献，它表现为个人要把自己潜在的能力发挥出来，为社会创造物质的或精神的财富，满足社会和他人的需要。人生的自我价值，即社会对个人的尊重和满足，它表现为社会要尽可能地尊重个人的正当要求和合法权益，满足个人生存和发展的需要。

高校作为"全人发展"最重要的教育场所，拥有社会中优质的教育资源，担负着培育创新创造人才的重任，高校创客教育作为改善传统教育的突破口，是深化我国教育改革、推进素质教育的重要战略，携手全社会实现系统创造，最终实现为社会发展积累价值。

高校创客教育作为新型教育模式，拓展了创客学习者的学习方式，延伸教育实践领域，为创新提供了战略要地。同时营造浓郁的创新创业情境，激发创客学习者的创造热情，为培育创新型人才奠定基础。高校创客教育是扩大就业渠道、建设创新型国家、增强国家竞争力的重要举措，无论是对国家、社会、区域、高校还是学习者个体，都有着深远的意义。

高校智慧、企业智慧、家庭智慧的融合是推进高校创客教育智慧化发展的不竭动力和重要保障。企业作为高校创客教育系统中的技术引领者，协同创客教师和创客学习者的智慧资源，实现人才资源与企业服务岗位的供需匹配，合力把控创新主体与资源数量的合理分配，进而促进价值积累的恰当性。社会作为检验创新人才整体质量水平的过滤器，高校人才培育的节点，需要通过社会规范一一对应实现相互认可。

高校创客教育运行机制的有机协调，需要高校各部门通过线上线下的高效协同配合，以实现高校创客教育系统网络动态衍生。各部门成员作为高校创客教育网络的节点，高校创客教育理念的不断辐射，萌生了新节点，新节点与新节点智联及新节点与原节点智联，增加了高校创客教育层级之间的新链，推倒了传统教育部门之间的围墙。

同时，链之间的关系也是整个高校创客教育系统协同的关键，及时沟通，畅通各组织部门践行高校创客教育通道，大数据技术下跟踪监督和记录高校创客教育运行情况，结合数据分析技术实现全面的评价反馈，从根本上促使高校创客教育稳健运行。

任何一个系统均由多个要素构成，对创客教育系统中各要素及其动态关系的分析和把握，是构建系统的基础和依据。高校创客教育系统的构成包括创客主体（高校创客教师和创客学习者）、创客活动（创客教学和创客实践）、创客环境（创客空间）、创客资源（软硬件教育资源）等一系列复杂的要素，系统中所有要素相互作用、相互依存，维持动态平衡，实现共同发展。通过顶层设计，对系统进行自上而下全方位地优化、革新，构建以提升创业能力、培养工匠精神、培育创客文化为主要目标，有高校特色的高校创客教育系统。

（三）环境动态平衡的机制

智慧化信息技术颠覆了固化的教育环境，实现了互联的大同世界。开放互联的教育平台，为高校创客教育的发展提供了沃土，调节了创客教育智慧化系统良性循环，维持着动态平衡的高校创客教育环境。在高校创客教育系统中，创客主体节点本身的弹性水平、节点构成创客链自我修复能力及整个环境中的网络化反馈调节，影响着高校创客教育质量水平。

1. 服务供求关系化环境

高校创客教育中的创新主体作为网络中的节点，自我弹性管理、资源灵活运用、开放学习制度直接影响创客教师和创客学习者的成长水平。高校、家庭、企业等共同参与高校创客教育智慧化建设，其中各个节点的自我发展，需要构建良好的服务供求关系，实现恰当精准对接，有利于整个组织的弹性演变。在大数据时代，资源的开放和共享，弱化了资源的拥有权，增强了资源的自愿使用权，虚实结合的资源管理，拓宽了资源的流通范围，也为创客主体提供了资源灵活运用的健康环境。

从技术角度分析服务供求关系，高校创客教育涉及跨学科知识，常规的教学工具手段难以从创客项目的实际操作情境中定量、定性地抽离出创客学习者的学习质量和学习机制，需要利用智慧信息技术工具分析和服务。创客学习者动手实践探究问题的过程，是学习者经历观察、分析、操作、归纳、概括的认知过程，以及体验知识的形成过程。

高校创客教育大数据分析技术的应用，主要是学习行为分析和教学管理。学习行为大数据分析技术是支撑高校创客教育智慧发展的重要技术之一，它采集和汇聚了创客学习者在智能化教育环境中学习产生的大量学习数据，对创客学习者的学习数据进行有针对性的分析和解释，从而获取创客学习者学习的隐性和显性行为，明确创客学习者在学习过程中的显性变量和隐性变量，然后将分析得出的结论反馈给学习管理者（高校各部门）、服务者（创客教师）和参与者（创客学习者），促进管理者、服务者和参与者的反思及教学改进，评估创客学习者的学业进展，发现潜在问题，预测未来表现，提供智能化的教学建议。数据的可视化分析，跟踪记录了创客主体的学习进程和质量，其中创客学习者学习兴趣和创新能力备受关注，开放的学习制度推动高校创客教育化发展。

2. 多元主体功能化结构环境

维持高校创客教育环境智慧化的动态平衡，本质上需要提高创客主体链功能结构的复杂性，其中加强创客主体多元学科的融通性、开放国际高校交流学习频繁性、赋予创客主体多重创新角色尤为重要。

在传统学校教育中，学习者学习多门学科知识，由于多学科之间彼此独立，学习者少有机会将跨学科知识进行运用，导致部分学习者学习兴趣较低，成绩两极化，缓解这种困境的方式是在真实情境中综合运用多学科知识。高校创客教育中的创客主体在尝试探索中，涉及多领域的专业知识，有利于增强不同学科主体的交流，汇聚智慧结晶，畅通创新主体探索的道路，联动多学科主体的知识流动，提升创客学习者的多重能力，营造和谐共存的创客环境。

创客主体在高校创客教育系统中，角色在生产者、分解者、传递者、消费者之间时时跳转，是创客环境智慧化复杂性的外化，创客主体在所扮演的每一种角色中进行生产再创造，提高教育资源流通速度，为高校创客教育系统注入源源不断的能量，使系统中各要素处于相对稳定的动态平衡状态。

3. 衡量标准规范化环境

运行机制的原动力是保障高校创客教育动力机制持续发展的源泉，而高校创客教育环境的动态平衡离不开反馈式协调控制，其中管理制度的反馈、创新产品利益反馈和资源共享的反馈，制约着创客主体化发展的持久性。

高校创客教育的可持续发展离不开管理制度的监管。管理制度制定前应听取家庭、高校、企业等各要素成员想法，多方采纳意见并协同制定。高校创客教育系统中要想形成公平、公正、合理的管理制度，离不开网络主体的及时反馈意见和不断修正，促使管理制度得到认可，实现良性循环化的信息流通。高校创客教育系统处于动态平衡的状态，系统内部的能量流动和物质循环时时变化，管理制度为保证系统的健康运转也需酌情修订、不断完善。

创新利益互惠实现能量循环流动，创客教师从高校创客教育中收获成就感，创客学习者在高校创客教育中发展创新能力，企业从高校创客教育中收获人才和利益，政府从中收获经济提升和社会稳进发展，创客主体利益流动的不断反馈，从而维持高校创客教育环境的平衡。

资源共享反馈体现在系统中各要素贡献出能量投入系统中，随着能量的流动，资源被多方要素使用，能量逐级递减，在能量输入、传递、转化和流失的过程中，各要素进行反馈，反馈的结果通过顶层再设计得以改进，再投入系统中循环。

三、创客教育智慧化发展的评价机制

（一）智慧流的评价机制

高校创客教育系统，依托智慧化信息技术，将高校创客空间与虚拟高校创客教育平台相融合，无论是线上还是线下的高校创客教育，本质上都是实现智慧化系统中创客主体的智慧流流通，智慧流如同生命体系的精髓，也是高校创客教育的最终目的。关于创客主体的创新智慧和研究，从来源、流动能力和整体结构进行设计。

1. 智慧来源

人工智能技术融入教育行业，智慧学习备受关注，智慧学习核心为学习效果，而高校创客教育是实现智慧学习的有效途径。

智慧流来源为高校、企业、政府等多方力量的汇集，是集体智慧的产物。智慧流是创客学习者从智学到智造的能量供给，是创客学习者大脑、心智全面发展的源动力，有利于创客学习者显性知识和隐性知识的相互转化，促进学习者在面对非良构和复杂问题时以审辨的角度分析和解决，在真实情境中灵巧创造，培养学习者核心素养和多方面感知问题、深度思考、灵巧学习的能力。

高校创客教育中智慧流的源头需要进行有效监测。高校创客教育智慧流的可信度评价指标受到考验，智慧流传达内容的可信度需要创客专家的审核或是在实践中进行检验。每一股智慧流在高校创客教育系统平台中的流通，都必须接受审查，确保平台的可靠性，增强高校创客教育知识的权威性和高品质性，这在一定程度上吸引更多高校创客教育的消费者、传递者、分解者和生产者，使得高校创客教育平台得到社会广泛认可，进而推动高校创客教育质量水平的提升。智慧流的流动使高校创客教育系统中各要素的运作有质的提升。

2. 智慧流动力

智慧流的流动能力是高校创客教育知识传播和影响力延伸的关键力量，也是评价高校创客教育发展深度的衡量指标。庞大的高校创客教育系统，主体之间通过多样的关系连接在一起，通过网络实现智慧传递，智慧流流经每一个节点，节点主体对于高校创客教育内容的接受度和认可度，影响着智慧流通的质量。智慧流流经每个节点之间链路的稳定性，影响智慧流的流动速度。提高智慧流流动能力的效率，不仅需要保障创客主体的能力水平，还需要维持创客网络关系的稳定性，因此高校创客教育智慧流的流动力水平是衡量高校创客教育发展速度和深度的重要指标。

3. 智慧流结构

高校创客空间和高校创客教育资源平台双双融合搭建了高校创客教育智慧流的结构平台，互联网技术的融合性，促使资源的汇集、使用、再创造，缩减流通路径，增强知识的模块化结构，通过良好的智慧流结构实现真正意义上虚实平台资源、服务、产品的融通性、对接性和联系性。

智慧流的产生不是将高校创客教育资源简单地堆砌、混合或是归类，而是促使高校创客教育资源实现实时联通及运转。高校创客教育各个环节都渗透于创客空间和线上平台的服务，高校创客教育的最终学习效果是创造性产物的输出，创新性产品通过云端平台与社会生产联系起来，是将创意真正地落地、生根、发芽，将学校智慧与企业智能紧密联系起来。此外，社会需求是推动科技教育发展的原动力，处理好需求与创新创造的对应关系，才能从根本上提升高校创客教育质量，带动社会价值，推动企业发展。

（二）协同流的评价机制

智慧化信息技术颠覆了传统生产生活方式和学习方式，孤立的、单线条的教育方式已然无法适应社会发展，从跨学科合作、团队合作、区域合作到全球化合作模式，协同配合的创新模式已经渗透到高校创客教育发展的各个环节，高校创客教育智慧化系统中师生协同的密切度、企业协同的紧密度和政府协同的力度成为关注的重点。

1. 师生合作力

高校创客教育系统动力机制核心主体为创客教师和创客学习者，协同创新中师生之间情感、信任和容纳度影响着高校创客教育活动的发展。高校创客教育过程中多样的创客项目，使创客教师和创客学习者有更大的选择空间。创客教师的专业素质质量影响创客学习者成长为创新型人才的质量和速度。

创客教师要具备创新意识与创新思维、设计意识与设计思维、实践意识与工匠精神、节点意识与联通思维、分享意识与团队精神、安全意识与尝试精神等为特征的创客精神；要具备跨学科的多元专业知识结构；要具备创客空间建设、创客课程开发、创客技术应用、高校创客教育教学等专业技能。通过教师的引导，开阔学习者眼界，培养其独立审判思考的能力。

创客师生因兴趣汇聚在一起的创客团队有更强大的凝聚力，在漫长艰辛的高校创客教育执行过程中，协同力度和配合默契度会进一步提升。首先，创客教师不仅是指导者也是学习者，就先进技术而言，创客学习者掌握速度快，综合运用程度高，有助于师生共同学习，实现教学相长。其次，创客团队之间人员的流动性加强，时时为团队注入新的力量，增添集体智慧结晶，促使创客项目顺利发展，产生错落有致的流通模式，促进彼此学习、共同进步。最后，开放的创客主体人员流通制度，包容的高校创客教育环境，使得高校创客教育氛围充满浓浓的信任感，成员之间联系纽带更加坚不可摧。

2. 企业推动力

高校创客教育培育学习者创新意识、创新能力和创新思维，人工智能时代的到来，越来越多的工作岗位将会被替代甚至被淘汰，能够在创新的潮流中前进的唯有创新型人才，企业的发展更需要创新型人才的加入，为企业创造更多的利益。

高校创客教育弥补了传统封闭式教育的不足，将企业智慧和灵活化创新理念引进高校教育，关于如何将封闭式发展的高校教育与灵活开放的企业文化教育融合，实现创新型人才协同培养，此处认为需要考虑以下几个方面：首先，评价高校与企业连接的平台，平台的开放性、公平性，都影响两者之间协同发展的意愿；其次，双方提供的资源，是否实现供需平衡，从内容的质量和可靠性上，能否实现长远发展；最后，彼此协同发展连接点的上升空间，能否实现螺旋式上升发展模式。

（三）服务流的评价机制

高校创客教育发展平台将线上虚拟平台与线下物理平台结合发展，随着智慧化信息技术融入学校教育，教育服务功能的重要性尤为明显，因此服务性能也成为对高校创客教育质量检测的标准之一，由此，高校创客教育要增强服务性的个性化、创新化和人性化。

1. 个性化服务

技术与教育的融合，智慧化目标的实现，使高校创客教育的衡量标准越来越高，服务的个性化也成为考核高校创客教育系统的标准。

就线上虚拟平台而言，数字化学习空间作为高校创客教育资源中尤为重要的一环，为创客学习者营造了良好的个性化学习环境，数字化学习空间是创客学习者查缺补漏、弥补知识和技能短板的"能量供给站"，创客学习者不需要按部就班地学习，完全可以以自己的喜好选择时间和学习内容来学习，这是一种以兴趣为导向的非正式学习方式。就线下物理平台而言，是对创客学习者在线上虚拟平台学习成果的检验，提供创客学习者实践动手实践的物理设施，创设真实环境检验学习者解决实际问题的能力。

教育的真正核心不是简单地传授知识，而是教会学习者如何获取学习能力，如何实现创新能力的培养，在高校创客教育的过程中，越来越注重学习者的个性化发展。高校创客教育中的个性化学习，是根据学习者的学习风格、学习兴趣和学习能力提供订制化的内容。服务行业的核心是顾客满意，进而才能获取收益。同样，高校创客教育中的产品应是让消费者买单的原动力，如何持续创造收益，只有专注提升产品的质量，才能持续推动高校创客教育发展。

2. 创新化服务

技术创新、学习创新、教育创新，同样，高校创客教育也需要创新。服务的本质是产品，产品只有不断创新，才能持续发展，因此注重高校创客教育服务创新，无论是从技术上突破高校创客教育内容的展现形式，还是从内容上提升产品的质量，都是创新的表现。

高校创客空间是培养创客文化和创新型人才的花园，服务的创新性也体现在创客空间的服务性上。其中，最具代表性的便是清华创客空间。例如，清华创客空间是一个开放的软硬件开源社区，是学生进行智能硬件创业的平台。任何专业背景、零基础的同学，包括文科生都可以参与，强调多学科间的交流互动，该空间每周定期面向所有校内外学生开展创意分享、工作坊、头脑风暴、产品设计培训、创业培训等活动。通过合作探究、项目驱动、专业指导等多种方式，激发每位成员的创造潜能，使他们在动手创造及分享知识中体验成功的乐趣。

高校创客教育服务于学习者，将激发学习者的创新能力，作为高校创客教育主体本身的整个教育体系，要将创新创造的血液流通到高校创客教育环境的各个角落。高校创客教育主体本身只有将创新服务的理念发挥到极致，才能更好地吸引创客学习者参与，推动学校发展，进而得到企业认可，受到社会欢迎。

3. 人性化服务

高校创客教育的核心目的是服务创客学习者，而人性化服务，强调高校创客教育提供的创新教育平民化，考虑参与高校创客教育的成本、时间，同样也要考虑高校创客教育带来的效果。

高校创客教育的普及率受到高校创客教育服务水平的影响，良好的服务总会得到消费者的青睐。在高校创客教育中，主要参与者是大一至大四阶段四个年级的学习者、研究生及部分教师，借助于智慧化信息技术支持的开放高校创客教育平台，各个阶段的学习者也可参与到创客教育中。当前高校创客教育发展中表现出的学习者参与度不够、学习的整体效率低等问题，一方面是因为高校创客教育内容不具新颖性、实用性和实时性；另一方面则因为高校创客教育表现形式太过模糊，不够通俗，使得在不同专业学习群体之间传播性弱，因此从一定高度进行高校创客教育质量服务人性化的评价，是高校创客教育服务流评价的重要组成部分。

高校创客教育不仅要培养具有创新意识、创新思维、创新能力的创新型人才，还要让学习者在"做中学"和"玩中学"，在学习者天性发挥的基础上，全面发展学习者的能力，让学习者充分感受到学习和创造的乐趣，培养学习者的审辨思维和智学、智造能力，锻炼学习者动手和创造性解决实际问题的能力，从而促进"全人发展"的实现。

第四节　创客教育智慧化发展的路径探索

一、智优高校创客教育主体

智优高校创客教育主体，实现创客教育主体智慧化是创客教育智慧化发展的前提。创客学习者和高校创客教育者是高校创客教育的核心主体，也是高校创客教育过程中最基本最复杂的人际关系，它直接影响教学目标的实现与人才培育的质量。

随着智慧化信息技术的不断发展，虚拟与实体世界的边界被逐渐模糊，浩瀚的虚实融合空间，涌现出大量免费的资源，给予创客学习者更多选择的机会，也为实现个性化学习提供了支持。同时将高校创客教育发展维度从二维的师生关系转向了虚拟与现实交错的多维空间，环境的改变致使高校创客教育主体的能力需要进一步提升。

创客教育主体的智慧化不仅体现在个体运用智慧化信息技术进行创新创造，更重要的是主体内在的多元知识、技能的掌握和自我提升，主体间的和谐共生的关系，创客团队间信任与亲密无间的配合，为达到这种高阶关系需要赋予高校创客学习者权力、增加高校创客教育者弹性、平衡创客主体间的和谐关系、缩短创客团队间的社交距离和消除多元创客不信任壁垒。

（一）赋予创客学习者权利

高校创客教育融合智慧化信息技术，不仅丰富了创客学习资源，拓宽了创客学习边界，同时也警醒了高校关注创客学习者的智慧化发展与智慧生成，这需要赋予创客学习者更多的权利，其中包括学习者选择知识发展能力的自由权，边缘化兴趣得到尊重的空间权，表达自我需求的话语权，以及关注创新能力和情感需求的关爱权。

学习的过程是知识与能力发展的过程，知识转换为能力，必须要将知识运用于实际，能力是内化知识的综合体现，能力也只有在知识的持续学习及训练过程中得以体现和逐步提高。高校创客教育强调通过跨学科知识解决实际问题的能力，高校规定学习者应掌握知识技能是对学习者的底线要求，距离实现智慧化发展还相距甚远，所以高校在规定学习者需要掌握知识技能的同时要赋予创客学习者知识发展能力的自由权。创客学习者具有无限的潜能，成长为创新型人才需要具有广博的知识和扎实的技能做基础，所以创客学习者要以兴趣为出发点多方涉猎，实现知识均衡发展。

当前高校创客教育学习者承受的压力主要来源学校严格的科研要求。科研任务、就业压力等致使学习者在科学兴趣上花费的时间有所减少，长此以往学习者兴趣逐渐弱化，部分小众、边缘性的兴趣更是得不到培养与发展空间。但是，兴趣作为创客学习者学习的最有力驱动力，是学习者最好的老师，能够帮助学习者弱化来自科研压力等外界干扰。边缘兴趣的大众化需要这一小部分人竭尽全力地推广，因此高校应为学习者留出一定的可自由支配的时间与空间，助推学习者的科研和兴趣同步发展。

高校创客学习者是成长为创新型人才的主力军，其创新能力尤为重要。高校要关注学习者的创新能力，设定评价指标，定性定量地对创客学习者进行客观、全面的评价，及时给予理论知识和实践操作上的支助服务，保证学习者有充足的信息资源和时效性强的友好平台，从而迅速洞察学术前沿。高校创客项目难度大、周期长，在创造期间创客学习者的情绪、心态会发生微妙的变化，成就感和挫败感是相对的，且凡事皆物极必反，因此高校要设立心理咨询部门给予创客心理疏导，还可以定时召开座谈会，给创客学习者表达的权利，了解创客学习者动态的学习需求和情感需求。

在高校创客教育推进机制中，创客学习者可以更好地发展审辨思维能力和创造力能力，而这些能力的发展都离不开创客学习者在专业知识学习与自我特长发展间的平衡调节，以及对能力发展与情感需求间的包容。因此高校在赋予创客学习者更多权力的同时也促进了高校创客教育的智慧化发展。

（二）增强创客教育者弹性

在互联网技术支持下的高校创客教育，可以被看作是一个庞大的系统，高校创客教育者不仅要调节、监控高校创客教育系统的进程，而且要深入了解系统中每一个学习者的学习习惯、兴趣、动机，还要针对创客学习者提出的不同问题，提供精准的指导方案，这样才能保证系统的有序运行。

高校创客教师肩负着培育创客学习者创新的使命，应该有更高的多重素养。目前，很多高校创客教师存在的问题是知识较为单一，由学科教师到创客教师转型困难，难以满足创客项目对跨学科知识和动手实践能力的要求，高校可以通过建立"教师创客空间"等为教师转型提供支持。教师创客空间可以将各学科教师聚在一起，每位教师根据自身擅长的领域，交流协作，彼此取长补短，互相启发，产生不同的创意，为转型积累经验，最终将创意转变为实物。

高校为教师创建专属的创客空间是很有必要的，首先，创客空间为教师提供了充电和创造的场地及工具支持，教师通过创客空间把自己的创意变为现实。在这一空间内，各科教师还可共享开源硬件；其次，在教师创客空间中，最重要的资源是教师们的集体智慧，教师们在创造中、协作交流中共享理念和知识，借助互联网技术，如微信等，使交流更方便，教师们可以创建高校创客教师的群聊或加入其他群聊，共同参与创客项目、高校创客教育大赛和其他课题等；最后，群组成员数量虽多但可能有些教师对于高校创客教育并不是真正感兴趣，通过在群组中分享其他教师的优秀创客作品，以此来激发其他教师的热情和创造欲望，有利于促进学科教师向创客教师的顺利转型。

高校也可以多校合资共建教师创客空间，通过这样的方式总成本不变，而多方投入成本降低，或者多方以自己学校建设教师创客空间成本投入共同建设经费中，建设一个最先进的创客空间，不仅有利于教师之间的知识共享，也加强了学校层面的高校创客教育管理，促使教师成长为超级创客。

此外，高校在对教师评价等管理上存在一些不足，例如，教师教学业绩的考核、评估指标，大多仅有"量"的规定，而无"质"的要求，这在一定程度上抑制了教师创造的积极性，所以高校应完善创客教师的评价制度，教学、科研所指导的创客学习者的作品质量等多方面综合考虑。为鼓励"创客型"师资的发展，高校可以采用教师轮换休假促创新的制度，例如，教师工作三年或更长时间后，可以有半年的休假进行科研创新，这样教师可以暂时从繁重的教学任务中解放出来，为他们进行创新实践提供更多的时间。教师在休假进行科研创新的过程也是自我发展的过程，回归岗位的同时为高校创客教育注入新活力和新思想。

高校创客教育者需要关注学生情感需求，设计课程资源，指导教学过程，提供精准资源服务。互联网技术将教师资源汇聚为庞大的数据库，高校创客教育者在合理的机制中选择自我发展方向，精细划分高校创客教育者负责领域，从而促进高校创客教育教师的专、精、深。高校创客教育者只有保持开放的、终身学习的态度，积极融入高校创客教育系统，不断自我完善与自我提升，才能保证高校创客教育的智慧化发展。

二、智优高校创客教育活动

高校创客教育活动是指为培养创客学习者创新意识、创新思维和创新能力及提升创客主体能力所开展的一切活动，高校创客教育活动智慧化程度，直接影响高校创客教育的智慧化发展进程。促进高校创客教育活动的智慧化发展，可从规范创新实践行为、融生创新共同群体、搭建持续融资体系、优化高校创客教育方法四方面落实。

（一）规范创新实践行为

认知行为过程是建立共同信念、形成统一态度、影响行为方式的过程。创新实践是认知行为的逆过程，首先，鼓励创客学习者积极发现问题，认真参与实践，并在实践中与多元创新主体主动沟通，启迪智慧流，更新数据流。其次，团队成员有效的合作，需要基石人物，即擅长交际的榜样人物，他们是连接人与人之间的桥梁，他们可以打破不同的社交群体，把不同领域的主体有机地组合起来，消除成员间的疑虑，加速信息流通。通过联通的团队间形成的网络，将众多小型团队连接在一起，不断地增添新的网络节点，逐渐达到一种新的模式，因此，在创客主体动态变化的过程中，需要时时地监控创客主体活动数据流，调控管理模式。最后，在基石人物的动态链接中，团队成员不断创造利益，增强彼此间信任感，逐渐凝聚团队文化。高校创客教育活动是一个循环的、持续的实践过程，只有在发展的各个阶段，及时地反馈数据信息，不断完善团队契约，才能保障成员利益。同时，在优胜劣汰的社会中，随着高校创客教育主体网络增长，网络节点越来越多。为了增强节点间链接的稳固性，在高校创客教育活动中需要学会吞并小的节点。

（二）搭建持续融资体系

高校创客教育搭建利益共同体，可增强创客活动的连接性。创新分为基础创新、工艺创新和外围创新，其中基础创新的主体为高校创客团队，创客团队的任务核心是创新，基础创新的研发阶段对于资金的需求量较少，但耗时较长；在生产阶段，因损耗资源，投入试验，需要一定资金支持；在存活阶段，产品进入工艺创新阶段，考验其核心技术，测试产品的新性能，企业将会参与这个阶段的修整，耗资量上升；在产品初始阶段，将实现外围创新，投入大规模生产阶段，资金的需求量趋于稳定。需要注意的是，创新的不同阶段都需要资金补给，以保证宽松的创新环境。

创客团队、企业、投资方和政府组成系统中的利益共同体，保证高校创客教育发展的动态平衡，每一个要素都起着不可替代的作用，其中创客团队处于创客教育发展的最底端，最先享有项目带来的利益、经验和技术；企业作为帮扶团队处于核心位置，拥有优先融资权，在打磨项目过程中追求精益求精，同投资方一起获取巨大利润；高校创客教育智慧化发展的动态平衡，需要政府的宏观调控，全面推进创新发展。

（三）优化高校创客教育方法

创客教育在高校并没有一个体系化的制度，多以公开课或是选修课的形式进行，基本上是一种形式化教育的状态。高校创客教育是秉承"全人培养"的理念，重视创客学习者学习能力、创新能力、跨学科思维和核心素养的能力，高校创客教育的方法直接影响高校创客教育目标的实现，协作学习已成为智慧化信息技术时代的一项必备技能，互联网的便捷性为正式与非正式学习提供了发展空间，为学习者创造了更丰富的学习途径，大数据技术的出现，使得人们越来越关注学习进程和质量，创客的学习过程充满挑战，因此增加学习过程的趋稳性，也成为高校创客教育方法需要考虑的重要因素。

第一，完善创客协作学习动态过程。高校创客教育协作学习过程是一个动态演变过程。协作创新能力的培养依托项目平台，项目进展中需要跨学科知识的推进。处于发展过程中的创客，只有将坚韧的心智和统筹能力相结合，才能推动项目的运行，在这样一个充满风险和挑战的学习过程中，维持人员的流动才是运行的保障。创客学习者在创客学习项目中，要具备长远的眼光，洞察项目背后的意义，调动自我内驱力，深入分析在项目中学习新知识和提升能力的空间，权衡利弊。协作学习是一个团队共同创新的进程，不同学习者之间具备不同领域的专业知识和分析问题的不同角度，促使项目全方位运行，借助数字化沟通工具，实现协作沟通，促使创客学习动态过程的记录，实现关注每一位创客的成长过程，达到全人培养的目标。

第二，增进正式与非正式创客学习连接。创客学习顺应创新创业发展潮流，其学习影响潜移默化地渗透在正式学习和非正式学习中。智慧化信息技术的日益发展，缩减了人们交流、沟通和学习的成本，也成为学习者践行创客学习规划的支柱。关于如何实现创客学习中正式学习和非正式学习间的连接问题，高校创客教育学习的 App 设计及开发，成为知识模块化的首要发展技术支持，创客学习者通过学习构建自己的数字学习空间。个人数字学习空间的使用应成为创客学习者的一种新型学习习惯，学习者漫游在线上与线下、虚拟与现实的技术海洋中，筛选出适合自己的学习工具和学习管理自己的学习资源，逐渐建构自己的知识结构，提升个人的学习能力和创新能力，是将创客学习渗透于生活的最佳效果。

三、智优高校创客教育制度

制度是行为规范的准则，创客教育制度智慧化是指根据高校创客教育整体规划的高度和实现系统各要素（创客主体、创客教育资源等）最优化的角度，进行顶层设计和全局规划。健康的创客教育制度将促进高校创客教育智慧化的良性发展，为优化高校创客教育制度需要跳出高校创客教育标准化衡量、转向"私人订制"模式、促进高校创客教育的形式多样化及加强高校创客教育顶层设计的科学性。

智慧化信息技术的延展性，在一定程度上支持了高校创客教育制度完善性的发展，高校创客教育顶层制度的系统性设计不足的问题亟待解决，尤其在高校创客教育的评价指标向更加多元化方向发展的情形下；高校创客教育弥补了传统教育中对创新能力和实践能力培养的不足，因此个性化学习模式的制定成为其中必要环节；高校创客教育资源的利用率亟待提升，可通过引进社区人员，实现教育社会化的理念；综合教育中的实践经验，逐步完善顶层设计，促使高校创客教育落地、生根和发芽。

（一）创新创客教育标准化衡量

高校创客教育发展不仅是学习者创新创业的渠道，更是学习者创新意识、创新思维、创新能力培养的重要渠道。智慧化信息技术的迅速发展，为高校创客教育注入了新的活力，但当前高校创客教育的评价形式只是停留在创新奖项和创业成功率的衡量上，侧重于展现不同学校特色，且并没有一个清晰的界定。因此，在高校创客教育的发展过程中，难免落入传统教育评价的窠臼，将学生的创新创造能力培养无意识地转换为一种追求奖项的错误理念。

在教育评价层面，开展不同形式的评价活动，将促进高校创客教育的健康持续发展纳入政府教育督导范围，强化高校创客教育的重要性；将创客教育纳入常规教学管理评价范畴，尊重教师的劳动成果；遴选高校创客教育示范基地以点带面等。在高校创客教育的评价中要体现多元主体的共同参与，由学生间评价、自评、教师团队评价等构成，实现人性化的评价过程，减少标准化的排名，将教育回归生活，实现教育的人性化，评价不是终点，评价的目的是更好的发展，因此在高校创客教育评价后提出有针对性的意见，可促进高校创客教育的螺旋式上升。

成果是高校创客教育目标是否达成的一个衡量指标，也是目标、环境、过程三者密切配合与否和共同作用的结果。高校创客教育强调学习过程的产出，在学习活动结束之后，创客学习者要制造出具有创新性的作品。一方面，作品是创客学习者创意的落地，学习者知识掌握程度、理论与实践的融合程度等，都可以通过作品评比来了解；另一方面，要判断小组之间的作品是否是不同的，即是否具备新颖性的特征。作品评比的结果并不是为了给创客学习者划分等级，而是为了使创客学习者在完成小组作品的过程中，能够培养他们积极分享与乐于表达的能力，从而为他们提供一个实现自己价值的平台，作品的评比在一定程度上也可以促进教育决策。

在大数据时代，高校创客教育的评价形式不仅包括最终的创客作品质量，而且创客学习者的学习过程、知识迁移能力、交流互动等创客课堂的全部活动都将成为创客学习者成绩的评价依据。评价形式的多样化使得传统意义上的"好学生"与"坏学生"的偏见逐渐消弭，创客学习者的学习行为在一定程度上激发其学习积极性被认可。

目前，很多地区尝试在教学中运用基于大数据的学习评价方式，比较具有代表性的是由澳大利亚 Wollongong 大学领导，多个学校共同参与的"学习网络可视化与评估项目"。"学习网络可视化与评估项目"基于学习分析的理念研发了学习网络可视化评估工具（SNAPP），该软件可以从学习管理系统中收集学生的学习行为信息如在线时间、下载次数等；从论坛中提取学习过程中的交流互动数据，如发表帖子数、讨论内容、互动频次等，该项目面向在线学习的学习者，利用 SNAPP 记录和分析其学习活动情况，使教师在学习的任何阶段都能确定学习者的行为模式，评估对学生的学习网络，并分析其对学习的影响，这些分析结果可以用于调整教学，为学习者提供指导，提高其学习能力。

大数据技术可以采集教和学的全过程数据，不仅包括网络教学平台上记录的档案数据，还能采集更多学习的情境数据，如时间、地点、个体特征、所用设备、周围环境等，为开展学业成就评价提供更全面的数据支持。每个创客学习者拥有自己的学习档案袋，持续存储每个学期、每节课、每个项目、每次学习的表现数据。每个创客教师拥有一个教学档案袋，全程记录每个学期、每个项目的教学表现。基于云计算技术，将档案数据永久存储在云端，同时通过科学的评估模型，对创客教师和创客学习者的发展进行定期评估，提出更具针对性的发展建议。高校不仅要对创客学习者在校期间的学业成就进行评价，还要持续跟踪创客学习者毕业后的发展情况，为高校创客教育质量评估提供更全面、更准确的科学数据分析结果。

（二）促进创客教育形式多样性

高校创客教育形式的多样性是保证创客教育制度顺利推行的关键。智慧化信息技术时代的到来，将互联网的发展推到了巅峰，实现了全球性、开放性、连通性。同样，高校创客教育也实现了其开放包容和合作共享的理念，但是其发展中仍需要进一步提升知识、能力等软实力的开放性和硬件设备的共享性，实现知识的连通、能力的提升和资源的利用。

高校创客教育在实施过程中存在一定的闭塞性，校企合作将成为高校创客教育的重要选择。在校企合作的层次上，需要加强深度融合，促进创客学习者把学术水平和技术应用能力充分运用于实践中，从而实现实践与理论的结合发展，全方位提升职业技能和专业能力。企业为高校创客教育提供项目资金、内容和技术支持，推动高校培育创新创业型人才。高校为企业提供科研层面的支助服务，帮助企业突破实践项目的核心重难点，通过实践项目产生的产品投入到企业生产链，促进企业获得市场竞争力，从而反哺高校创客教育；创客学习者在企业实践中多看多观摩，学习企业的管理方式、运作流程和可持续经营等知识，为创业做准备。

在校企合作过程中，高校应针对企业环境或产业需求制定教育实践策略，课程的安排应建立在充分调研论证的基础上，形成完整的创新创业教育体系，合理安排实验课程、专业实习和综合训练。企业则应该在人力、物力上给予双重保障，选派有经验的企业家或工程师担任学校创客学习者的校外导师，传授学习者实际创业技能，培养学习者创业素质。同时，企业还要专项设定场地与配套资金支持，让创客学习者在生产第一线学习实践以体验真实的工作环境。

例如，创客大赛是高校创客教育交流的高效平台，高校创客教育学习者凭借着优秀的创新创造能力，已经成为创新创业人群中最活跃的群体。创客学习者参赛时虽具备优秀的创造能力，但通常对创业政策知之甚少，缺少经验和启动资金等，创客教师作为指导教师，是创客学习者参加创新创业大赛的领航员，因此要提高创新创业的实效就必须提高创客教师的创新创业能力，从而在日常课堂中为学习者提供创新创业教育服务。

在教师创新创业能力的提升方面，首先，高校可通过培训的形式帮助创客教师学习有关商业知识和技能，使教师能够在专业教育的过程中把商业知识和技能传达给创客学习者，培养学习者的创新创业意识；其次，对刚入职的教师可提供职业生涯发展指导，灵活调整教师人事管理制度，以此激励创客教师在工作以外进行创新创业探索，鼓励创客教师利用专业特长帮助企业解决实际问题，促进成果转化；最后，高校或地方政府可出台相关政策，支持创客教师在岗或离岗创业，在编制、人事关系、工龄和薪水等方面给予相应的政策保障，解决教师创新创业的后顾之忧。

同时，社区多元人才通过相关审核制度，在学习和创新的高校创客教育中，打通高校资源的流通性，使高校之间良性竞争不断加强，友情合作的深度不断加深，这样才能更好地保障高校创客教育智慧化的发展。

第四章

大学生创客教育与创新
创业创造教育

第一节　大学生创新创业教育及其协同机制

一、大学生创新创业教育的理论与契合点

（一）大学生创新创业教育的理论支撑

1. 创新与创新教育

（1）创新。创新是主体的一种行为活动，指主体在社会已有资源基础上，发明一种全新的事物如科学技术或者产品、思想方法等。这个定义包含两点内容：① 创新不可能是"无源之水，无本之木"，是主体在社会已有的成就上才能实现的；② 创新的"新"是一个相对的概念，是相对于目前社会上已有的成果而言是新事物。

（2）创新教育。当前为止，对于"创新教育"一词的界定已有许多，但是总体上大概可分为两类：一类是以培养创新素质如创新能力、创新思维和创新意识以及创新人才为目标的教育活动；另一类是一种新时代下的新型教育，其是相对于传统教育而言的。而国际上则是将创新教育简单地分为两大类：第一类是从狭义角度出发，认为创新教育是一种以培养创新人才为终极目标的教育活动，所谓创新人才就是指那些拥有冒险精神或创新精神、创新能力、创新思维的符合时代潮流的新型人才；第二类是从广义角度出发，强调创新教育不同于以往的传统教育形式，它比较注重个人创新能力和创新素质的提高。

　　总体而言，创新教育是反映了当今时代的新要求，是一种创业知识和内容丰富的新型教育活动，这种新型教育活动不仅包括对整个大环境的分析判断能力，还包括一些其他能力，如基础知识学习能力、资源利用能力、捕捉商机能力、创业实践能力、风险预测及控制能力、沟通协调能力等。广义上的创新教育就是促进社会人去创新的教育。只要是围绕人的创新思维和创新能力的提高的教育均可以称为"创新教育"。作为培养创新人才的基地，高校的创新教育就是培养大学生的探索能力和知识应用等能力的一系列创新教育活动。高校的创新教育要使学生主动地学习，敢于突破思维定式，善于思考，而非只被动地接受前人的思想成果。

　　所谓"创新能力"是指一种综合能力，它集中表现在创新活动中的观察和分析能力与实践能力等方面，强调的是个体综合应用各种资源并且在已有成果上的突破与创造。此外，创新能力还不仅仅是个体的自身认识能力与实践能力的简单结合，它还是个体自身的创造力与社会整个大环境的有机完美结合。

　　创新教育的发展是新时代的产物，是当下这个新时代对高等教育提出的要求，顺应了高等教育历史潮流的发展，是一种对传统教育模式的彻底性改革，培养学生的创新精神并逐步提高学生的创新能力是创新教育的宗旨，这种教育模式试图营造一个有利于提高学生创新能力的环境，通过完善的教育理论体系和丰富的实践环节去发掘大学生的创新潜能、培养其探索精神、提高大学生学以致用的能力，是新时代高等院校教学方法的改革、教学内容的创新，是对教育价值的再思考，为我国高等教育的发展指明了方向。

　　2. 创业与创业教育

　　（1）创业。创业是一种行为创新，是创业主体在经济、文化、政治等领域内为开拓新天地同时又会给他人和社会带来机会的探索行为。它主要包含：① 明确地把"创业"定义为主体在行为上的"创新"，从而将"创新"与"创业"有机结合起来，表明二者间的从属关系；② "创业"一词的使用范围非常广泛，它可涉及文化及政治领域而不仅仅是经济领域；③ "创业"绝不是指那些停滞不前的行为，而是一种积极发展的探索。当前，高校所开设的大学生就业指导课程不再仅仅局限于传授建立企业等方面的知识，而是将培养学生的创新意识、创业精神，作为重中之重。

（2）创业教育。"创业教育"是国际上在20世纪后期提出的一种全新的教育理念，直至今天，创业教育理论研究及其实践已经发展多年，也已取得巨大的成就。创业教育就是指对受教育者进行一些创业指导，这些指导可以是创业理论，也可以是创业实践等方面的知识。另外，创业教育是一种以开发学生潜能，提高其创业的基本素质，如创业能力、创业精神以及创新意识为目标的全新的教育理念。通过这个过程，学生的心理素质以及各方面的能力能够得到很大的提高，这是一个创业主体在创业过程中所必不可缺的。

创业教育有广义和狭义之分。广义上，创业教育就是要培养创业者的教育活动，这个过程所培养出的应该是具备良好的创新能力和创新精神以及冒险精神，能够较好地进行创业实践的人。狭义上，创业是创业主体建立新企业的一种经济活动，以经济利益为终极目标。那么狭义的创业教育则也能够理解为一种以培养当代大学生的创新思维、创新能力等这些基本创业素质为首责的，以便毕业后能够在社会上更好地做出事业成绩的，从最初的寻求职业岗位转换成为社会和他人创造职业岗位的各种综合能力的教育。

总而言之，从整体上看，创新教育的开展往小方面讲可以提高当代大学生的创新意识、创业能力。此外它还能在很大程度上缓解大学生就业压力，而这点对于解决当前大学毕业生就业难问题意义重大；往大方面说，创业教育是新时代的产物，也是高等教育改革的需要，更重要的是它顺应了目前这个信息经济时代发展，超越了创业教育仅是创办企业的狭隘局限，也不再是以营利为最终目标，它已经成为人们日常生活、工作中的一种新的思维方式。

3. 创新创业教育及其特点

创新创业教育，就是创业教育和创新教育的简单结合或者是对创业教育的一种革新。事实上，"创新创业教育"是我国创造性将创新的理念和国外的创业教育有机结合在一起的由此而形成的一个全新的概念。"创新创业教育是目前学术界研究探索的焦点，已成为中国高等院校教育教学改革的突破口，也是落实中国创新型发展战略的重要举措"①。

高校创新创业教育是指以全体大学生为发展对象的顺应新时代潮流的一种与时俱进的教育模式，是一种基于多种教育理念的全新的教育理念，目标则是培养当代大学生的创业精神和提高大学生创新创业能力的新型教育，使高校毕业生自主创业的一种实践活动，这种教育模式革新了传统的教育观念、将教学与产业紧密结合，使得当代大学生综合素质逐步提高，也顺应了信息经济时代的发展趋势，最重要的是创新创业教育实现了从注重知识传授向重视创新素质培养的转变，为大学生的创业之路奠定了坚实的基础。

创新创业教育总体上会更着重提高高校大学生的创新创业意识，更强调培养学生的创新精神，从而使得高校大学生能够积极主动地创建自己的事业，而不再仅仅是等待别人的选择。换言之，就是实现了自身从被动地位到主动地位的角色转换。创新创业教育与传统教育模式虽有相同之处，但是二者还是存在差别的，创新创业教育有自身的独特之处，具体如下：

（1）创新创业教育相对于传统教育而言，它主张以高校大学生为对象有目的性地开设创新创业教育课程。一方面，给想要创业的学生提供创业指导；另一方面，给正在进行创业实践的学生提供关于企业经营管理方面的实践培训，比如开设创业规划、创业实践、企业经营管理等课程，总之，更注重开发创新创业课程。

（2）创新创业教育主要是通过实践比如开展各种关于创新创业项目的活动和比赛或是通过设立创新创业奖学金等形式鼓励学生自发成立创业中心、协会、社团等让学生自身更加直观地切身感受创新创业的形式、意义，从而激发大学生创业兴趣。

（3）创新创业教育还要求各高等院校应该建设各类的创业机构，如创新研究中心和创业中心，从而给学生进行创新创业理论与实践提供平台。

4. 创新创业教育的理论依据

（1）创造力理论。创造力是人类特有的一种能力，是一种能够发现新思想和新事物的能力，个体在此基础上才能完成某种创造性活动。例如，发明

---

① 王再学，王彬，徐云慧. 创新创业教育发展及研究［J］. 现代职业教育，2022（29）：79.

新方法、新技术、新设备等都是创造力的集中表现。独特性和新颖性是创造力区别于其他能力的显著特征。而无定向、无约束地借助已知探索发现未知的发散是其主要构成因素。除此之外，创造力的判断标准还在于是否具有社会价值、个人价值。个人的创造力就是指当发散思维集中体现为外部行为。创造力是创造性思维的产物，是一种由智力及个人品质和知识等因素形成的综合性本领，由此可知创造力主要是由以下方面构成：

第一，知识。创造力的基础就是知识，任何创造都是以知识作为基础和前提的，没有知识就没有创造。换言之就是只有在充足的知识基础上才能提出创造性方法。它主要由记忆知识、理解知识以及吸收知识这三种能力组成。

第二，智力。智力的核心是创造性思维能力。它包括理解、判断和解决问题以及抽象思维、表达和学习的能力。

第三，品质。包括意志、情操等方面的内容。品质是指一个人在道德情操以及意志力等方面的素质，它是个体在特定的条件下借助社会实践活动体现创造素质。是否具有较好的个人品质是能否成功创造的关键点，良好的个人品质如顽强的意志力和进取心有助于个体充分发挥自身优势资源和创造力，成功创造。

综上所述，创造力的主要构成因素是智力、知识以及个人品质，三者共同决定了一个人创造力水平的高低，相互作用。而当前高校大学生的创业教育课程主要是以创造力为基础开展的，而创造力理论则为高校大学生创业教育课程的开展及改革提供了理论依据。

（2）创新理论与"创新人"假设。

第一，创新理论。所谓"创新"是主体在已有知识基础上，不局限于某一固定思维模式，从而发现新事物的过程。而创新理论则最早主要是从经济学的角度来定义"创新"的，即"创新"是一个经济而非技术范畴，是一种企业和管理者的经济活动，是一个内生变量，是一切经济发展的源泉，是对新产品或新过程的一种商业化，就是将一种全新的有关生产要素与条件的组合用于生产体系，从而建立一个新的生产函数。这个新的生产函数不只是科技上的发明，更多的是将业已存在科技应用到企业中去形成一种全新的以营利为目的生产能力。它将会变革组织的生产技术，更好、更快地提高其生产力水平，从而能够最大程度上实现企业的终极目标——利润最大化。

此外，创新主要有三方面的内容：基本含义、创新与管理者关系、创新与创造的异同。一般而言，属经济范畴的创新有五种情况：① 创造新产品；② 采用新生产方法；③ 开辟新市场；④ 取得新供给来源；⑤ 实现新组织方式。

第二，"创新人"假设。"创新人"假设是一种关于人性假设的全新的理论。提高企业的整体创新水平和成员的创新能力是一个现代管理者变革成为领导者的关键。创新人假设的主要内容主要有两个要点：① 马斯洛需求层次理论表明，人的需求层次是不断上升的，是一个由低层次逐渐向高层次递进的升华过程，自我实现是人的最高需求层次，这里的自我实现便是实现自我创新、自我突破。② 知识经济时代的到来，要求人们不断实现创新来提高自我的创新能力，从而更好地在事业上做出成绩，更好、更快地适应当今社会的快速发展。自我激励、自我控制是个体实现持续创新最根本的途径。从企业角度出发，营造一种积极、平等、自由而又民主的生活氛围，使得成员在这样的氛围中能够更好地实现自我创新是一个企业可持续发展的关键。管理者应该采取多种激励方法和手段鼓励员工在保持个人目标与组织目标一致的前提下，最大程度上实现自我创新和自我价值，从而能够更好地完成企业目标，实现组织利益最大化。

总而言之，"创新人"假设强调的是个体自身具有的追求创新和变革的内在需求，为高校培养创新创业人才提供了强大的动力。

（3）协同创新理论。"创新"最早主要是从经济学的角度来定义的，是对新产品或新过程的一种商业化，就是将一种全新的有关生产要素与条件的组合用于生产体系，从而建立一个新的生产函数，它不只是科技术上的发明，更多的是将业已存在科技应用到企业中去形成一种全新的以营利为目的生产能力。与之前相比，它的功能或效率得到了明显的增强，更关键的是它能够在整个的创新过程中取得超额的经济利益和社会价值，同时还能够不断地促进科学技术和生产资料的革新，这就是所谓的"协同创新"。

具体而言，协同创新就是一种以知识增值为核心的创新机制，是组织内部形成的一种关于技术、知识、能力等方面的分享机制，是为了最大程度上取得重大科技成果创新而由企业和高校等主体建立起来的大跨度整合的创新组织模式，是指对创新要素和资源进行集中整合，从而能够打破各个创新主体间的隔阂并实现彼此间关于信息、资本、人才、技术等方面的深入合作。在协同创新的机制下每个相对独立的创新主体拥有着共同的奋斗目标，通过多种方式进行沟通协作，并依靠"现代化信息技术"去搭建一个资源共享的平台。

随着全球经济的快速发展，科学技术的进步和日益成熟，不同的学科间以及科学技术和社会经济间的联系越来越密切，导致科学技术的创新和发展的增长点逐渐转变为"交叉学科"。比较重大的科学技术创新或是工程的创新常常需要配备先进的科研仪器、优秀的科研队伍，但是基于复合学科的"联合创作"却是当今知识信息时代最需要的创新——协同创新。在新的时期，协同创新对我国高等学校开展创新创业教育也同样具有现实意义：开展"协同创新"有利于我国在全面把握当今全球范围内科学技术创新的新趋势的基础上，更有效地、更充分地发挥每个创新要素的"综合效应"，从而实现创新资源的优化配置。总而言之，协同创新机制对我国高校新时期顺利开展创新创业教育提供了最基础的理论指导。

"协同创新"从整体上而言是一项比较复杂的创新组织模式，它的关键在于构建一个恰当的机制和制度安排，要形成一种多元主体参与的协同创新、良性互动的创新模式。在这种创新模式下，高校和企业组织以及研究机构是核心要素，政府和金融机构以及中介组织等"实践平台"或者说非营利性组织是辅助要素，这些"知识创造主体"和"技术创新主体"双方彼此纵向合作并对资源进行某种整合，一种"系统叠加"的非线性效用就会随之出现。发展"协同创新"就要大力发展科学技术，不断提出创新办法和思路，建立一个分工明确、权责明确的实践平台，不断推动科技创新从而不断增强综合竞争力，在创新实践中不断取得"新技术""新知识"以及"新工艺"等方面的科研成绩。

从总体来看，协同创新理论的主要特点包括：一方面是整体性，协同创新强调要充分发挥每个创新要素的"综合效应"，从而实现创新资源的优化配置，由此可知它需要的并不是各要素的简单相加而是各要素之间的紧密结合；此外，协同创新存在的方式、目标以及其功能均体现了"统一的整体性"。另一方面是动态性，"协同创新"从整体上来看是一项比较复杂的创新组织模式，而这个模式要求形成一种多元主体参与的协同创新、良性互动的创新模式，高校和科研机构等"知识创造主体"和企业等"技术创新主体"双方彼此深入合作，进行资源整合，这个过程必然是动态的，不断变化的。

（4）个性化教育理论。当今社会是一个崇尚尊重注重发展个性的新社会，"个性化教育"是新时代下的产物，顺应时代发展的潮流，已经成为当前知识经济时代背景下世界教育改革的主要趋势，引发了世界范围内的教育改革思潮。"个性化教育"是一个国家教育迈向现代化的重大标志，引领当今教育领域改革方向，而个性化教育理论主要强调的便是教育主体的多元化以及个性化。

所谓差异化和个性化，就是指每个人都会因为自身生理或心理因素，如遗传特征、生活环境、教育环境等，而存在差异。个性化教育最大的特点就是它承认受教者在各个方面存在差异，这种差异集中体现在个体在心理、生理以及社会背景等各个方面所存在的差异。在此基础上，个性化教育理论会根据这种差异为个体制订特定的适合受教人自身特点的发展方案，从而让个体能够更快更好地适应新的有针对性的教育模式，继而促进个体的全面发展。

总而言之，个性化教育理论就是在承认个体因智力等生理方面和成长环境等心理方面存在差异的前提下，既能有教无类，也能因材施教，从而使每个个体的个性充分发展，继而都能得到全面发展。如我国的高等院校就是这样。同样的，在进行创业教育实践的过程中也应该留意这种差异，这种教育理论它自身强调或者说是重视高校不同学生所表现的特性认为要想充分发挥高校及其学生自身优势资源、突破传统的教育模式的僵化、从而使得学生的个性得到充分发挥，最终实现自身的全面发展来更好更快地适应信息经济时代的要求，就要依托个性教育理论，立足现实情况，以个体个性为出发点，有针对性地设计适合个体的发展方案，具体包括教育的模式、内容、目标等。

（5）人的全面发展理论。人的全面发展的基础就是智力劳动与体力劳动的结合体，对于"人的全面发展"的独特理论可以分为两个方面：① 只有人的体力、智力得到了充分发展，人的全面发展才有可能实现，换言之就是个体体智的充分发展是人自身全面发展的基础；② 只有当人自身的道德和本性得到充分发展，人的全面发展才会实现。

人的全面发展的理论强调，一个人要想成为自由发展的人就要充分地发挥自身全部的能力和资源，从而达到人的类特性和社会性以及个体个性的协调发展。人的全面发展的理论和思想对于当今社会培养创新型人才仍有重大的现实意义。以我国为例：当前，我国教育领域改革全面兴起，而"全面发展"则是我国教育界改革的重要指导方针。我国教育界所理解的"人的全面发展"有两方面内容：一方面，所谓全面发展一般是指一个人的德、智、体、美、劳五个部分的平衡发展，是脑力劳动和体力劳动的完美结合；另一方面，指每个个体各方面的能力和才华都能够最大限度地充分发展。

个性化教育理论认为每个个体都是不一样的存在，总会有这样或那样的差异，所以它强调的是在教育过程中要格外注重个体特性和潜能的充分发展。而"全面发展教育"是比较注重学生的整体素质的发展，在学生掌握扎实的理论学习的基础上通过各种各样的活动形式去营造一种良好的学习、发展环境，从而使得学生自身能够在社会实践中学以致用，更好、更快地适应现代社会对多功能人才和复合型人才的现状，为每个学生的全面发展、充分发展提供可能。全面发展的教育模式遵循了学生自身身心发展规律，能够最大程度上实现学生的全面发展，使其能够更好地适应当今知识经济时代对全能型人才的需求，更快地成为现实社会需要的"会生存、善学习、勇创新"的复合型人才。

事实上，"个性化教育"和"全面发展"这两种教育理论是相辅相成的关系，二者既有相通之处，又有各自的独特之处。例如，个性化教育理论主要强调的是个体个性的发展，从这方面讲它是全面发展教育理论的一个方面，是一种更精细化、更高层次的全面发展表现形式；而全面发展教育理论则是更注重个体全面的整体的全方位的发展。两者之间并不是相互排斥的关系，而是共性与个性的关系。只有将"个性化教育"和"全面教育"紧密结合起来，个体的个性发展和全面发展的实现才有可能。而创新创业教育就是强调在个体的全面可持续发展的基础上进一步地实现个体个性化发展。换言之，就是要了解个体特性发展规律前提下促进学生个体在德、智、体、美、劳等方面的全面发展，实现共性与个性的均衡发展。比如，现在的知识信息经济时代要求高校的创新创业教育要在尊重每个学生个性的前提下，去促进其不断提高创新和创业能力，实现自身的全面发展。

总而言之，人的全面发展的理论总体上给大学生的全面发展奠定了理论基础。创新创业教育就是在这样的理论基础上形成的，是反映当今"知识信息时代"特征的一种全新的教育理念和教育模式，从而成为指导我国当前高校教育改革实践的理论依据。

（二）大学生创新与创业教育的契合点

1. 创新教育和创业教育的契合关系

（1）创新教育与创业教育的时代特征。"创新"即建立一种新的生产模式，即把新的生产水平和与之配套的生产要素引入生产活动中，其作为人类生活中在认知与行动方面的能力表现，是人类能动性较高级的表达形式，也是国家进步与民族兴盛的动力。创业有两种意义上的区别：第一种创业在一般意义上是指重新创建一个全新公司；第二种通常意义上指创造新产业的一个过程。创新是创业的必要条件和源头，也是其中心环节，是创业的标杆归宿；而创业是创新的表达形式和强大摇篮，是创新的目的和最终目标，所以创业的不断发展反之也会推动创新的继续升温。

创新与创业既存在着区别又有着联系，创新更多的是在思维层面的推陈出新、勇于尝试、锐意进取、精神和态度的大胆开拓；创业更多表现在行动上，在社会政治、经济、文化等相关领域里发展新企业和新事业、开展新业务，从而实现新服务或新商品的机会被识别和挖掘出来，实现他人或社会缔造、产出新财富与新价值的全过程。

第一，创新教育的时代特性，具体见表4-1。

表 4-1　创新教育的时代特性

主要特性	具体内容
探究性	创新教育不能缺少对矛盾的深刻理解。在实际生活当中，如果缺少对矛盾的讨论，就不可能有学生的积极活动和学生对各方面能力的调动。综上所述，没有讨论就不会产生创造性的活动。所以讨论探究是进行创新教育关键的部分。要学会鼓励学生进行独立能力的发展，同时也要运用各种有利途径来培养学生的创新性思考习惯和创新性学习能力的品格
开放性	总体而言创新教育不是故步自封的活动，因而不能只局限于学校、限制在书本中、束缚在教师的命令的范围内。要敢于鼓励学生放开界限，发挥出创造的潜能。要想实现创新，教育就必须注重生动形象地联系学生实际的现实生活，联系生活百态，关注政治经济等有广度的事物。不仅要吸收新知识、新信息，让教育内容反映学科的最新动态，还要不断地消化与吸收。另外还要引导学生运用知识与现实生活的能力，使学生从中获得深刻的实践知识。学生在学习研究上的开放，对创新而言至关重要，应当激励和引导学生打破传统教学魔镜，根据自己的实际情况，通过课外读书和参与课外活动来扩充自己的能力和开阔眼界

主要特性	具体内容
民主性	创新要求有民主的气息，让学生感到自己像鸟儿一样无拘无束，才会自由自在地讨论、思考，提出大胆的理论设想，大胆地发表自己的意见，才会独立实践，才有可能创新，实现事物的新发展。如果没有民主，学生会感到没有安全感，不能独立思考，甚至过分依赖于教师，个人的才智与激情都会被限制，只能表现出迟钝的表情与思想，这将与民主完全不相符合，所以民主性是创新教育不可或缺的重要因素
超越性	就目前看来，创新教育核心上是鼓励和引导学生在教育的基础上不断发展。如果教师的教学与教育一味地恪守常规、按书本教学，不能满怀热情地引导学生往正确的方向走，并没有对其进行一系列的积极行为进行创新，就绝对不可能有进步创新。如果想要获得胜利还要敢于直面改变现实生活中的种种矛盾，更重要的是不要故步自封，而是要完善个人水平提高自身各种能力。重视矛盾的两个方面，促进学生直面自我，并不断积极向上使之树立人生的正确价值观，从而实现人生的价值，实现自己的理想
全面性	创新教育的提出是要引导学生掌握大量的信息，以此来挖掘学生各方面的才能，使学生在各方面得到长足的进步，这是学生得以创新的基石或者说是源头。要尽可能地开拓学生知识面，以多取胜，而不是从一而终，要使他们懂得对知识的渴望。在生活上，不可重视一个方面，而忽视精神上的培养；在认知上，又不可单看重意识程度上这方面的问题，而忽视认知结构等能力的培养；在思维上，也不可只单看重其逻辑能力，或是侧重以形象意识为基石的发散思维。创新不能只靠某一两种素质，而要靠综合素质来将一个人的全部能力武装起来，用于解决矛盾，才能真正得到发展。全面性指的并非全部要点，而要立足实际

第二，创业教育的时代特性，具体见表 4-2。

表 4-2　创业教育的时代特性

主要特性	具体内容
创新性	我国高校创新教育是在国内国外愈发激烈的竞争态势下产生并发展起来的，是时代发展到一定程度上应运而生的产物，其上层建筑体制机制需要不断探索、创新和持续讨论。创业教育面临的矛盾也对人才培养模式的改革和高等教育的改革提出创新要求，并不断增加新的研究方向
教育性	教育性是一个非常重要的特征，创业教育的目标虽是教育学生在复杂的环境中开创和获得未来工作事业的能力，很明显带有强烈的实践、社会性等特点，但仍然需通过不断推陈出新的手段来实现促成，要通过一系列的教科书内容和教育手段，同时要对其完成对形式内容的创新，才能实现一定的教育目的
科学性	创业教育需要遵循客观规律，遵循教育科学的程序，采用科学、合理的方法，有规律地传授给学生创业的方法论，从而有规律地开展创业活动避免创业中出现的矛盾从而规避风险
实践性	创业教育是具有一定的实践性的，它不能单单停留在意识层面上，而是在学习的同时，还要与创业实践活动相结合，通过合适的方法论和手段，使学生慢慢积累实践经验。学生跟随教师的步伐，一方面可以实现创业教育的目标，以开展独立的工作教育活动；另一方面也能通过社会生活，为有实践想法的人提供更加人性化的舞台
社会性	创业教育当然离不开社会，社会环境是创业教育的主要矛盾，创业教育要受制于社会大环境的多种因素重重影响。例如，其受政府在经济、科技、宏观调控方面的政策影响，当然也需要企业和其他社会有关方面的支持。此外，创业教育也具有重要的跨时代意义，它不仅可以创造更多的就业机会，在经济上提供支持，实现科技创新，减轻社会就业压力，还能帮助国家更好地发展经济，同时也为社会带来更多的福利

总而言之，创业教育是在新的社会、经济、科技、就业环境应运而生的，它显现出当今国家的主要矛盾，是对国家政策的一个新要求。创业教育不同于其他类型的教育，它是以社会新阶段为母体在当今时代发展而来的，因此，创业教育有着他自身的时代特征。

（2）创新教育与创业教育的关系辨析。创新与创业教育两者间的关系至关重要，创新教育是基于培养学生创新的综合素质以培养创新型人才为目的的一种教育实践。创业教育是指培育学生思维和技能的一种教育活动，主要表现在教会学生发挥主观能动性的途径和方法。创新教育与创业教育二者的方向相同，都是为了培养学生的创新精神和实践能力，总体把握对人的素质分析，但创业教育更突出如何实现人生自我价值。这两种不同理念，尽管在提出问题时存在一些矛盾，但二者所表现出的这一历史性的课题在新时代备受关注，印证了我国正大力推进并开展的素质教育方向是完全正确的。创业教育与创新教育在目标取向等多个方面存在着密切联系，两者既息息相通互为共生关系又辩证统一，创业教育以创新教育为最终目标，其目标是培养具有创新意识和创新精神的人。注重素质教育最终成为创新型人才，这是适应国家的社会经济发展和效益的问题所在。

创新教育与创业教育是辩证统一的关系。创业教育必须以创新为依托，创业教育是创新教育的多方位表达形式，而且也强调了对人才的多方位的培养。

第一，创新教育与创业教育的一致性。

首先，整体培养目标上的一致性。创新教育的目标是要实现社会发展所要求的创新型人才，因此，培养学生独立自主的创业基本素质，需要的不仅是毕业生之后的就业与创业，还需要一些独立自主的社会适应能力。创新创业教育的中心环节是培养具有开拓创新的人才，创业教育和创新教育与以往的教育模式不同，其更看重对精神和意识领域的教育，两者在培养人才的能力要求上互通有无，在培养的总体目标上也是一样。

其次，时代精神体现上的一致性。知识经济不断发展，使得意识资源被摆到了前所未有的高度，知识效应链条展现出强大动力。处在知识经济时代的人想有所作为，就必须要具备创新意识和能力，想在未来社会拥有更强的生存技能，就要具备开拓和创业精神，掌握综合学习技能的能力，这不仅是当今大学生的机会也是对他们的要求。创新教育和创业教育两者都是人类创造力的展开，实现为国家的利益进行奉献，为未来打下良好的基础，最终实现人类社会的繁荣，被赋予了深刻的时代意义，同时也反映出教育对于时代和社会变革所作出的贡献。因而要把教育眼光放高，展望未来，这样的话其对时代的把握也非常清晰，创新与创业教育的一致性就表现在时代性。

最后，对人的本质追求上的一致性。尊重学生的个性发展是创新教育和创新创业教育的很好诠释，都是在帮助学生的发展并为其提供相应的物质保障，属于方法论意义上的指示，从对不同方面的强化中可以看出两者都是重点培养学生的自我发展和终身学习的能力，是向关注学生在现实能力基础上对潜力源头挖掘上的靠拢，塑造个体内心的精神原动力及独立的个性品质，都属于对现实教育的一种反思。

第二，创新教育与创业教育的区别。

首先，人才培养要求不同。创新教育的初衷是培养学生实践水平和实践能力，从而使得其根据自身特点实现充分发展，而创业教育则以学生的创业精神与能力为基础，帮助其在创新领域获得成功。因此，实施素质教育就要开展创新教育，使得素质教育与时代要求相呼应。

其次，展现的用途不同。创业教育不能取代创新教育。① 文化继承发展中越来越得到人们的重视；② 表现在更加注重对人才创新的重视和服务的意识。创业教育要协调各方有序结合，并不是创业教育优于创新教育，而是要培养大学生的创新意识，力争对传统教育实现取其精华，去其糟粕。

最后，实现的途径不同。创新教育其新型的指导思想，需要有舞台去实现自身的创新，只有完善包括创业特点、创业思维、创业知识和创业能力等方面的课程体系，在实践方面的一些学科课程、参与活动课程、关于创业实践的课程、创业环境课程等，才能使创新教育更好地涉及诸多应用类学科。

综上所述，创新教育和创业教育二者属于矛盾的两个方面，显示出了两者辩证统一的关系和自身特性。创新教育和创业教育都是对以往教育的总结，是完善教育的一种措施手段，二者都是在历史新阶段中提出来的，是适应时代潮流的必由之路。这种必然选择充分彰显了时代气息，也是对人的发展在针对教育方面的一种客观要求，创新教育是创业教育之母，素质教育新的出发点就是创业教育。由此观之，把创新教育与创业教育的充分结合作为创新素质培养的基石，能够更加彰显创业教育的时代价值，以此来提升学生的各种创业能力，让教育与社会现实有机统一，从而更好地为我国的经济、科学技术水平贡献力量。

2. 创新教育和创业教育的契合条件

创业教育以创新教育为基石，创业教育首要任务是要培育学生的各项创新能力并不断提高创新意识与思维结构，形成有创新思想的学生，另外，还需要教给学生知识与技能，锻炼培养其创业心理品质，训练其在社会市场上的发展运营技能。创新创业教育是一个统一且完整的系统。为实现两者的契合，需要做到以下方面：

（1）定位清晰的创新创业教育学科。评估教育程度就必须对其进行学科定位，这是一个重要的衡量标尺。大学生在创新创业教育中表现出来的"学生老板"情况很普遍，一个个学生老板是在企业家成长的教育活动中开展大学生创业教育活动中逐渐形成的，这是一种不符合可持续发展的现象，无法满足经济发展中的供求关系。高校的创业教育与生活上单纯为了经济问题的就业培训不同，不应该是快速让他们当"老板"，而是需要着眼于"人才的可持续发展战略"。

在我国自主创新这一伟大进程下，国内高等院校也开始行动起来培养技术创新的新型高技术人才，在谈到大学生创业教育时，虽然会想到技术创新和高新技术方面，但也不能忽视社会创新。我国实施的科教兴国战略需要技术创新，而且技术创新目前也确实成为大学生创业的火种，但高校大学生要把握市场创新不能单单关注技术创新，还要有思想和各方面的创新。

（2）全面覆盖的创新创业教育群体。创新创业教育覆盖面较窄。就目前而言，部分学生在高校的创新创业教育虽得到了部分收益，但未形成大学生创业整体受益。我国高校的创业教育开展于具有高级意义上的创业大赛，一小部分学生的优秀创业竞赛成绩才是学校的关注所在。但这些竞赛只是少数人参加的活动，如果把握不好，会产生极强的精英化印记，会在不经意间让大部分学生失望，使得其成为旁观者。学校设立的大学生创业俱乐部，如"创业社团"，这些都是具有很高的门槛，是那些极少数优秀学生才可以加入的机构，另外的大多数学生会因为先天不足而被排除在外。

（3）合理完善的创新创业教育政策。近年来，各级行政机关和教育机关都相继出台了扶持大学生创业的优惠体系，并为他们提供了有力保障。

第一，制定合适的政策。实际上，大学生创业是一个庞大的有机整体，是具有系统性的工作，不能以偏概全地想当然，其也需要来自全社会的援助，更需要行政部门担负起主要责任。目前除了社保系统、教育系统、人事系统、公安系统以外，其他的系统例如经济方面的一些系统等，都还没出台相应的支持大学生创业的政策优惠。

第二，强化政策的执行力度。在大学生创业这个论题上，国家也出台很多政策，表示支持和扶持大学生创业，具体落实到地方政府层面及有关单位，包括高校内部需要严格贯彻执行。

3. 创新教育和创业教育的契合路径

要改变高校教育的困境就要有合适的路径，需先定目标，之后再寻找并制定出符合形势发展的方法和途径，这种合适的路径就是以提高和增强创新创业大学生的素质与能力为目标，设立行动方式和手段。高校要想设立出行之有效的创新创业教育路径，需要学校、各级政府、大学生自身完美结合形成一种合力，只有这三方面有力结合，互相沟通、协调，形成合作力量才能更好地完成目标。现在的大学生就是未来的接班人，祖国未来的希望，各个行业的领军人物，培养具有创新创业意识的大学生对我国高校在未来国际上竞争能力的提升也是很有必要的。

高校和各相关部门需要制定全方位的战略目标，改变高校培养就业性人才的惯性，转而培养具有创新精神能自主创业的新型人才。高校管理层必须率先转变思路；高校教师也需要转变教学内容与形式，树立创新的观念；各级政府和社会其他保障机制也要加强创新与转型；学生思想观念也应转变，不再把毕业找好工作当作第一目标，而要有自己去创新，自己去创造就业岗位的思想。

（1）转变教育理念，正确认识创新创业教育。以培养全面发展的人为创新创业人才的培养目标。从高校的人才培养方面来看，呈金字塔形状，我国高校都热衷于培养高端人才。但从现今社会就业来看，一般企业所需人才都是以金字塔中底部的人才为主，所需岗位也都是一线工人居多，所以出现了就业岗位与实际培养的人才不匹配的现状。解决以上困境的方法就是，让刚毕业的大学生先到基层岗位历练一段时间，锻炼一下意志力，为以后走上更重要的工作岗位奠定基础。如果自主创业，也要从底层做起，增加工作经验，打造专业基础知识，增强动手能力，在经历了实践、认识、再实践、再认识之后，大学生也要有把自己向具有创新创业精神的新型人才培养的决心。

一个优秀的具有创业精神的人才必须具备的东西，除了最基本的知识及技能外，还要有积极乐观、勇于向上的拼搏精神，自信的心态，顽强的意志，勇往直前的干劲，坚定的决心等。高校培养这样的人才，首先，以人为本，强调人的主观能动性，深挖每个学生的潜能；其次，培养学生的综合能力，把每个学生都培养成复合型人才，全面发展；最后，以培养学生的开创能力为主导，培养学生的事业心、进取心，多鼓励那些有创新创业意识的学生，并对他们这种意识加以保护。高校的培养目标要着眼于基层，以人才市场提供的大部分就业岗位为参考，多培养金字塔中底部的实用型人才。新时期的大学就应该重视基础知识的教育，拓宽口径，提高素质，善于创新，以培养能够自主创业、有个性有特色的人才为新的目标方向，争取建设一批高质量高素质的新型高校。

第一，明确创新创业人才的知识结构与能力结构。创新创业人才的知识结构，主要体现在：职业知识的具备、相关专业的学习、经营管理能力的培养以及其他综合性知识的学习。其中职业和专业知识是大学生将来从事具体工作或相应的职业所必须具有的知识，与其所学专业、所从事的职业密切相关。经营管理能力是其将来从事经营管理工作所应有的知识储备。综合性知识是其以后走上社会，发展社会关系，处理各种事情的需要，包括这些知识内容：行政管理法规，国家制定的政策，工商管理、金融、税务、保险、人际关系及公共关系等方面的知识。与经营管理能力及综合能力一样，创新创业知识结构属于基础知识结构，而综合性知识和经营管理知识属于比较高层面并且价值重要的知识，这些知识结构具有社会关系运筹和内部资源配置的特征，多种知识必须结合使用，才能共同发挥作用。

在创新创业人才需具备的能力结构中，包含专业能力、职业能力、经营管理能力以及综合能力。其中专业和职业能力是一个人从事某一特定行业必须具备的专业技能，也是他在职业生涯中能够长盛不衰的生存必需，是维持生存与发展的最基本的谋生手段。并且这种专业知识与技能的高低也对其未来发展起到关键性作用，决定着他事业的成败。

第二，改革高校中"封闭式"的人才培养模式。高校要实行"开放式"教学模式，改变以前的封闭状态。所谓的"开放式"教学，就是让高校打开校门办学。首先，学校对外开放，与其他同行和社会各界加强沟通交流和合作，汲取众家之长，形成一种合力，为培养新时代的创新创业型人才服务；其次，高校自己内部各院系之间、教职工之间、师生之间，也要加强沟通与交流合作，实现高校内部的开放。在全球经济与科学技术以及教育竞争愈发激烈的时期，我国社会主义市场经济体制变革和发展时期，我国高校要有市场观念，办学理念应和实际需求相符，放眼国际，放眼未来，理论联系实际，冲破守旧的壁垒，推倒人设的"围墙"，用开放的眼光实行开放式办学，为高校提高国际竞争力树立新的办学理念。

第三，确立以活动建构为本的学生发展观。以学生活动构建为主的教学模式，能够充分体现学生的生命力和丰富的个性，对学生自身个性的发展特别重要，也有利于学生主体地位的活动构建的充分落实。在一定程度上来说，教育是一项关乎人文、关乎生命科学的大事，是一项崇高的事业，其中创新技能最是核心中的核心，活动建构更是实现这一核心价值的重要手段。

（2）整合资源，构建创新创业教育实现机制。对创新创业教育课程体系的构建中，要遵照创新和实用相结合的原则，关注学科与学科之间的交叉与渗透性。在学习先进结合自身的基础上，还需要做到：① 增加基础课程的设置，加强通识教育；② 综合课程酌情增加，促使学生能够形成综合知识结构；③ 要建立相对完善的选修制度及学分制度，应该开设足够多的各种类型的选修课程供学生选修，给那些有余力跨学科、跨专业以及跨系选修课程的学生创造便利的条件；④ 创新创业课程需要独立开设，并且要有针对性地开设，不需要面面俱到。

第一，大力加强产学研三方合作教育。实行创新创业教育，要走生产、学习、科研一体化的道路，不能单纯对学生进行说教，要为学生的创新创业提供示范性教育实践基地。高校走生产、教学、科研一体化的道路，是对未来创新教育的需要，是教育改革的重要组成部分。这里所说的"产"是指高等院校在搞知识创新的同时要学会把知识转换成生产力。这就需要通过推行导师制、科研训练计划以及科技孵化政策，"学"和"研"是要直接参与到经济建设之中的，理论与实践相结合，才能更好地为学生的创新创业活动提供非常良好的实验田。

第二，在进行实践活动的过程中，高校应该多聘请创业成功的企业家到学校进行演说，传授成功经验，必要的时候可以聘请这些社会上的成功人士担任学校的兼职教授，以便能更好更及时、准确地为同学们提供学术和科研方面的创业指导，最好利用他们创办企业的所属领域作为研究课题或用企业的一种产品进行合作开发，这样可以调动企业的积极性也可以通过这些渠道为高校筹得科研经费，同时高校教师和同学们也得到了锻炼，学到了知识，增加了实践技能练习。另外，在创新创业实践方面，在校学生在和企业家的接触过程中，也为致力于以后创业的同学钩织了一张很大的创业关系网，对这些同学来说将是一笔巨大的财富。

第三，深化创新创业教育教学改革。国内高校的创业教育在学习国外高校先进经验的同时，还要进行学科创新，对创新创业教育改革要逐步深化，建设具备中国特色适合中国国情的创新创业教育特色。在开展教学实践中，也应该不光局限于行业和专业的课程，要让知识结构丰盛起来，对涉及专业也要尽量拓宽，使学生组建起适合自己个性的知识架构，依据自身需求自主选择学习内容。

第四，搭建创业实践平台。从某种意义上而言，创新创业教育是对全面发展的人才的进一步促进，是对其思维思路的进一步扩展和延伸。因此学校应该更为积极主动地给学生的创业过程提供支持，尤其要发挥学校的指导和管理及服务功能，并进一步扩大学校和企业的合作，让学生有更多的到企事业单位实习的机会，与企事业单位共同创建创业教育实践基地，并要鼓励学生积极地组建创业团队，为学生的创业搭建好的平台。学校方面也要多多举办创业竞赛活动，可以开展虚拟创业活动，模拟创业，并对创新实验计划加大推进力度，以训练学生创新创业的思维能力，并且促进学生良好的意志品质以及道德素质的形成，进一步推动创业教育的深入开展，努力培养学生创业能力，进而促使学生开创性思维能力的养成。

二、大学生创新创业教育的协同机制

"实施高等院校大学生创新创业教育，可以为社会培养创新创业型人才，不断提升我国高等教育对稳增长、促改革、调结构、惠民生的贡献程度，为加快创新型国家建设提供人才智力保障。"①

（一）创新创业教育协同机制的保障

建立一个完善的高校创新创业教育协同机制保障体系，能够保证创业有关教学活动的顺利开展。不同于其他形式的教育，创新创业教育旨在促进人的全方位发展并符合经济社会发展的需求，是一种崭新的形式，其实施比较复杂，需要建立一套成熟的保障体系。高校创新创业教育协同机制能不能顺利开展，必须聚焦于三个关键点：① 教学者，组建高水平的教育队伍；② 教学质量管理，保证优质的教学质量；③ 制度环境，创造良好的教育环境。结合高效创新创业教育协同机制这三个关键点，创新创业教育协同机制保障体系应包含三个部分：一是，教育队伍保障体系，二是，质量管理保障体系，三是，制度环境保障体系。

1. 教育队伍的保障

教师是创新创业教育知识的传播者和实施者，学生创新创业理论知识和实践训练离不开专业教师的指引，要完成创新创业教育相关目标离不开教师的教学实践，组建完备的教育队伍保障体系才能保证创新创业教育协同机制的成功运作。优秀的创新创业型教学队伍是高校创业教育的重要力量，促进优秀教师队伍建设是创业教育协同机制的根本保证。教师是促进创新创业教育的中坚力量，对教学方式的采用，教育质量的完成等各方面都发挥着重要作用。教育队伍建设是开展创业教育的关键所在，高质量、优秀的创业型教师队伍，对转化教育观念和形式，对高校学生创新创业能力的提高，发挥着举足轻重的作用。开展创新创业教育需要一批专业化的教师队伍，组建一支钻研创新创业教学、具有足够经验或兼具经验和科研的教育团队是创新创业教育协同机制的重要保障。

关于教育队伍建设，创新创业教育有两方面特征：一方面，创新创业教

---

① 付百学，程子原，倪明辉. 构建大学生创新创业教育体系［J］. 经济研究导刊，2022（16）：112.

育由于开展较晚，该观念和形式在初期推行过程中会出现教师缺乏的情况；另一方面，创新创业教育必须理论联系实际，必须要有理论授课教师和具有丰富创业经验的教师。因此，创新创业教育队伍保障体系建设，应该包括构建结构合理的专兼职师资队伍、加强创新创业教育师资建设机制。

（1）构建结构合理的专兼职师资队伍。高水平、高质量的教育团队是顺利开展创新创业教育的关键点，推动优秀的创新创业教育团队建设是发展创新创业教育的前提，教师是促进该教育发展的主要力量，在课程研究、教学方式采用、教学成效等方面起着至关重要的作用。新时代教师必须满足创新创业教育新的要求，参与教学的教师必须掌握一定程度的创新创业理论、经历和能力。通常专职教师的数量是依据专业需求确定的，另外，聘请企业里有丰富创业实践经验并兼有理论知识的专家作为兼职教师，并邀请成功的创业者来学校开展创业讲座。所以，为了推动创新创业教育的发展，要招聘高质量的创新创业教育人才，构建一支与时俱进的专兼职创新创业教育教师团队。

在组建一支高水平的专职教师队伍的同时，还需要聘请一些创业实践型教师力量，从国内外企业邀请兼具实践经历和理论认识的全面人才，例如，成功的创业者、经管行业专家、投资专家等作为兼职教师，他们通过开展专题讲座等形式，不仅能让本校教师能更新其理论知识，还能传授有用的实践经验给大学生，提高学生对创新创业的兴趣和积极性。高校可以和一些国内外企业建立合作联系，合作企业提供一些先进的创业理念和实践项目，利用企业职员讲课、开展讲座、指导实践等形式，培养大学生的创新创业思维能力，提升大学生的创新创业热情，只有这种全面的教师团队才能推动创新创业教育的发展。专职教师主要包括本校专门研究创新创业或与其密切相关的教师；兼职教师主要包括其他学校创新创业专职教师以及有创业经验的企业职员和政府职员等。专职教师和兼职教师中其他学校专职教师主要承担创新创业理论教育方面的职责，兼职教师中有创业经验的企业职员和政府职员主要承担创新创业实践教育方面的事务。

第一，专职教师队伍建设。高校需要一支专门钻研创新创业教育的师资团队，来对教学理论深入研究，探究学校开展创新创业教育的现状、问题以及解决对策，探究大学创新创业教育进展规律和趋势，为高校创新创业教育变革、进展和实施提出科学的、权威的、有效的理论依据。该团队需要分析目前的就业形势和创新创业形势，探究就业规律和创业政策，总结有效的创新创业办法和技巧，从成功案例中总结创业者的必备素质，加快构建创新创业教育理论体系，编写出实用的学科教材，也必须组织负责课程教学的师资团队。高等学校创新创业教育专职教师队伍主要包含两类人：① 专门探究创新创业教育的职员；② 探究与创业教学密切相关范畴的职员，专职教师团队建设可以对其进行深入研究。

一方面，促进创新创业教育学科发展，构建师资培训平台。创新创业教育的目标、教学内容和形式是独立的，因此专职教师团队培训也是单独的。有创新创业教育研究经验的专家成立创新创业教育学科，不仅可以逐步促进创业教育的发展，提出利于创新创业教育实行的探讨结果，而且可以培养出理论知识渊博的博士和具有创业实践本领的硕士，利用强化创新创业教育研究和培训专门教学人员来组织高水平的创新创业教师队伍。

另一方面，搭建创新创业教育教师进修培训平台。创业所需要的知识包含社会学、政治学、经济学、管理学等多范畴，大学创新创业教育与社会学、政治学、经济学、管理学等学科，以及思想道德教育都相关联。优秀的教师队伍对大学生创新创业能力的培养，起着关键的作用。如果只传授基础知识，是不能培养大学生的创新创业实践能力的，这是影响高校创新创业教育深入发展的难点。所以，提升创新创业教育教师质量、组建优秀的教师团队是目前迫切要解决的问题。在开展创新创业教育的初期，可以为教师提供进修培训的机会，让他们参加一定的基础知识理论培训，以充分适应创新创业有关科目的教学要求。为了提高师资研究能力，可以鼓励教师参加国家级的创新创业培训会、地区论坛会、研讨会，选择优秀的教师出国访问学习，感受其教育观念和教育方法与国内的不同点；为了丰富教师的创业经历，实施"产学研一体化"模式，将探究结果带入实际创业过程中，还包括建立学校公司合作项目，使教师参与到经营治理企业中去。

第二，兼职教师队伍建设。除了组建一支知识广博的专职师资团队外，还需要一支实践经验丰富的兼职教师队伍。兼职教师队伍建设需要具有创新创业能力的教师加入，聘请国内外具备创新创业实践经历和丰富理论知识储备的全能型人才，例如，企业家、创业成功者等。他们作为高校创新创业教育的兼职教师主要以开展专题讲座的形式教育和指导学生，提供直接经验，通过交际和协作，让高校同学能够了解到更多有效的经济管理知识和办法，提高学生创新创业的热情和创新创业的能力，让他们未来创业更加顺利。高等学校创新创业教育兼职教师队伍也主要包含两类人：一是，其他学校研究创新创业教育的教师；二是，有丰富创业经验的公司和政府职员。

构建区域创新创业教育教师共享体制，由于本校可能会存在专业教师不足的情况，高等院校可以联合本区域其他大学建立创新创业教育专业教师资源库，组建师资共享体制，以开放的心态，全面、机动地运用本地区优秀的教师资源，这不仅可以利用学校之间师资的资源共享来解决教师队伍缺乏的问题，而且可以充分了解到其他高等院校创新创业的优点和特征，提高大学创新创业教育的水平，多种高校创新创业教育形式的交流讨论和相互影响能提高整个地区创新创业的教育水平。构建创新创业校外教师聘请制度，高等学校作为带头人，联合本地区政府和企业，建立创新创业教育校外实践基地，聘请有丰富经验的公司及政府职员来担任实践基地教师，他们用自己的经验引导学生，承担传授学生创新创业实践能力的责任，教学生如何将创新创业理论知识与实践相结合。

（2）加强创新创业教育师资建设机制。教师是开展学校创新创业教育的主体之一，负担着培育人才和提升大学生创新创业实践能力和创业积极性的责任。一个国家和地区的教育水平，从根本上取决于教师队伍的整体素质。创新创业教育的教师团队质量会对创新创业教育产生重大影响。组建一支具有创新思维、丰富实践经验和专业理论知识的教师团队是确保创新创业教育教学效果的核心。

第一，设定严格的创新创业教育教师的聘用条件。目前，我国高校还没有专门的创新创业教育专业，所以创新创业教育教师非常稀缺。为了确保创新创业教育的正常开展，主管大学生就业的部门教师和一些经济管理学院的教师来担负创新创业教育的教学工作。其实，大部分教师没有接受过长期的创新创业教育培训，并且几乎没有创新创业经验，教师团队质量普遍较低。所以在组建创新创业教育队伍时，要挑选高水平教师，可以在学历、专业、创新创业经验等方面设立严格的准入条件，既看重创新创业教育理论知识也看重创新创业实践能力，不仅重点考察教师的创新创业思维能力、教学水平、知识储备和实践能力等方面，还需要考察最基本的思想道德品质方面，提高入选门槛，挑选出一支高质量、优秀的教师团队。

第二，完善创新创业教育教师团队结构：① 组建高质量的专职师资团队，学校应该建立创新创业教育教师培训制度，组织教师参加国内外培训活动并鼓励教师去企业挂职获得实践经验，尽力为创新创业教师提供优质的学习环境；② 充分利用本校各专业教师资源，组建一支拥有不同专业知识的教师队伍来开展教学活动，使创新创业教育师资团队结构更趋于合理化；③ 重视挑选和培养优秀的创新创业教师，依据严格、公平的准入条件，选拔出一支高水平、高质量的优秀年轻教师队伍；④ 组建一支经验丰富的兼职教师队伍，聘请创业成功者、企业职员、风险投资者、经管类专家等来担任高校的兼职教师，来填补高校实践教师的不足，向学生传授创新创业实践经验和技能，给他们提供坚实的支持和帮助。

第三，强化教师培训，构建系统的创新创业教育师资培训制度。优秀的教师团队是创新创业教育的基础，挑选和培训教师是组建高水平师资队伍的唯一办法，创新创业教育对教师设定了更高的条件，教师需具备创业基础知识、创业经历和创业能力。强化创新创业教育教师培训、提高教师的综合素质是促进创新创业教育深化发展的关键。教师团队需要从目前的知识型、传授型向创新型、多样型转变，需要重点训练教师的创新思维和实践技能，让他们探究出提升学生创新意愿和思维能力的办法。为了实现此目的，一方面，要鼓励教师"走出去"，即选拔优秀的教师与企业一同参与创业实践或者独立创业，充分让教师将理论和实践联系起来，提升其教学和实践的综合能力，国外许多高校的教师都亲身体验过创业的全过程，有些教师从事过或者目前仍留在企业，他们更加清楚目前的创业形势、发展趋向和实际创业过程中会遇到的问题。另一方面，尽力探寻多种创业实践活动，强化国内外创新创业的交流和探讨，组建一支优秀的、高质量的创新创业教育教师团队。教师需要接受专业化的全面培训，具备创新创业知识是基础，另外还需要参加各种研讨交流会、成功案例分析会和创业经验会，提升全方面能力。

第四，构建系统化的创新创业教育培训制度。

一方面，扩展创新创业教育教师的培训途径。各个学校可以定期邀请国内外专家学者在学校开展创新创业教育专题讲座，为本校教师和外校教师更好地进行交流学习提供更多的机会，让本校教师学到更先进的教育理念和经验；每年选派优秀骨干教师参加国内外举办的创业研讨会和培训会，让他们学习到目前最新的创新创业教育理论知识和创业有关的一线动态。另外，挑选优秀教师并让他们到企业挂职工作，坚持理论和实际要结合的原则，利用具体实践项目、企业运作管理等工作，获得创新创业实践经验，然后将其在企业实践中学到的知识传授给学生，不断丰富教学内容。

另一方面，增大培训强度，提升师资队伍的整体质量：① 与时俱进，定期更新创新创业有关理论知识，并扩展教师多方面的专业知识，如经济、管理、法律等方面，提高其综合素质，培养教师综合运用各知识的能力；② 鼓励教师研究创新创业教育理论，例如当前就业形势、创业的现状与难点、如何将理论与实践相结合的研究，在探索过程中，逐步健全创新创业理论，培养教师创新思维能力；③ 提高教师的创新创业实践能力。为了丰富教师创新创业实践经验，高等学校应该为教师们创造更多的实践条件，尽力解决他们在创新创业实践过程中碰到的问题，提高教师创业积极性，让所有的创新创业教学教师都敢于创业和实践。

第五，做好教育队伍管理形式的激励机制建设，完善教师考评和激励体制。对教师进行职业品德教育，提高创新创业教学的积极性、主动性和责任意识。不但要多开展教师培训活动，强调创新创业教育对国家未来发展的重要性，强调此工作需要很明确的责任态度。而且要借助网络、校报期刊、横幅、微信推送等宣传形式，创造一种积极的创业氛围，由此增强大家对创新创业教育的肯定，提升教师工作的成就感。高校领导高度重视创新创业教育工作能带领和提高教师的教学积极性。

对于创新创业教师的工作量，依据其教学特点，需要把创业讲座、创新创业实践指导、解答创业咨询等工作换算成教学工作量。在绩效考核中，要清楚教育质量管理组织结构，制定重要教育环节质量管理标准与教学管理制度，健全教育质量保障分析系统与质量反馈信息处理系统，构建人才培养质量控制模式。教师作为高校创新创业教育中的主导者和引导者，必须要提高教师综合素质和改变实践能力观念，并把教学质量和创新创业实践相结合；要加大对创新创业教育的考评，教育考评综合考虑教学水平和创业教学能力，在某种意义上消除"纯学术学者",让教育团队从如今的知识型、传授型向创新型、多样型转变。

完善教师考评和激励制度，可以提高教师创新创业教育工作的积极性。绩效考评要依据创新创业教育的特点，综合运用定性与定量的办法考察教师的创业意识、研究能力和教学水平等，教师参加创新创业教学与探究是绩效考核最基本的要求。高等院校制定明晰的激励制度，向取得优异成绩的教师提供一些物质奖赏和精神表扬；并提供实践基地和资金支持给从事创新创业教育研究和创业实践的教师，这些物质保障有利于吸引高质量的师资力量和确保创新创业教育的顺利开展。

2. 质量管理的保障

教育改革的关键任务是提升教学质量，树立以提高教育质量为中心的教育发展观，构建以提高教育质量为方向的管理体制和工作制度。针对高等院校，教育改革发展的关键任务也是努力提高教育质量。高等院校可以组织创新创业质量保证领导负责小组和专家小组，利用行政力量和学术权威，协同保证创新创业教育质量。建立行政和学术体系下的教育质量保障体系，就需要对大学创新创业教育质量进行深入评价和剖析。因此，构建高等院校创新创业教育质量评估制度，是大学创新创业教育质量管理保障体系的重中之重。教育质量保障，不仅包括创新创业教育师资、物资等保障，还包括创新创业教育的教学成效保障。

建立以加强创新创业教育评估为焦点的创新创业教育质量管理保障体系，就要按期考评高等院校创新创业教学组织状况与教学成效，随时监测并对其实施情况进行考评，为提高教学质量提供科学依据并充分利用各资源。

（1）创新创业教育教学组织的评估。高校创新创业教学组织状况的评价，主要集中于考评学校对创新创业教育的重视程度和各方面投入情况，评价学校创新创业教育教学组织情况是完善教育改革和提高教育质量的前提。创新创业教育教学组织情况评价的关键是选择科学的评价指标，一般而言，选择考评标准可以参考投入、过程和效果。对投入的考评标准主要涉及创新创业教育的各方面投入状况，包含政策保障、教师队伍投入、资金投入、管理人员投入、基地建设投入等方面；对过程的考评标准主要涉及创新创业教育具体课程安排、教学方式、教学服务保障、组织管理等方面；对成果的考评标准主要涉及学生理论学习成绩、能力状况、实践技能等方面。鉴于对高等学校创新创业教育组织状况的评估，主要就考评高校对创新创业教育的重视程度和投入，具体如下：

第一，政策保障方面。政策保障现状不仅表现在高校对创新创业教育的行政支持，例如，是否组织由学校领导带头的创新创业教育任务领导小组，及时处理与创新创业教育有关的各项工作；而且还表现在高校对此类教育的学术支持，如是否构建创新创业教育学术研究的激励制度，是否组建创新创业教育专家小组，为创业教学质量的提高提供坚实的政策基础。

第二，教师队伍投入。教师队伍情况不仅表现在本校创新创业教育专职教师和兼职教师的人数，教师人数的多少可以看出高校开设创新创业课程的多少，而且表现在优秀教师占全部教师的比例，包括博士学位教师比重和正、副教授比例。

第三，资金投入。创新创业教育能否顺利开展的核心是资金的投入。高等院校创新创业教育资金投入由两部分组成：① 基础资金投入即创新创业教育研究资金的投入；② 重点资金投入即创新创业开展教学活动的资金投入。其中开展教学活动的经费，主要包括显性课程和隐形课程管理运行的资金投入，也包含对优秀人才投资的花费，例如补贴优秀学生参加创业实践比赛所需的花费、创业项目研究经费等。

第四，管理人员投入。创新创业教育管理人员范围很广，即创新创业教育体制中除了教学教师以外的所有人员。他们主要从事创业教育的隐性课程的相关工作，对组织管理人员投入情况的考评例如是否建立专门的创新创业教育管理机构，管理创新创业教育的职员数目等。

第五，基地建设投入。基地建设包括创新创业教育理论研究基地和创新创业教育实践锻炼基地。理论研究基地是建立在校内，学生在这场所学习理论知识，是学生研究理论的主要地点。实践锻炼基地提供给有创业意愿学生实践锻炼的重要场地，该基地一般在校外主要由高校结合政府和公司建立的。

基地建设投入的考评标准包括软件标准和硬件标准：软件标准，包含基地配有的理论教学教师和实践引导教师；硬件标准，包括创业教育基地的个数和基地能容纳的学生人数等。

第六，教育课程安排方面。高等学校创新创业教育的显性课程即包括大学必修课、选修课或者辅修课，这些课程能让学生获得创新创业教育的基础理论知识，另外也包含专业课程、思想道德教育、通识课程等课程，有利于提高大学生创新创业的能力。应该制定科学合理的创新创业教育显性课程，课程内容应涉及创新创业理论知识、创业技能要求、目前创业形势等，从传授基础的理论知识到提高学生创新创业的能力，再到让学生了解到创业的价值所在，最后培养创造性思维和激发大学生创新创业的积极性。隐性课程并不是传统的课程规划中的大学课程，它培养学生是借助学校文化和学习环境来产生影响，事关学生综合素质的提升和身心健康的发展。高校创新创业教育隐性课程是在课外开展的，需要学生从本校学习氛围中学到相关创新创业理论知识。

创新创业教育隐性课程不同于显性课程，具有两个特征：① 形式更加多样，显性课程主要采取传统的教室教学方式，而隐性课程要借助于一些课外活动，参加这些活动能学到有关创新创业知识和提高创新创业实践能力，隐性课程的形式非常丰富，如创新实践比赛、参与社团组织、课外实践锻炼等；② 学习过程更加轻松，创新创业隐性课程把有用的创新创业知识、实践能力等放入到具体场景中，通过活动展现出来，大学生能够在轻松快乐的环境中获得知识，并能提高学生创新创业学习积极性。

第七，教学方式方面。高等学校创新创业教育教学方法，是指高校为了培养出具备较高创新创业意愿、熟知创新创业理论知识和掌握实践能力的学生，在教学中采用各种办法将教学目标转变为教学成效。创新创业教学应采用传授与启发研究相结合、理论与实践相结合，也可采用实践教学、理论传授法、案例教学法、研究型教学、启发教学法等教学方法。

第八，服务保障方面。良好的创新创业教育质量离不开完善的创新创业教育服务保障体制。完善创新创业教育服务保障体系需要做到三点：首先，创建大学生创新创业引导服务中心。一方面，指导服务中心可以向创业实践队伍提供经费、场所和人才等支持；另一方面，指导服务中心的搭建，可以强化大学生与企业之间的联系。所以，各学校应结合本校具体情况，设立专门的创新创业引导服务机构，对创业的学生和创新项目提供一对一帮助服务并给予及时指导，时刻关心他们的未来发展趋势，对于创业失败的学生要帮忙分析问题找出对策，鼓励他们继续努力。其次，强调创建创新创业教育实践基地的重要性。高等院校应该为学生提供一个将想法转为实际的场所，构建完善的、设施齐全的创新创业教育实践基地。建好创新创业教育实践平台后，要充分利用其实践功能，向全校师生宣传，扩大受益群体数量并进一步规范其管理制度。最后，创建创新创业教育信息化服务平台。学校应充分利用好网络和图书馆强大的宣传信息的作用。可以在图书馆设置一个为同学们提供创新创业教育系列书籍的专门书架，书架上面摆放整理好的有关创新创业方面的书籍和期刊，而且实时更新有关创新创业类的文献资源，让师生享受到各方面的信息服务。此外，当前是"互联网＋"的时代，人们获取信息的重要途径也是通过网络，构建网络化的信息服务平台，让高校师生更加方便快捷地获取到更多和更加准确的最新创新创业政策、相关讲座、典型案例、实践企业等资源，充分发挥图书馆和网络的学习功能。

总而言之，要想充分了解到高校创新创业教育目前开展的现状，就必须设定创新创业教育组织情况考评标准，这不仅有利于完善需要加强的方面，促进高校创新创业教育的健康发展，还能促进创新创业教育理论研究和创新创业实践的发展。借助创新创业教育评估标准，对其进行纵向比较，可以看出高校对创新创业教育的投入和重视的变化情况；对其进行横向比较，通过对比不同高等院校的开展教育情况，借鉴其好的办法，为领导制定创新创业教育政策提供有关宝贵建议，也能为全省市甚至全国制定教育有关政策提供现实依据。

（2）创新创业教育教学效果的评估。开展创新创业教育，是为了帮助高校学生增强创新创业意识和提高学生创新创业能力，让他们树立正确的价值观并积极主动地尝试多种行业的创新创业，增强学生的创新创业意识、提高学生创新创业能力是实现教育目的的关键所在。开展的所有教学活动是否达到教育的目的、能达到何种程度即为大学创新创业教育的教学效果。简单地说，评估教学效果即判定参加过创新创业教育的学生他们的创新创业的意识、积极性和能力是否强于未参加培训的学生。所以，大学生创新创业教育教学效果必须和创新创业教育目标相对应。

鉴于直接评估大学生创新创业意识和创新创业能力比较困难，为了更加科学合理地评估大学生的创新创业意识和创新创业能力，以下提出创新创业意愿和创新创业自我效能感两个概念。

第一，创新创业意愿，指的是学生是否有创新创业的想法和主观态度，反映了大学生对创新创业的积极性高低。与目前的高等教育系统中的专业教育不同，高等学校创新创业教育是帮助学生树立正确的价值观、增强他们创新创业的积极性并让他们有信心参与实践创业活动，是培养大学生创新性、独立自主创业意识的教育。高等学校创新创业教育在讲授创新创业理论知识的基础上，还要丰富教学形式和更新教学方法，开阔学生的思维，增强大学生创新创业意愿，培养大学生的创新性思维和主动性意识。对每个学生而言，培养他们创新创业独立主动的意识是为了使他们形成独立、创新的思维，帮助大学生明确自己的主体角色，激励他们充分发挥个人主动性和潜力去提升自己的价值，获得显著的进步和发展。

第二，创新创业自我效能感，自我效能感是个人对自己是否可以完成这件事情的估计和判断，对于很多领域都同样适用，不同领域的含义各不相同。创新创业自我效能感是它在创新创业领域的运用，它的具体含义是个人对自我是否可以实现创新创业目标的判断，反映了个人对自我创新创业能力的肯定程度。可以设计问卷，可以测量个人创新创业意愿，反映个人对自我创新创业能力肯定程度的创新创业自我效能感，反映大学生的创新创业积极性和创新创业能力，从而可以看出创新创业教育教学的成效。并对参加过创新创业教育有关课程学生的测量结果进行性别、年龄等基本变量的差异分析，探究不同年级、年龄、家庭环境和背景、专业、性别等大学生在创新创业教育课程中的学习状况，根据这些数据分析，针对不同学生制定不同的创新创业教育形式，提高创新创业教学质量。

3. 制度环境的保障

尽管教育环境对教育的影响是潜在的、间接的，但它对教学效果产生的影响是不可小觑的，是高校创新创业教育协同机制保障体系中必不可少的一部分。创新创业教育环境是指营造良好的学校创新创业氛围和支持创新创业教育发展的制度环境，是全校师生身处校园中可以感受到的有关创新创业的意识形态和价值规范。教育环境包含学校基础设施，例如教学楼、图书馆、食堂、宿舍楼等；学校环境构造，例如绿化设计、建筑风格、校园规划等；学校规章制度，例如管理制度、发展规划等；精神文化，例如校史、校训、学习风气等。高校创新创业教育制度环境保障体系，是指创造一个有利于开展创新创业教育的环境的一套保障体系。

（1）创新创业教育环境的主要作用。营造良好的高校创新创业教育环境的作用，是推动高校创新创业教育顺利开展，保证全校师生在校园中感受到利于其创新创业能力提升的教育的意识形态，提高创新创业教育管理效率和教学质量，提升大学生参加创新创业教育的学习成效。

第一，教育环境的价值引导作用。新一代的大学生他们一方面更倾向于关注具有新时代特点的新颖观念和事物，不同于其他年龄阶段群体大学生能更快接受新颖观点和事物；另一方面大学生正处于青春期，心态非常不稳定，他们的意识形态还没有定型，很容易受周围制度环境的影响。针对有此特点的大学生群体，应充分发挥教育环境的价值引导作用，在学生身处的环境宣传创新创业的价值观念和意识形态，将有利于培养其创新创业意识和精神，有助于提升大学生对创新创业的积极性，从而间接影响创新创业教育教学的成效。教师们重视自身的发展，并能认真遵守学校管理制度和贯彻学校有关政策，能帮助营造一个支持创新创业教育的制度环境，对开展创新创业教育教学活动产生积极影响。另外，将创新创业有关要素融入学校学习氛围中，也可以增强教师创新创业教学工作的责任感，为教师开展创新创业教学活动形成价值引导。

第二，教育环境的目标引导作用。教育环境的影响一般是通过学校宣传、学校活动、规章制度、校风校训等方面，这些都由高校主动组织，体现了本校的教学和培养目标，所以教育环境具有明确的目标引导性，能够对全校师生起着引导功能，教师和学生更加偏向将高校发展目标和学生教育目标紧密结合，所以教育环境中高校的目标引导作用会使个人的意识形态发生变化。一旦把创新创业教育的思想观念等利用校园的目标引导功能融入高校教育环境中，将会逐步使全校师生转变目标直到与高校目标一致，进一步提高创新创业教育中学生学习和教师教学的热情。

第三，教育环境的资源集合作用。教育环境不仅具有价值引导和目标引导的作用，还可以汇聚潜在的校园共识，提升教师对创新创业教育教学与学生创新创业教育学习的成就感和认可感，在学校中形成一股强大的凝聚力，指引身处教育环境中的领导者、管理者、教师和学生全部投身到创新创业教育中，为创新创业教育的顺利开展集合重要的物质和人力资源，保证创新创业教育各个环节稳定开展。

（2）创新创业教育环境的生态学分析。鉴于高等学校创新创业教育环境，不仅包括物质方面也包括精神方面，并且它既能影响教师和学生，还能影响到创新创业教育的教学内容、教学形式、教学方法、教学过程和教育观念等，涉及范围广泛，相互之间关系复杂。为了防止以单视角和孤立地看待和探究高校创新创业教育环境保障体系，以下借鉴环境生态学的有关概念，把高等学校创新创业教育环境看作是内外要素相互影响的生态系统，关注此系统中的物质和精神各方面，用生态学的角度来分析高等学校创新创业教育环境。

人类和其他动物是相同的，会受周围的生态环境的影响和约束，却又可以利用劳动改造生态环境和改造大自然，所以人类和其生态环境之间的关系是相互影响和作用。生态学，即探究人类和除人类以外的动物和植物在所处的生态环境中的相互影响和作用的关系和影响因素。研究教育生态系统的目的即努力让教育活动主体与周围环境的内外部之间共同和稳步发展，它的关键在于让教育各个部分相互联系，把教育当作一种健全、复杂、统一的生态系统，认为教育系统中的各个部分都与其他部分相互影响和作用。

生态学认为无论身处在哪种生态环境中，个人会受到与他有关的生态要素的影响，个人和生态要素之间不是静止、孤立的，却是运动、联系的关系，具有总体相关性。教育生态系统此说法是把生态学的概念运用在教育中而产生的，在此环境中全体教师和学生是教育生态系统的主体，其教育生态环境的生态要素会对全体师生产生影响，教师、学生和教育环境形成了一个互相影响、互相作用的系统，一个好的教育环境会对个人产生积极的影响，同样一个坏的教育环境会对个人产生消极的影响，个人的认知和活动也可以影响到教育环境中的其他要素，从而影响到整个教育环境。

高等学校创新创业教育生态系统，是由创新创业教育主体和创新创业教育生态环境两大部分组成。

创新创业教育主体，即为创新创业生态系统中的实施者和接受者。实施者，是指高校开展创新创业教育中的负责部门、教学机构、研究部门和师资队伍，实施者的行为活动在创新创业教育生态环境中的具体载体为创新创业教育课程、活动、教学计划等；接受者，是指参加创新创业教育培训的学生，他们从实施者提供的所有教学服务中，选择自己所需要的不同形式的教育服务。高校创新创业主体之间关系密切。创新创业教育中的实施者和接受者通过教学活动、教育管理制度等结合在一起，这种联系不仅包含实施者对接受者提供教育服务，还包含接受者对实施者的效果反馈。

创新创业生态环境，不仅包含物质方面的环境，例如校园环境、基础设施、建筑风格、教学设施等，还包含精神方面的环境，例如学校文化、学术氛围、校训校风等。创新创业教育生态环境，是通过和主体密切相关的人际关系敏感因子来影响主体，该影响会导致实施者提供的教育服务的质量和数量发生相应的变化，也会造成接受者对实施者所提供的服务的效果评价的变化，创新创业教育主体可以利用实践的办法逐步健全其创新创业生态环境。

（3）创新创业教育环境保障的构建措施。良好的创新创业教育环境，会对教师和学生的意识形态产生积极的影响；反之，不好的创新创业教育环境，会对教师和学生的思想产生消极的影响，并且只要教师和学生身处在此环境中，该影响会不断发生作用，所以高校创新创业教育环境对创新创业教学的成效有着至关重要的作用。

依据创新创业教育的特征，全方面理解创新创业教育环境的生态学概念，构建创新创业教育环境保障体系必须要保障其体系的协调性。高等学校创新创业教育涉及很多方面和很多要素，是一个复杂且综合的系统。创新创业教育环境与其环境中的实施者和接受者之间存在相互影响和相互作用的关系，要保证高校创新创业教育的顺利开展，就需要保证整个教育环境的协调和稳定发展。构建高等学校创新创业教育环境保障体系，一旦过分强调物质方面环境的建设而忽视精神方面环境的建设，有可能会造成推动高校创新创业教育实施的内生动力不足，而且，过分强调精神方面环境的建设而忽略物质方面的建设，有可能会造成高校创新创业教育实施缺乏载体，因此要协调好物质方面和精神方面环境建设，注重合理配置资源，保证双方共同进步。

根据协调性的要求，构建双向发展的创新创业教育环境保障体系应以相关政策为方向、以环境监测为方法、以资源配置为重点、以教学研究为基础，分别从物质方面和精神方面共同推动高等学校创新创业教育环境保障体系的建立，构建创新创业物质环境是为了保证创新创业教育的顺利实施，构建创新创业精神环境可以提升创新创业教育的成效。具体措施如下：

第一，制定创新创业教育激励政策，提出卓有成效的激励策略。对创新创业教育体系中的管理人员、教师等人出台相应的鼓励政策。例如从职称评定、职位晋升、绩效奖金等方面提高其积极性，构建对创新创业教育体系中的管理人员、教师等人的鼓励政策可以从考评其对创新创业教育物质方面和精神方面环境的功劳着手；对创新创业教育体系中的学生通过记录学分、奖学金、荣誉奖励等方式调动学生的热情。通过鼓励创新创业教育生态系统中的实施者和接受者，加大和增强对创新创业教育服务的供给数量与质量以达到接受方的需求，坚持供需平衡的原则，创新创业教育生态环境供需双方共同努力使其向更好的方向发展。

第二，加大对创新创业教育环境监管和检测，实时了解教育环境现状。创新创业教育并不是一项短期工作，而是一项贯穿整个培养过程的任务，针对此项工作高校必须构建物质方面和精神方面环境的监管和检测制度，组建一支专业的教育环境监测团队，利用实地访问、问卷调查、个别访谈等方式，多方面地了解物质和精神环境的现状，实时告知创新创业教育管理部门和研究部门，并针对不同的情况提出相应的解决办法，保证该教育环境能长期有效地促进教学活动的实施。创新创业教育环境的监管和监测工作，不仅要包括物质方面环境还要包括精神方面的环境，物质方面的测评主要通过实地访问和调查的办法，精神方面环境的测评主要通过分析问卷调查数据和个别访谈的办法。

第三，合理配置创新创业教育资源，合理设计环境建设投入，创新创业教育的资源分配要遵循合理、科学的原则，应该防止不科学、整体协调性不足的资源配置形式，要做好统筹规划，对创新创业物质方面和精神方面环境建设的投入做出合理的考评和估计，避免出现资源分配中的资源浪费和资源不足的现象，重视创新创业教育环境的稳定协调发展。对于具体的创新创业教育资源分配需要专门的管理机制，要构建配置资源的事先计划、事中调整、事后评价这三方面保障体系：事先计划，主要是指提前估算资源投入和具体配置情况；事中调整，主要是指依据对物质和精神方面的资源投入的实际情况做出适当的调整；事后评价，主要是利用相关数学统计方法剖析和评价创新创业教育物质和精神方面的投入资源和产出效果。

第四，加强创新创业教育科研工作，事先预估教育环境风险。不同于其他的教育，创新创业教育是现代才兴起的一种教育类型，目前国内对创新创业教育的探究还不足够。强化对创新创业教育的研究，更加深入认识到创新创业教育环境中影响创新创业教育中的实施者和接受者的因素，剖析出这些因素分别对创新创业教育实施者和接受者产生何种作用，从而可以事先了解到创新创业教育环境中会对教学成果产生不利影响的因素，然后提出具体的风险防范措施和解决对策，为营造良好的教育环境建立一个专业的智囊库。加强创新创业教育科研工作，主要利用课题招标与成效考评两种办法。课题招标，即根据本校创新创业教育开展实际情况和发展方向等策划科研课题，然后向所有有关创新创业的教师公开招标，积极为教师们提供创新创业方面的科研资源；成效考评，即公平科学地考评从事创新创业教育的管理工作人员和教学教师在构建良好的创新创业教育环境中所做的贡献和科研成绩，鼓励管理人员和教师们注重构建创新创业教育体系。不管是公开招标还是成效考评都一定要协调物质和精神两个方面。

（4）创新创业教育环境保障的政府支持。为了保证创新创业教育成功实施和顺利开展，就需要构建一个能促进社会发展和学生自身进步的科学、合理的保障体系。保障体系的构建不仅能推动创新创业科研的发展，还可以为创新创业教育指明发展的方向和改进的方法，保证其可持续性发展，并充分运用到社会上，将其付诸实践，促进社会的发展。

第一，政策法规支持。政府有关机构在出台政策法规时，要多方位地了解高校创新创业教育，不能仅从促进学生就业这一方面来理解此教育，应该满足市场经济的需要，并为大学生提供有利于其创新创业发展的环境，出台相关的鼓励支持政策。如果缺乏政府的政策法规支持，创新创业教育无法真正贯彻执行。具体而言，需要进一步强化有关法律法规政策的制定，为创新创业教育的顺利开展提供法律支持，相关机构可以精简大学生创新创业批准手续，从而提高其审批效率并出台相关的免减税收等优惠政策。安排有关机构负责创新创业培训指导、政策咨询、后续指导等服务工作。

高等学校创新创业教育的成功开展离不开政府在政策法规上的大力支持。所以，健全创新创业政策法规支持体系，必须要充分利用政府宏观调控的作用，为创新创业教育提供适宜其发展的政策环境。首先，制定有关创新创业教育的政策，政策应具有针对性、具体性和实践性。其次，整理已经出台的有关创新创业教育的政策并将其归为一类，公布在统一平台，确保政策的完整性和连续性。依据目前的创新创业现状，需要政府在已颁布政策的基础上进一步更新创新创业教育政策法规和具体内容，例如健全创新创业教育开展的目标和具体措施等，推动创新创业的发展。最后，构建创新创业教育政策的监督体系：① 通过多媒体等媒介向人们宣传创新创业教育政策。充分发挥网络、电视、广播、报纸等媒体来公布和推广最新的创新创业教育政策，利用多种媒体可以扩大其宣传范围，另外还聘请专家学者为大家具体讲解和深入剖析创新创业教育有关政策的内涵，使相关受益者可以迅速、精准、全方位地掌握到政策内容。② 高等学校、政府、企业之间要构建协调运行体系，明确政策的领导机构，领导机构主要负责各机构之间的联系工作和协调他们之间的关系，实时监督创新创业教育政策的开展现状并按时反馈信息，有利于不断健全创新创业教育政策。

第二，经费支持。剖析限制大学生创新创业的因素，可以看出启动经费和后续经费的不足，是限制创新创业教育活动顺利发展的最重要的原因。经费是实施创新创业教育实践的关键因素，所以，政府要加强创新创业教育的经费投入，创建更多的创业基金，以此来帮助大学生创新创业。政府率先投入资金，为大学生提供贷款金额，加大对大学生创新创业小额贷款资金的扶持力度，扩展贷款的影响人数范围，鼓励大学生创新创业，为他们解决资金的后顾之忧。另外还要加强对高新技术产业的支持力度，要对其给予特殊的和优先的扶持。

第三，免费培训指导。政府可以加强对大学生创新创业能力的培训，组织相关机构责任培训工作，提供学习场所、能力培训、政策及技术咨询等免费服务。邀请国内外成功企业家、高校经验丰富的教授、政府相关部门经验丰富的职员等担任大学生创新创业指导教师，利用教学、咨询、答疑、案例分析等方法向他们传授相关的创新创业知识和技能，旨在扩展他们的创新创业的理论知识和提高他们的创新创业实践能力。

第四，建立创业教育中介组织。政府可以大力支持多种模式的非营利机构，加强对大学生灌输创新创业教育的理论知识和进行实践引导，营造良好的创业环境，鼓励大学生创新创业。例如，规划专门的创新创业实践基地，由政府有关机构和相关教育科研机构组建权威的创新创业教育科研机构，大范围地展开创新创业教育研究，构建我国创新创业教育基础理论机制，在全国各高等学校开展创新创业教学活动。动员社会力量构建独立的创新创业民办教育机构或与高等院校合作实施创新创业教育。大力支持大学生教育中介组织，建设大学生创新创业实践场所和基地，使其成为大学生在创新创业过程中和寻找有关企业支持、经费赞助和政策法规咨询的沟通纽带。

总而言之，构建国家创新机制是很关键的，能影响到高校创新创业教育能否成功开展。国家创新体制注重创新要素之间的互相影响和互相作用，更加注重创新体制内新理论的有效转移。构建和健全我国国家创新体制，强化高校与公司的合作关系，注重创业实践培养，充分利用高校的主体地位，更有利于帮助高等学校培养出理论知识丰富和具有实践能力的学生。高等学校是开展创新创业教育的主导者，学校应该深入贯彻政府出台的相关政策法规，依据本校的实际状况提出适合本校发展的措施，保障政策在学校扎根，发挥其保证创新创业教育水平的作用。

需要注意的是，高校应该从两点着手：① 联系政府出台的相关政策法规，提出详细的执行内容。例如，健全创新创业教育和专业知识教育密切联系的政策内容，保证将创新创业教育观念混合进专业知识教学中，培养大学生的创造性思维能力；实行鼓励政策，将大学生主动参与相关创新创业活动换算成具体学分，努力提高大学生创新创业的积极性；制定确保创新创业教育成功实施的经费支持政策，在学校设立创新创业专项奖金，奖励成果突出的教师和学生，而且扶持他们实施创新创业教育理论科研和具体实践。② 高等学校要随时反馈开展创新创业教育过程中面临的难点，并将其告知政府机构，有利于帮助他们不断修改和健全创新创业政策法规，营造良好的创新创业教育环境，帮助大学生能更好地创业。

（5）创新创业教育环境保障的社会支持。营造一个良好的社会环境才能保证创新创业教育的顺利开展。我国历史悠久的传统文化对培育创新创业人才起着至关重要的影响。在继承和弘扬优秀传统文化的时候，要取其精华去其糟粕，营造一个积极主动、激励人们创新创业的社会氛围。并且运用一定的舆论手段指引全体社会树立人才评估指标，强调创新创业社会风气的重要性。利用政策法规的出台鼓励大学生的创新创业积极性和保护创新成果，出台创新创业鼓励政策和人才培育政策等，全方面促进良好的创新创业风气的形成。

因此，要向全社会推广创新创业教育，就必须要构建一个以政府为核心，高校为主体，社会各界宣传和推广的创新创业教育新局面。可以利用网络、电视、报纸等宣传媒介，充分调动大家的创新创业积极性，让创新创业成为全社会的广泛共识，让创新创业教育成为社会的义务、高校的职责、家庭和个体的自发行为，构建一个利于创新创业教育发展的环境和气氛，促进创新创业教育的实施。在社会方面，充分利用好全体社会的关键力量，收集优秀的社会资源，营造一个利于创新创业教育发展的社会环境。此项工作的顺利开展也离不开中介组织、企业的共同参与，在政府贯彻执行相关政策时帮助其完成具体事务，例如政策指导、咨询等工作。

（6）创新创业教育环境保障的企业支持。创新创业教育不单单指学校提供就业服务，其目标不仅只是提高大学生自主创业的积极性，提高学生创新创业的能力，企业在创新创业教育过程中也起着举足轻重的作用。高校创新创业教育包含理论知识培训和创业实践指导，实践指导是必不可少的步骤，这一步骤离不开企业的支持。企业可以为大学生创新创业教育的实施提供方法指导、实践场地、经费资助、项目等支持。如今大部分高等学校在创新创业教育的过程中都联合了企业的实践帮助，但是很多都是经费支持，更多利用的是企业的宣传作用，而缺乏对大学生的真正实践指导、项目支持。假设企业不仅提供经费支持，还提供实践场地并对大学生进行项目指导，全面支持创新创业教育，这样会促进创新创业教育的开展，也有利于企业自身的长久发展，互利互赢。

综上所述，高等学校应该和企业保持长久稳固的合作联系，企业可以安排一些经验丰富的职员担任高校的兼职教师，为开展创新创业教育提供更多的机会，大学生可以在企业里实际操作一些创新项目，学习到创新创业实践经验。另外，企业可以发挥其宣传作用，运用其社会影响力，来改变社会和家庭对大学生创新创业的不看好态度，帮助大家重新认识创新创业教育，肯定其带来的积极作用，进而为创新创业教育的实施创造良好的气氛。

（7）创新创业教育环境保障的家庭支持。在我国，家庭对大学生成长起着重要的作用，深刻影响着他们的世界观、价值观和人生观，是大学生的经济和精神支柱。学生的创新创业活动不仅需要具备理论知识、创新思维、实践能力等，还离不开家庭的积极支持。大学生的就业观、创新创业素质、个人性格会受家庭背景的影响。父母对创新创业的态度会深刻影响到孩子的就业态度，如果家庭看好创新创业，并给予其鼓励，学生的创新创业积极性就会很高；反之，学生的信心会不足甚至放弃创业想法，如果遇到困难就会退缩。所以，高校要努力做好家庭沟通工作，让家庭积极配合学校的创新创业教育活动，充分利用家庭教育的功能。

当前限制家长赞成孩子创新创业的原因主要有：① 传统观念，希望自己的孩子找个稳定的工作更踏实；② 资金限制，创新创业需要很多资金投入，对于普通家庭而言，压力较大。考虑到家长的这些观念，高校可以组织有关部门安排具体教师与学生家长进行沟通，向他们解释相关创新创业政策和宣传创新创业的好处，使家长改变其传统保守思想、传统的就业观等，意识到大学生既是应聘者又是就业岗位的创造者，慢慢认可并积极配合学校的创新创业教育，尽力创造一个与时俱进的家庭氛围，帮助高校共同培养出大学生勇敢、不怕困难、勇于进取的性格特征，全力支持孩子做自己想做的事情，让他们自由选择未来的发展方向。

综上所述，应该构建以政府为指导，高校为主体，社会积极参加，企业合作支持，家庭全力支持的创新创业教育保障体系，利用网络、电视、报纸等媒介广为宣传，社会各方力量的努力，促进创新创业教育新的发展，把我国创新创业教育提高到一个新的水平，进一步健全和完善社会主义市场经济。

（二）创新创业教育协同机制的运行

系统内部要素与系统间的相互作用在一定条件下可以形成协同作用，产生一种自我组织能力，这种能力可以使得系统的功能与结构变得井然有序，进而让整个系统迸发出新的价值。而"机制"的内涵是指事物内在的规律与原理自发地对事物作用，它具有自发性、系统性及长效性等特征。在社会科学的领域中,"机制"是指在正视事物各部分存在的前提下,协调事物间的关系以更好发挥作用的运行方式。近年来,"机制"一词被广泛地应用于竞争、合作及创新等机制中。将机制的本义引申入社会教育领域,便可形成教育机制,因此,教育机制可以指代教育现象中的各部分之间相互的关系及运行方式。按照不同的标准,可以将教育机制划分为多种类型,例如从功能角度考察教育现象间相互关系以及运行方式,包括保障与激励机制。而创新创业教育机制,则可理解为创新创业教育现象各部分间的相互关系及运行方式。

可将高校创新创业教育看作是一个系统,其中的政府、企业及高校等利益主体会根据其共同目标表现出协同意愿,为了获取教育增值及培养较为出色的创业者,他们会调动一切资源配置,产生全方位的有机作用,从而实现协同效应。高校创新创业教育协同机制的运行若想取得理想状态,形成一种协同式发展,则必须考虑各方利益主体的诉求,在市场化发展的原则下,建立有效的运行机制,从而促进各方主体相互适应,达到系统增值的效果。

高校创新创业教育具有全新的育人思想及教育理念,它所涉及的领域几乎贯穿人才培养的全过程,因此不仅要兼顾理论与实践的综合教学,更要在教学方式上做到灵活多变。高校创新创业教育协同机制的运行,关键在于管理决策、激励动力和调控三大机制。

1. 管理决策机制

高校创新创业教育是一种全新的教育类型,其实践过程并不成熟,需要根据运行实施的具体情况而定,并且要对运行过程中所涉及的各个方面进行不断完善与调整,因此其运行过程与其他较为成熟的教育相比,会面临更多的选择,相应地产生更多决策。为了保证创新创业教育的实施与推广始终围绕共同的总体目标,确保运行保障、育人内容等各方面始终适应实效育人这一标准,必须建立高效的创新创业管理决策机制,这是高校创新创业教育运行的核心与关键。

(1)管理决策主体的关系辨析。高校创新创业教育管理决策机制的主体,包括高校创新创业教育工作领导机构以及创新创业教育专家委员会,高校创新创业教育工作领导机构多由高校的行政管理者构成,而创新创业教育专委员会多由创新创业教育研究以及教学专家构成。定位领导机构与专家委员会，以及分配高校创新创业教育工作领导机构与专家委员会的决策权力，都是管理决策机制构建的重点。

高校创新创业教育工作领导机构与创新创业教育专家委员会，作为高校创新创业教育管理决策机制的两个主体，两者间分工不同且相对独立。创新创业教育的发展方向由领导机构把控，负责对高校创新创业教育的总体规划，全方位把握着创业资源及经费等，其主要决策范围包括整体的规划发展、经费的投入使用以及资源的整合分配等；而专家委员会则是创新创业教育研究的整体管理者，不仅负责教学内容与方法的确定，还负责科研教学及师资培训等任务。总体而言，领导机构侧重于创新创业教育的发展规划与资源供给等宏观决策，而专家委员会则更侧重于创新创业教育的理论研究与课程培训等微观决策。

高校创新创业教育工作领导机构与创新创业教育专家委员会，虽然其分工有所侧重、职能相对独立，但是两者间更有着紧密联系与持续作用：领导机构为专家委员会确定教研与理论的研究方向，提供支持作用，而专家委员会根据高校创新创业教育的理论教学研究为领导机构提供策略建议；领导机构通过对高校创新创业教育的整体规划管理，提高专家委员会的科研教学成效，而专家委员会则会通过研究方向的决策与教学课程的设计，将领导机构的思路设想实现到位。要想确保高校创新创业教育工作领导机构的决策更具有效性、合理性及专业性，就离不开专家委员会的科学建议与理论支撑；同样，要想使专家委员会找准正确的决策方向，也离不开领导机构认同与支持。

高校创新创业教育决策过程中，包含了党委行政与学术教学决策，明晰两个主体间各自的决策对象、范围、程序及权力边界可以促进高校创新创业教育管理决策机制的建立，要确保领导机构能够承担起全局把控者的角色，可以在整体规划与运行方向中提供正确的策略建议，同时也要确保专家委员会能够在教学、学术等具体事务的整体规划中承担起建议咨询者的角色，在决策的过程中，以制度化的方式达到两个主体合理分工、协同推进的效果。

（2）管理决策机制的运行程序。高校创新创业教育管理决策机制，必须具有规范的运行程序与步骤才能确保工作的高效性。领导机构与专家委员会，作为高校创新创业教育管理决策机制的两个主体，其管理决策的运行程序也是构成管理决策机制的重要因素。

第一，对于领导机构而言，其管理决策的运行程序应当是富有条理与逻辑性的。针对高校创新创业教育现有规划和资源分配等问题，领导机构首先会进行分析，从而明确其完善发展的目标；其次领导机构将提供至少一种决策方案，由民主程序确定最终方案；最后推动方案的实施。当然，在此过程中，领导机构需要根据具体运行的情况进行结果反馈，从而对决策方案进行评估，来确定是否继续执行该方案或是调整改进。在领导机构的管理决策运行过程中，专家委员会主要承担着调研及提供对策建议的工作，两者的相互配合才能促使运行达到高效的目的。

第二，对于专家委员会而言，其管理决策运行步骤包括：① 对高校创新创业教育实际运行实施过程中存在的问题进行分析，明确完善发展的目标；② 在一定的科学研究理论基础下，提出至少一种决策方案，对于拟采用的决策方案由民主程序确定并向领导机构请示备案，最终推动决策方案的实施。当然，专家委员会也应根据实际决策运行的情况进行反馈评估，从而确定是否继续执行或是调整该方案。在专家委员会决策运行程序的各个环节，领导机构都可进行总体规划与方向的把控，它在管理决策的过程中承担着整体把控的角色，并对专家委员会的决策范围进行管理调控，这便可以将学校党政对高校创新创业教育的整体规划精神在教学管理与学术研究的过程中贯彻到位、落到实处。

总体而言，加强高校创新创业教育工作领导机构的管理决策，在宏观上可以确保高校创新创业的教育内容与发展方向符合学生自由全面的发展需求、符合学校总体规划发展的需求、符合政府社会的高度需求；而加强专家委员会的管理决策则在微观层面更易形成合理的教学内容、方法与体系，从而确保高校创新创业教育的有效实施及科学发展。

（3）管理决策机制的构建原则。为了更好地服务创新创业教育的运行、实施与推广以及推动创新创业教育的科学发展，构建高校创新创业教育的管理决策机制是必不可少的举措。由于创新创业教育的实施运行与教育发展都有着明确的特定目标，因此两者间必然有着相适应的特定价值内涵，对于高校创新创业教育的构建而言，必须遵循特定的价值规律与基本原则。

高校创新创业教育的宏观目标是：结合国家的政治、经济与文化的发展，联系中国特色社会主义教育实际情况与高校学生全面自由发展的需要，通过教育的实践帮助学生了解创业过程、培养其创业意识及创业能力，这不仅可以让学生以正确的目标导向与价值取向了解认识参与到各个领域的创业中，并且将会更好地服务于中国特色社会主义教育事业的科学发展。而从微观层面角度考虑，其发展目标是树立正确的创新创业价值理念、明晰创业主体意识、完善创业能力结构以及提升创新创业的实践水平。

第一，高校创新创业教育管理决策机制构建的基本原则。高校创新创业教育管理决策的价值内涵，应紧紧围绕这一宏观与微观相结合的目标体系，因此，以下提出了构建高校创新创业教育的管理决策机制，所应遵循的四项基本原则：

首先，把握国家的发展方向。高校创新创业教育的最终目标是培养能够从事服务于国家发展的先进创业者，因此创新创业教育的管理决策运行过程应当是正确的，在创新创业课程的内容与理论研究中，不仅要保障教学和理论研究成果，而且要使其更好地适应服务于国家的发展。

其次，明确面向广泛学生群体的发展思路。创新创业教育应当适应国家社会发展的各个领域，无论对于何种专业、背景或是职业发展的学生，创新创业教育都应当认识到对他们的能力提升是有价值的。创新创业教育不应仅仅局限于小众教育，受益于少量的精英学生，而是应当面向广泛的学生群体，开展普适性的科学教育，以树立创新创业意识，提升创业能力。

再次，遵循面向社会的实际导向。我国正处于经济转型发展阶段，经济社会的转型升级与发展需求要求创新创业教育的调整与改进，因此需要对创新创业高标准、严要求，以此来更加适应社会的转型升级。在高校创新创业教育管理决策的过程中，要注重理论与实践的紧密结合，将更多资金进行适度整合与调配以投入到实践性的教学任务与科研环节中，促使广泛的学生群体能够知行合一，真正推动社会转型升级以顺应时代发展的要求。

最后，坚定全面发展的育人理念。"人的自由而全面发展"是中国高等教育所追求的基本原则。对于创新创业教育而言，其综合性较强，可以从价值取向、理念运作及社会管理等多个层面锻炼和培养学生的综合能力。

应坚定全面发展的育人理念，将其作为高校创新创业教育管理决策过程中的核心任务，只有这样才能实现学生的全面发展与创新创业教育改革发展的至高目标。

第二，高校创新创业教育的基本原则。对高校创新创业教育管理决策机制的基本原则进行深刻分析，可将其升华至高校创新创业教育应遵循的基本原则。创新创业教育的开展并不是照搬原有的教育内容和模式，而是将这种创新创业教育的理念方法融入创新创业教学体系活动和人才培养机制之中。高校开展创新创业教育时，应当遵循以下三项原则：

首先，"全面教育"与"个别教育"共同结合的原则。"全面教育"是指全面提升大学生的创新意识与创业能力，从整体上对创新创业学生的综合素质进行开发与提高，完善其创新创业的知识结构体系和性格品质；"个别教育"是指针对少部分拥有创业潜能的大学生，进行个别的特殊引导和动力支持，以培养出先进的创业示范人才。

其次，"全程性"与"分层性"共同结合的原则。良性的创新创业教育体系应当具有开放性与延续性的特点，这是终身教育系统的重要组成部分。其开放性与延续性在大学创新创业教育阶段就是"全程性"的体现，高校应当将创新创业教育纳入人才培养的目标规划中，与专业的教学科研体系相结合。同时，高校的创新创业教育还应当划分层次，具有侧重点。在大学的初级阶段，应当培养学生的创业意识进行通识教育，随着专业学习的不断深入，应当加大创新创业教育意识的培养力度，开展针对性的技能训练，让学生在创业实践的过程中不断提高自身的综合素质及意志力。而对于高校毕业生来说，应体现教育连续性的特点，实现教育的由浅入深，由全面到重点的发展目标，将高校的创新创业教育落实到位。

最后，"开放"与"协同"共同结合的原则。由于高校受到教育资源局限性的影响，为了积极获取有利的社会优质资源，应坚持开放办学的原则，建立协同创新体制机制。高校还应围绕创新培养人才体系的这一目标，建立创新协同机制，将各部门的职能目标协调一致，促使创新创业教育的效果达到最大化。

（4）管理决策机制的改善对策。

第一，转变创业教育观念，树立正确的创新创业教育课程理念。高校的管理者要用前瞻性的眼光来设定创新创业课程的理念目标，创新创业的核心是完成素质教育的要求，培养创新思维能力，为受教育者创造条件，使其认识到知识重组的力量。因此，高校既要培养适应目前就业发展需要的普通型应用人才，也要为国家未来的经济发展输送顶尖的创新型人才。明确创新创业教育的课程理念，立足于现实需求与长远发展角度，是开展创新创业教育的指导思想。

第二，加强创新创业学科建设，明确创新驱动发展的新要求。当今社会的发展战略对于我国高校创新创业教育的人才培养路径设定了新的要求。高校是大学生创新创业教育的核心阵地，他担任着教学科研培训、创业资金支持以及人才培养的多项任务。因此，高校应当正确认识自身在创新创业教育协同机制中的地位，并在教育的实践探索中表现出来。大学生创新创业教育工作的合理有效，将在一定程度上影响我国的经济发展方向，因此构建完善的协同机制对于高校大学生的创新创业教育而言具有重要的指导意义。大学生和企业作为高校创新创业教育的两个方面，只有合理处理好两者间的内外联系，才能充分发挥两者间的协同作用。

首先，对于人才的培养，要制定出完整的科学规划，转变以往的教育观念，将创新创业教育贯穿在教育工作运行过程中，将理论与实践相结合，通过两者的优化整合与合理配置，激发创业者的热情与积极性。

其次，整合各方资源，在政府、企业及高校的保障体系下，实现理论与实践的高效衔接，在激发学生创新创业潜能的基础上，积极推动教学课程与科研规划的改革。

最后，设立多层次的教研课程，引进先进的高质量师资队伍，积极鼓励师生参与到创新创业的实践活动中。在资源合理整合的过程中，既要鼓励学生参与创新创业竞赛，也应打造创业导师的科研系统，通过运用双向选择导师的制度，将创业项目与创业者进行合理匹配，最终使得创业者可以寻找到心仪的创业团队。

高校应当加强对创新创业教育理论与实践的深入研究，充实教育课程体系内容，设定多层次的目标以吸引更多的学生参与到运行过程中。

第三，设计多样化的创新创业课程，开展循序渐进式的教育模式。在运行实施过程中，要正确认识创新创业教育内涵，将其与专业教育相结合，在专业教育的教学中培养学生的自主创新意识，增强创新创业教育的实效与互动性。创新创业教育的教材除了纸质课本外，还应包括课程的政策性资料及其他文件，根据这一特点，高校可以精编课程教材，丰富教学资源。同时，由于高校的学习情境不同，教材也具有灵活性的特点。由于"宽口径"培养条件下的课程教学课时有限，因此，高校可将相关性较强的实验操作安排在一定的时间段内，这样既有利于拓宽知识渠道，也有利于在最大限度内获取教育资源。教材应当具备较强的操作性，这对于实验的准备以及分组安排来说，更易提供合理化的建议，便于师资人员的参考。同时，为了使教学效率得到提高，可将实践中的操作技巧拍摄成视频，以演示文稿软件（PPT）的形式展示给更多的受教者，这样不仅可以作为教材刊登在相关网站上，而且更有利于学生的自我预习及学习回顾，使课程时间得到最大化利用。

第四，丰富课外创业活动，鼓励参与学生社团。学生社团是高校的自由活动主体，在创业活动方面，学生社团可以用多样化的方式将兴趣相投的校内外认识集结起来，形成良性的交流沟通氛围，迸发出创业激情和创意。

第五，构建专业的师资队伍，实现多样化的教学方案。高校可以坚持引进校外的师资力量，激发学生的学习兴趣，也可以提供资金支持校内的师资团队走出去，学习其他成功学者的创业经验及教学方法，同时对课程的教学设计采取灵活多样的方式，满足学生的实践需求，不断提高其创业能力与综合素质的提升。

第六，充分利用校外资源。高校是一个开放性的系统，因此，在推动创新创业人才培养方面，可以联系各方外力相互作用，以促进目标的实现。可以校企结合办学，达成合作意向，为大学生提供创新创业的实践机会，提升其创新意识、能力及综合素质的培养。

第七，完善教师激励机制，激发对创新创业事业的激情。高校应以各种表彰手段满足高度自尊与荣誉的教师需求，为他们提供良好的空间满足其精神需要；对于价值需求处于优先阶段的教师，他们会追求更好的人生价值，更加渴望得到领导及社会的认可，因此高校应当设立荣誉性的职位满足其价值取向。由于创新创业教育正处于新兴发展阶段，高校对于师资的选择应遵循择优录取的原则，同时还应完善激励机制，鼓励教师尽最大可能全身心地投入创新创业教育事业中。

第八，规范创新创业教育主体活动，建立有效的监督机制。高校教学活动的正常运行离不开有效的监督机制。对于高校管理者而言，其承担着高校教学课程规划设计及管理教辅人员的工作，应避免他们在工作中出现主观臆断的不端行为。高校传教者承担着创新创业教育的传播工作，监督工作有利于确保教师教学行为的规范性；高校的受教者作为创新创业教育的接受者，应监督其学风端正，防止在创新创业教育活动中误入歧途，给个人、家庭及社会带来负面效应。高校同时也应对监督者进行监督，从而营造民主、开放及自由的文化氛围，鼓励师生等相关主体培养治理理念，做到人人参与到高校建设中。

2. 激励动力机制

推动事物发展的作用力称为"动力"，因此高校创新创业教育动力可以概括为推动高校创新创业教育发展的作用力。在我国，高校开展的创新创业教育多为政府驱动，但是在教学环节的设置及企业参与的内在利益诉求方面，市场也发挥着重要作用。因此，高校创新创业教育既源于政府的驱动，更需要市场导向的延伸。

高校的角色在创新创业教育系统中的作用也尤为重要，它具有显著的教学科研资源及人才优势，不仅传授学生知识，更承担着全面育人的责任。高校可以培养学生的思修品行，树立社会责任与担当意识，同时还能够提升其分析解决问题与创新创业的能力，这些都是学生群体适应社会需求所必备的综合素质。因此，对于高校创新创业教育而言，其动力既有内生也有外生。高校创新创业教育激励动力机制，可以将其看作是推动高校创新创业教育良性运行与实施推广的各内外要素间相互联系与作用的互动机理。

从宏观角度考虑，高校的内生动力是追求自由全面的育人理念；而外生动力则是政府对于经济转型升级的需求及创新创业机会的识别，政府可以将有效的政治、经济资源合理地调配给高校创新创业教育领域，从而推动理论教学课程及科研实践。从微观角度考虑，以教师和学生的内生动力而言，教师参与到创新创业领域中，既是对职业发展的需要，也是理想事业的追求；而学生参与创新创业教育，既是对自我未来职业生涯的规划，也是自身全面发展的追求。以教师和学生的外生动力而言，政府和社会作为高等教育的外部推动力，可以使参与到创新创业教育领域的师生获取充分的资源与成就感。内外动力的作用与性质虽然不同，但是两者相互影响、互为支持，对高校创新创业教育的发展与价值取向有着共同的决定作用。

（1）激励动力机制的动力机制。

第一，就宏观角度而言，高校创新创业教育在外部受到政府与社会机构的共同作用。政府由于社会转型升级及经济持续发展的迫切要求会进行全面改革，而在这一阶段势必会加大政府对创新创业活动的需求，在此深化改革的背景条件下，政府会对创新创业教育的研究与培养提出更高的要求，需要通过资源调配供给以及适当的政策引导推进高校创新创业教育的发展，扩大人才的供给。而对于社会机构而言，新兴领域及亟待转型的成熟领域为社会机构提供了充足的创业机会，在社会责任及自身经济利益的驱动力下，社会机构会更加富有创业意愿，因此创新创业领域的人才需求就越发强烈，这便加强了社会机构与高校教育领域的合作。在这样一种合作方式下，一方面可以通过资源的供给推动高校开展创新创业教育工作；另一方面可以通过旺盛的人才招聘需求调整高校的育人导向，可谓一举两得。在内部，高校创新创业领域中全面自由发展的教育理念得到广泛的认同，高校将培养全面发展及提升综合素质的社会主义接班人作为育人的至高目标，而创新创业教育是独立于高校专业知识教育之外的一种功能，它是以学生的全面自由发展为核心任务的教育，有助于提升学生在价值重塑、人际关系及权力把握控制等方面的能力，从内生角度推动高校创新创业教育的实施发展。

第二，就微观角度而言，高校创新创业教育的运行实施离不开教师与学生这两个主体，因此，分析教师与学生参与创新创业教育的内外生动力，对于从微观层面研究高校创新创业教育激励动力机制有着至关重要的作用。教师是创新创业教育的传授者，高校对于其工作量的约束及工作表现的激励举措都将会推动其从事创新创业的教学研究工作。从教师自身角度而言，他们对于创新创业教育的理论教授兴趣及目标认同，都将由内而外地促进创新创业的教育研究。同时，良好的校园文化氛围对于提升创新创业的认识与兴趣以及教职工的行为心理都有一定的促进作用。对于学生而言，他们作为创新创业的受教育者，高校可以利用其学分约束与激励举措推动其参与创新创业活动，同时他们自身的兴趣及周围群体的良好影响也将促使他们提升对创新创业教育课程的接受训练与感知认同。高校创新创业教育微观层面的两个重要主体间互为动力支持：学生参与的创新创业需求将推动教师的教学研究，而教师的科研理论研究也会影响着学生积极参与创新创业教育课程的训练，两者互为支持，共同促进高校创新创业教育的运行发展。

（2）激励动力机制的推动作用。

第一，高校创新创业教育的有效推动，离不开激励机制的作用，它可以激发教师的创新创业教学科研激情与积极性，进而鼓励学生创新创业的行为。

首先，高校为了提升教师的教研积极性，可以将创新创业教学的实践指导考核指标划入绩效考评之中，将考核结果与教师职称晋升评定联系在一起，同时对指导学生开展创新创业实践项目活动取得一定成绩的导师进行奖励，从而调动其教学积极性，另外，高校还应注重对学生的创新创业激励，有关部门应当优化政策，建立良性的自主创业政策环境。高校应改革学籍管理决策制度，推行弹性学分制，让学生可以在较大弹性的学籍时间内安排学习与创业项目活动，实现学工交替，分阶段完成课程学业。同时要发挥学生创新创业的主观能动性，给予其自主发展的机会，对于那些在创新创业竞赛中获奖的学生进行一定的奖励补贴。

其次，对于高校而言，传统的笔纸考核方式已经无法适应创新创业教育的考核方式。传统的笔试考试是为了考查学生的记忆辨析能力，并不能对其创新意识与能力进行评价。因此这就需要建立以素质为导向的考核激励机制：① 可以对学生的创新创业项目参与度与贡献度进行评定，然后运用综合答辩的考核方式进行综合评议；② 可以将创新创业项目的阶段性成果作为考核标准，这既对学生的综合素质提出了更高的指标要求，同时也体现了创新创业项目的特色目标。高校可以设立创新创业教育基金以此来健全激励机制，要科学评估教育质量与水平，对表现突出的学生给予奖励。同时，可以将学生参与的课题研究、科研项目实验及创新创业项目等成果转化为相应学分。高校与学生的协同，一方面要求高校的统一领导、开放融合及全员参与；另一方面要将创新创业教育的改革推进放在教育发展的突出位置，落实其主体责任，成立工作领导小组，由校长担任组长，主管副校长担任副组长。

总而言之，高校应呼吁全体师生积极参与到创新创业项目中，加强各主体间对创新创业教育的沟通交流，形成一种浓厚的创业氛围；各高校面对当今严峻的就业形势，应积极响应国家政府的号召，组织和培养学生参与创新创业竞赛，鼓励成功的知名企业家进入校园分享成功的创业经验。高校在推行创新创业教育运行过程中，应建立完备的激励机制，保持与国家政策导向相一致，同时要遵循企业的人才需求目标，培养社会所需的高质量应用技术型人才。

第二，激励动力机制的外生动力。政策激励的协同是激励动力机制中的一部分，它注重创新创业政策的可操作性及各政策间的关联性作用。近年来，我国出台了许多关于支持高校创新创业教育的政策性文件。推动高校创新创业教育需要调动各方积极性，在政策方面给予有力支持。同时，各级政府部门应当通过构建经济、教育及文化等多部门协同的工作机制，对现有的政策进行梳理总结，做到信息的及时反馈，为保障创新创业教育提供强有力的政策支持。高校应出台相应的协同政策，如构建激励机制，加强创新创业师资队伍的建设，组织参与创新创业竞赛；鼓励师生协作创业，将校内校外的创新创业资源进行整合汇聚，从而为创新创业教育工作的开展提供政策支持。

创新创业政策在高校毕业生的创新创业指导服务中，具有重要的激励引导与制度保障的功能，政策激励的协同包含了不同主体间的政策协同及政策先后协同，通过协同可以充分实现政策的有效作用。另外，政府在制定政策时应充分考虑高校毕业生与其他社会群体间的创业行为差异，要针对性地为其提供指导建议。

企业在激励机制的作用下，会根据自身需求融入高校的创新创业活动项目中，它将利用自身的技术、资金及渠道参与高校人才方案的规划制定中，在高校内为学生举办创新创业分享交流会，为即将进行创业的大学生进行思想上的宣传引导，以确保创新创业教育能够朝着合理科学的方向发展。企业或许还能为热爱创业的学生提供岗位实习的机会，从而为其创新创业打下坚实的基础，也为其创业梦想的完成提供更多的动力支持。

（3）激励动力机制的构建原则。高校创新创业教育的动力来源是多元化的，受到师生、高校及政府等多方的综合影响，因此，在构建激励动力机制时应遵循一定的原则，确保各方管理决策主体可以相互配合、方向一致，将高校创新创业教育的力量发挥到极致。以下从高校创新创业教育的内涵及要素特点入手，提出高校创新创业激励动力机制构建的三个基本原则：

第一，维护各方动力的动态平衡，这其中包含了两个层面：一是各方对于推动创新创业教育程度的相互适应；二是推动的方向要相互一致。原因在于，推动高校创新创业教育的动力相比较之下会有强弱，若要从高校创新创业的最优角度出发，并非越强越有效果。在宏观方面，如果政府社会对于创新创业教育的动力大于高校时，其社会经济发展的作用会被盲目夸大，而政府和社会对创新创业教育则会过分强调或高估，它们将会利用资源渠道与行政压力使高校迫不得已改变原有的教育规划，不利于自身的教育发展，同时也会影响其他教学课程进行；当政府对高校创新创业教育的动力远小于高校时，其经济作用将会被低估，政府和社会对于创新创业教育的关注度会递减，高校在资源备至方面也将面临困境。在微观方面，倘若高校师生的内外动力发展不匹配，则会造成动力失衡，对创新创业教育的运行实施造成障碍困扰。从第二层面研究而言，如果仅是各方动力强弱相适应但是发展方向不一致甚至是相反，那么将会阻碍创新创业教育的实施运行。

就宏观角度而言，若政府和社会机构过分强调实践性的创新创业教学，而高校更为注重理论性的教学，两者对于发展导向的不一致将会使得高校的实际资源无法得到合理配置，社会也无法获取高素质的人才。从微观角度考虑，若高校注重教学水平与质量的提升，而教师则注重理论教学科研水平的提高，高校会对教师匹配的资源提出考核标准，如果教师的理论规划与高校相违背，那么，创新创业教育水平的质量与理论研究水平都无法得到可靠的保障。若高校注重激发创新创业的理念认同，而学生注重自身综合素质的培养及创业能力的提升，高校提供的课程训练将不能满足学生需求，会导致教学资源的配合失衡，收效甚微。

总而言之，遵循高校创新创业教育的发展规律，走科学发展的道路是维持创新创业教育过程中各方动力动态平衡的重要保障。无论是宏观还是微观角度，师生、高校及政府间都应形成一种良性协调的关系，纵使各方主体的出发点、关注点有所不同，但是只要确保各方能够在推动创新创业教育的力量与方向上适度并保持一致，便可达到一种动态平衡的理想状态。

第二，协调各方动力间的培育转化。高校创新创业教育的运行离不开各方的共同努力，各方动力的重视发展离不开精心地培育与转化。就宏观角度而言，培养学生全面发展的路径有很多，但是若想使得以政府转型升级为导向的动力融入高校创新创业教育中，就必须对其进行政策引导与资源的合理配置。就微观角度而言，学生针对自身综合素质的提升和能力开发的方式有很多，若要使得高校推动创新创业教育的动力通过特定途径转化为学生自身的动力因素，则必须开发培育出合适的动力载体，这种动力载体既有显性也有隐性。

就高校创新创业教育而言，显性的动力载体有：政府的鼓励政策、高校的奖惩规定及政府与社会机构提供的经费物质支持等；隐性的动力载体包括大众对创新创业行为的认同与尊重以及鼓励学生参与创新创业的校内文化活动等。只要能够注重各方动力有层次地与各层面主体参与到创新创业教育工作中，对其动力进行合理地引导、强化与推进，便可使高校创新创业教育的运行实施达到最优的状态。

第三，防止各方动力的异化发展。高校创新创业教育的动力一旦调控不准确，或者力度与方向把控不稳定，极易产生异化现象，动力异化主要表现在教育的工具化与应试化方面。政府及社会机构在推动创新创业教育的过程中，将其看作是社会转型升级与创业机会的工具，过度强调短期成果忽略教育自身的价值规律，这便是工具化的体现。高校在这种错误化的引导下，会局限地关注学生的理论支持培养而忽略创新理念的迸发，同时也违背了全面自由的育人观念。而应试化则是高校通过考试的传统方式对学生参与创新创业活动情况进行局限地考核，无法从真正意义上体现学生的真实创业认知和综合素质，同时在一定程度上会打击学生的积极主动性。

因此，高校在坚定创新创业教育发展目标时，要始终牢记自由全面育人的教育理念，在此基础上形成特色的课程理论教学与科研方式培养，高校还可结合各方动力主体的建议策略，进行沟通交流，深刻总结认识创新创业教育的发展规律及本质特点。

（4）激励动力机制的完善策略。在高校创新创业教育协同机制的运行过程中，其决策主体方可以制定科学合理的管理规划、明确自身的工作任务，以此确保各参与主体方可以共同协作，拥有高度统一的思想意识与发展目标，从整体利益最大化的角度出发，发挥最大效能。同时，还应建立相应的行为规范与工作流程，要求各方严格按照规章准则进行工作任务的开展推行，在所制定的标准体系内高效率地完成工作，并且还应制定奖励机制，此机制应以协作参与、信息透明共享作为行动准则，以此更好地协调各方代表高效完成项目决策，增加之间的沟通、交流与了解，培养各方代表间的合作默契能力，确保运行过程的公平、公正与公开，通过奖励机制可以有效地提高促进各方的竞争协同意识，从而提高高校创新创业教育机制整体的协同工作效率。

提升高校创新创业教育协同作用的关键，在于完善利益分配制度，激励企业及行业单位参与高校创新创业合作教育，就应完善利益分配与实施机制。

首先，高校应当建立创新创业教育专项资金，用于支持校企协调培养机制，提高高校教学条件及设施建设；其次，高校还应对协同培养的企业及导师付出的指导工作进行激励补偿，以提高参与创新创业教育协同培养学生的兴趣与积极性；再次，高校要优化校企合作教育指导教师的考评标准，切实有效地对其教学质量与工作量进行评价，建立高效的晋升机制，以此激励指导教师重视学生能力的培养；最后，在分配利益时，要明确高校、企业等主体间的责任，建立健全责任追究机制，以此激励高校创新创业教育的协同发展。

高校创新创业教育激励动力机制的高效运行离不开政府、企业及高校等的共同努力。营造良好的创业环境，需要国家和政府在资金与政策方面给予全方位支持与扶持政策。

第一，政府在高校创新创业教育协同机制中发挥着主导作用，可以从以下几方面完善高校创新创业教育激励动力机制：

首先，从国家层面角度制定高校各项创新创业协同运行的新政策。政府主导着制定计划及政策资源，可以积极引导企业和高校参与到创新创业教育活动中。以政府为主导，制定多维协同的创新创业教育模式的激励制度，在多维协同创新创业教育的运行过程中，高校是实现创新路径的主体，而政府则是创新制度的主体，制度的创新可以推动路径的创新，政府作为资源的调配者，应制定有利于学生创新创业发展的激励政策，以此减少创业风险，提供一定的资金保障。例如，政府可以制定多维协同的育人制度，促进人才培养体系的开展建立，也可以设计规划创新创业课程，调动各方主体参与创新创业的积极性。同时，政府还应重视通过管理及资源配置等手段，积极协调处理好高校、企业和政府三方主体间的关系，促使创新创业教育合作的顺利进行。

其次，建立健全创新创业的法律法规及政策，鼓励高校毕业生自主创业。政府可以协助高校创办创业竞赛，为学生提供沟通交流的平台，为一些优秀的创业项目提供资金支持，以完善社会创业环境。政府可以设立创新创业项目资金。创新创业教育的运行过程离不开外部环境的支持，因此政府需要优化创业环境，设立创业基金，利用财力、技术等资源优势助力高校人才的创业培养，拓宽创业渠道，扶持高校毕业生创新创业企业的健康成长。从国家层面角度考虑，要重点对学生创业项目进行扶持，设立创新创业专项基金作为创业活动的启动资金，同时也可设置学生创业培训资金补贴。

最后，加大对创新创业知识产权的保护力度，保障创业学生群体的合法权益。在创新创业的实践活动中，由于缺乏对无形资产专业评估的中介机构，学生的创业成果往往被低估忽视，因此在发生产权纠纷时会损害创新创业学生的权利，使其处于弱势地位，所以政府对于高校创新创业法制环境的优化迫在眉睫。

第二，对于企业而言，可以让企业导师进入高校为创新创业的学生提供指导性意见，将产业部门的人才需求反馈到教学科研的规划中，有针对性地对高校创新创业人才进行培养。高校应当与企业积极合作，完善校企协同人才培养的模式。在前期产学研结合的基础上，推进全面协同育人工作，将服务于经济社会发展作为培养的目标方向，同时，校企联合培养的创新创业人才可以充分利用高校与企业的教学资源与环境，发挥各方优势，加强高校与社会政府间的沟通联系，激发产学研合作教育的主体动力机制。

企业与高校合作的最直接外部动力，便是市场需求及通过产学研产生的合作收益。由于创新创业与产学研合作会给企业带来相应收益，从而刺激了企业对其合作的意愿，进而增加了合作经费、人资及物力成本的投入。通过产学研合作教育可以培养具有实践能力的高素质型创业人才；科学有效的教学课程规划也促使了高质量师资队伍的产生；在产学研的合作教育下，师生们都得到了宝贵的实践机会与经验；强化高校学科与产业发展协同机制。高校的学科建设与产业的协同发展不仅是单一学科和企业的对接，更是跨区域学科集合的对接联动，这种合作形式在一定程度上可以促进产业的转型升级，有利于提高高校集群服务的能力水平。发展实体型的产学研教育合作创新模式。产学研结合是企业与高校共同构建的联合创新实体，它是一种由松散到紧密发展的创新模式。

高校通过此创新模式的合作途径，不仅可以充分利用智力资源，而且可以提高解决问题的能力，为科研创新开发团队提高强有力的载体。企业在高校创新创业教育协同机制中也发挥着支撑作用。企业是技术的应用者、追求利益的最大化者及创新成果转化的推动者。企业可以通过发挥创新创业教育的作用，达到获取人才、财力及技术的目的，从而降低了成本，增加了企业的收益成效。企业可以配合高校开展参与创新创业项目，形成主次分明的特点。同时，企业也可通过高校资助人才培养体系计划，以高收益回报的形式反馈参与信息。企业责任具体表现为市场技术的拓展、科研成果的转化及技术供给的需要等。

第三，对于高校而言，可以从以下几方面完善高校创新创业教育激励动力机制：

首先，健全创新创业教育课程体系，使课程更加体系化与系统化。高校学生的创业素质与意识的培养离不开创新创业课程的指导，因此高校应当健全创新创业教育课程体系，使课程更加体系化与系统化。通过对教学环节及方式的提升，有助于学生创新意识和创业技能的培养。为了解决创新创业教育超越专业教育界限的这一问题，高校要对教学理念进行调整改革，注重基础性的教育培养，将创新创业教育的基础性教育与学科专业教育紧密联系起来。高校要积极开展教学科研实践研究活动，设定教学进度与步骤，通过创业导师的经验传授，让创新创业的学生能够增强自身创业的决心与信念。同时，可以为学生创造良好的创新创业环境，激发学生的创业潜能，产生一定的创业动机，并投入到创新创业的实践活动中。

其次，按照国际规范，将创新创业教育纳入人才培养计划中。创新创业的人才培养是一项系统复杂的工作，其构建需要政府、企业及中介机构多方协同配合，其合理高效的运行不仅有利于大学生创业知识及技能的提高，而且有助于创新创业教育的深化发展,更有利于提升大学生创业的核心竞争力,对于创新型人才的培养也起到一定的促进作用,为国家的发展战略提供了人力与智力资源支持,有助于推进社会主义和谐社会的发展进程。

再次,构建科学合理的组织机构。校级应当设立高校创新创业调控中心,统筹创新创业教育的指挥工作,同时负责全校创新创业师资力量的培训、分配与调度,实现各方主体间的合理有效沟通;在二级学院设立创新创业办公室,作为师生与高校间的联络中转站,在其下属机构设立创新创业发展中心及实践部,强化创业实践能力,加强专业实验室与训练中心的设施建设,通过多形式的教学活动激发学生的创业激情,提升自我的认识水平。

最后,培养高质量的创新创业师资队伍。创新创业教育的推广与过硬的师资队伍建设密不可分,创新创业课程应当作为一种指导服务,为行动提供导向。高质量的师资队伍建设需要引进创新创业教育方面的人才,加强师资队伍的创新能力培训,在条件成熟的情况下聘请校外创新创业教育专家开设教学课程,构建一支专职与兼职相结合的高质量创新创业师资队伍。对于创新创业的学生而言,应当转变就业观念,为创业做好充分准备。创业是一种自我价值的体现,是一种高质量的就业形势。同时,创业的过程充满未知与艰辛,创业学生应当具备较高的管理决策与人际交往能力,对自身拥有充分认识和科学评价,从而激发潜在的创业能力。

3. 调控机制

由于高校创新创业教育在运行的过程中有多个行为主体的参与,各行为主体会因自身利益、情感及认知的不同导致运行过程中的行为冲突,这便会阻碍高校创新创业教育的发展进程,产生难以解决的问题与矛盾,若要保证其正常的运行实施就必须进行合理调控。高校创新创业教育调控机制可以理解为其内外各要素通过制定目标、合理定位及发挥作用等调节化解运行过程中出现的矛盾问题的机理。运行情况的调查与目标调整是高校创新创业教育调控机制的核心任务,对于运行状态进行合理地评估可以确保及时发现运行中存在的矛盾问题,保证问题可以在第一时间内得到快速解决。

以下将针对高校创新创业教育调控机制的运行进行科学研究,以此重点分析高校创新创业教育调控机制的调查评估及目标规划调整环节。

（1）调控机制的调查评估环节。对于高校创新创业教育运行情况进行科学调研及矛盾问题的准确判断，都是创新创业教育运行工作调控的重要组成部分，而建立调控机制的重要前提便是制定科学合理的运行情况调查环节。对于构建调查评估环节而言，重点在明确"调查评估环节的主体""调查评估环节的对象及内容"以及"调查评估环节的途径及方式"这三大问题。

第一，调查评估环节的主体。在建立运行情况调查的环节时，涉及的学校部门以及实践教学活动繁多，因此必须明确调查评估的主体，明晰其责任，从本质上对高校领导机构的决策进行干预、指导和管理，这都是为资源合理配置打下良好的基础，以促进创新创业教育水平的高效发展。为了提高化解矛盾问题的效率，在工作领导机构和专家委员会的两个决策主体内部应分别设立运行调查评估的部门，这样不仅可以提高反馈效率而且能够保证评估机构的威严性，有利于两个决策主体间的思想价值和理念导向贯彻到工作中去。同时，为了保证评估反馈信息的客观性，还可以引入校外的第三方调查评估机构，这是对评估工作的一大补充。三方的工作性质在一定程度上较为相似，但是侧重点却各不相同：领导机构负责的调查部门主要是从创新创业教育的宏观层面着手，负责整体投资与资源调配；专家委员会负责的评估部门则更侧重于微观角度，例如师生的建议策略及教学科研的设计运行；校外第三方专业评估机构则侧重于创新创业教育的整体运行情况，使其达到高效理想的目标。

第二，调查评估环节的对象及内容。评估环节，同时也可对学生的创业项目进行全面综合划分，应从长远发展来看待创业选择的方向，对近些年创新创业领域的发展状况及存在数量进行细致盘点，倘若发现市场中的领域已经出现饱和状态，那么就要用建设性的眼光对项目未来的发展趋势进行估测研究，从而评价出其发展潜力，这些举措都可为创业学生提供有利的参考性建议，以确保其创新创业项目不会随波逐流，失去独创价值。

完善的评价环节需要对主体进行定期的综合评价，既包括了政府是否能够充分利用自身职能协调各方利益，推行政策的实施，也包含了企业是否可以为创新创业的学生提供成熟的实践基地，以及中介机构是否为学生建立了完善的创业服务体系，这些都是评价环节的内容。只有对各主体进行定期核查，才能端正检验其工作态度，对各参与主体方起到监督促进的作用。

第三，调查评估环节的途径及方式。创新创业协同评价机制，是调控机制中的一个方面，它有助于提高创新创业教育机制运行效率。首先，高校在实践教学科研效果评价的机制下建立创新创业教学效果评价机制可以有效地评价校内师生，务实教学科研成效，并逐步完善专业实践教学的质量。其次，企业与高校可以协同推进创新创业教学评价，将教学质量与教学报酬、评优及职务晋升联系起来，以此激励企业单位重视创新创业教育的推行。

创新创业教育质量考核评估机制，是调控机制的另一方面，它可以通过对创新创业教育的实施水平与效果进行及时反馈，对教育活动作出价值评估，提高学生的创业技能与素质，对于优化创新创业教育以达到价值增值的目标具有推动作用。有助于约束和规范各方主体的协同关系，是促进协同关系的制度保证。构建新型的考评机制有利于激发企业参与高校创新创业教育的积极性：一是外部考评，上级政府部门将创新创业教育的质量作为教育水平质量的重要指标，同时要求第三方机构对其进行绩效评估，接收舆论的监督；二是内部考评，协同双方应立足资源调配和项目执行等方面进行绩效评估，明确各方的权力职责，逐渐健全跨界协同关系下创新创业教育体系的管理制度。科学有效的评价体系对于协同育人的运行过程及环境具有重要意义。

创新创业教育协同育人环境的考核评价内容，包括高校毕业生创新创业法律法规、创业扶持制度政策及创业咨询机构的数量；是否设置创业教育基金或是进行风险投资，这将为创新创业教育提供资金的支持；协同育人的教学水平评估包含课堂与实践的教学评估。课堂教学评估可以从核心课程规划设计及多元教学方法展开，而实践教学包括校内和校外实践，可以表现在创新创业竞赛、实践活动及论坛的举办成效。评价考核的内容要全面有效，不仅应对创新创业教育活动的结果进行评估，也要对活动的过程进行细致监测；定性与定量研究相结合的方法可以作为评价的一项绩效指标。

在高校创新创业教育体系中，可以分为参与主体、育人载体、投入状况以及整体效果四个层面。当然，对于研究调查教育的运行情况也可从这四个层面进行细致分析与总结。通过访谈交流的形式了解师生对于创新创业教育情况的个人态度；而对于教学课程的形式和内容进行不定期的监测，从而发现育人载体中所存在的不足之处；对于人力、物力以及财力资源的调配情况，要进行深刻地投入情况分析；了解参与创新创业培训的学生在综合素质与创业意愿上的能力提升是了解整体效果必不可少的因素，同时师资力量的增强也是工作成效的一大体现。总而言之，这四个层面对于建立高校创新创业调控机制具有举足轻重的作用，建立四位一体的多元评估体系对于调查评估环节也尤为重要，这不仅可以及时获取评估运行的具体信息，而且可以为决策系统提供高效的反馈信息。

在调查评估的环节中，若要了解参与主体的主观感受则必须制定合理的访谈纲要，可以通过合理性的访谈形式了解参与主体的意愿感受，对访谈信息进行整理总结。而在育人载体和资源投入层面，由于这些评估对象都是客观存在的，所以其结果具有客观存在性，在此调查环节应当明确调查的标准，具体的课程覆盖范围以及经费投入情况应当纳入评估体系中，从而建立规范的创新创业教育评估体系。在整体成效的评估环节，可以针对不同的教学阶段对参与主体进行认知测量，从而获取所需的信息数据，在微观角度侧重于对个体现状的调查，而在宏观角度侧重于创新创业教育整体成效的研究。

在高校创新创业教育中，教育与创业主体的分离是导致创新创业教育问题不断发生的重要影响因素。若想化解这种矛盾问题，就必须从学生的立场角度来推进创新创业教育的改革进程，将师生间的单向传输转变为两者的双向互动，将二元分离的教学创业主体转变为多元主体的协同发展。应努力分析各方利益诉求和特点，从创新创业教育属性的角度出发，打造利益发展共同体，尤其是以师生、高校与政府构成的创新创业教育发展共同体，最终实现多元主体的协同发展。

在高校创新创业教育的运行过程中，政府应当为创新创业教育提供政策制度保障，负责政策的供给落实；而高校则应不断推进人才培养模式的升级，力求在课程教学体系与方式方面满足学生的个性需求，为创新创业教育提供动力支持和机制保障。教师应当在创新创业教学领域中，充分发挥学生的主观能动性，实现师生的共同发展与进步，同时，学生应当树立正确的创新创业价值观，积极参与创新创业竞赛，在比赛中获取经验，提高自身的创业综合素质。企业则应当构建合作贡献的利益机制，参与创新创业活动，充分发挥创业教育共同体的职能，消除化解各方参与度与积极性低下的矛盾问题。

（2）调控机制的协调完善环节。对于高校创新创业教育调查评估主体所得到的反馈信息，调控机制可以利用这些信息，协调各方主体对工作规划进行完善，这有利于创新创业教育运行的优化升级。由于调控机构的调查评估环节所涉及的部门众多，在此过程中会涉及跨部门合作的理念，因此可以从组织和制度这两个层面对高校创新创业教育进行推进。

第一，高校创新创业教育组织层面的推进。跨部门协作的首要问题便是各方利益的不平衡以及目标不一致，一旦两个部门间缺乏协作和沟通，将会影响整个创新创业教育的成效。因此，结合我国高校的实际情况，需要成立一个富有权威性的管理组织来对跨部门协作过程进行完善管理，其职能便是打破部门合作壁垒，加强部门间的交流沟通，最终实现行动的统一性。同时，高校领导及相关职能部门的加入，不但可以提高协同合作管理机构的权威性，而且有利于对教育资源的争取以及部门间的沟通交流，更能使得领导机构与各部门院系间达成共识，促使工作的贯彻落实。

多部门间的工作交叉将导致跨部门协作的效率低下且极易产生矛盾问题。为了消除这种模糊工作职责带来的合作障碍：① 明确各部门在协作过程中的职责权限，可以利用协商性的工作文件与会议将分工制度化；② 可以明确职责主体的工作，加强职责权限难以划分的部门间信息交流的联系及拓宽信息反馈渠道，以此减少和化解工作矛盾。

第二，高校创新创业教育制度层面的推进。科学合理的组织框架，对于高校创新创业教育调控机制的协调完善有着推动作用。同时，在制度方面，还可将工作更加稳固化。高校创新创业教育的跨部门协作若想达到可持续、规范化，既要有规章制度的刚性需求，也要有文化交流的柔性保障。

首先，从跨部门的刚性保障角度考虑，如果仅仅依靠部门间的口头协议和人际主观因素来协调完善部门间的关系，这样的方法是难以持久下去的，它无法保证高校创新创业教育运行的稳定发展，只有构建出协作部门认同的规章制度，加以强有力的手段进行规范，那么再遇到矛盾问题时，便能确保协作的可靠与持续性。高校创新创业教育跨部门的正式制度需要强制力加以保障：① 明确制定机构，高校创新创业教育工作领导机构与专家委员会作为两大决策主体，可以根据相应的决策范围和侧重领域对合作制度进行制定划分；② 形成相一致的制度体系，由于决策主体的不唯一性，在制度标准方面或许会产生矛盾与冲突，因此就必须在制定协作制度方案时充分了解双方意愿，加强沟通交流，形成一致的制度目标体系；③ 在充分了解和调研各职能部门及科研教学机构的基础上，建立制度执行的监督机制，通过预警等强有力的手段将协作制度落实到位。

其次，从跨部门的柔性保障角度考虑，文化交流的构建应当以共同的价值取向和理论信念作为基础，不同部门间建立的理念共识应以相同的价值取向为联系，从整体利益最大化的角度出发，制定设计自身的行为目标。另外，可以构建更多的良性沟通平台和协作机制，拓宽交流沟通渠道，制造更多的常态化对话机会，做到资源共享，信息互助，营造一种良性和谐的文化合作氛围，以此培养部门间的默契。在此过程中，也可加强各部门合作意识，建立长期有效的互动信任感，这有助于构建协作文化生态，满足共同的价值理念与目标追求，通过部门协作的交流互助，可以提高其向心力与凝聚力，对于高校创新创业教育的未来发展具有重要意义。

第二节　创客文化与大学生创新创业创造教育

"创客文化的形成和发展，有力推动了高校创新创业教育的更新升级，为国家培养创新型人才提供了有效驱动，值得探索与持续发展"[1]。要在总结创新创业教育经验、剖析存在的问题的基础上，探索深化创新创业教育内涵建设的路径。

第一，通过技术化手段，把握学生创新创业需求，促进教育理念落地生根。信息技术快速发展，使利用大数据把握学生多元需求成为可能。在创客文化的影响下，高校管理部门、创新创业教育导师、辅导员等核心工作队伍先要转变自身教育理念，创客文化所推动的创新创业教育是以激发学生兴趣和自我创新为动力，而不是以功利为目标设定：① 就整体需求侧而言，要建

---

[1] 王鑫. 创客文化视域下高校创新创业教育的影响因素与内涵优化 [J]. 思想理论教育，2021（2）：110.

立学生导向的、动态调整的创新创业需求体系；② 有效甄别大众性和特殊性需求，尤其是要关注学生在不同阶段产生的新需求；③ 加强师生互动平台的建设，构建创新创业互动平台，通过问卷调查、学生留言反馈等形式，跟踪监测高校创新创业教育的效果，了解学生的学习状态、关注热点、评估反馈等各方面数据，根据学生的合理需求，及时调整修正教育方案，保证创新创业教育理念落地生根。

第二，完善高校创新创业教育机制，优化教育资源供给，提升教育载体、教育评价功能。以完善高校创新创业教育机制为支撑点，加强顶层设计，推动教育供给侧结构性改革，不断丰富教育载体、完善多元评价机制：① 将创新创业教育纳入学校顶层设计，整合资源供给主体。② 完善创新创业师资供给机制。选拔具有完善知识结构、丰富实践经历、有创客或创业经验的专业教师和企业人员担任导师，丰富创新创业教育导师库；提供师资背景信息，并通过互动平台向学生公布名单，方便学生了解导师，有针对性地选修课程、寻求项目指导。③ 构建系统性的课程供给体系。针对目前创新创业教育课程零散化、碎片化的状态，遵从层次性、整合性和开放性原则，科学安排现有课程、拓展新课程资源，学生在完成基础课程后，根据学生专业方向和兴趣爱好开展项目式学习、成品类课程学习；注重课程的开放共享性，利用网络平台共享视频资料等资源，鼓励学生分享实践过程中生成的优秀个案资源。④ 完善众创空间的管理和使用制度，提高资源供给效率。众创空间是共享的、开放的，应从物理环境、支持环境和虚拟环境三个维度进行立体化建设。

第三，搭建"四维协同"搭建研—赛—产—商协同育人平台，解决学校人才培养与企业需求脱节的问题，以行炼能有效提高学生解决复杂问题的综合能力和实践动手能力。

1）构建立体化的实践体系，合力培养学生实践能力。

实行"本科导师制"、教师"学术进课堂"等，学生大一就跟着导师的科研项目，推进研学协同融合育人；依托学科竞赛，学赛协同融合，以赛促学；成立校企联盟，设立"企业大讲堂"，联合中船、港务等名企制定培养方案、开发课程等，实现产校协同融合；开展创客教育、设立创客空间，搭建商科实践平台，推进商学协同融合。

将分散的实践环节通过研—赛—产—商纵横连接，形成基础训练层、专业基础层、专业层、综合设计层逐次递进的实践体系，实现一二课堂、课内课外、学校企业、专业教育与家国情怀思政教育融合。

2）实施项目驱动的教学方法，引入前沿技术、企业关键技术，订单式培养适合北部湾沿海本科创新人才。四维协同育人，提升了师生、生生、校企、学商互动层次，有效提高学生解决复杂问题的综合能力，解决学校人才培养与企业需求脱节的问题。

第四，结合专业开展"技术创新者"的创客教育，"一托二助四结合"提升学生创新思维和创新实践能力。

1）依托学校创新创业学院的众创空间，搭建"技术创新者"创客教育平台。建立学生社团 8 个，培育创新团队，支持学生科技小发明小制作，孵化创业项目。

2）推行第二课堂成绩单和创新学分转换制度，助力学生创新创业。① 第二课堂成绩单，人培方案规定创新实践学分，量化记录学生创新实践活动，毕业要求至少 10 学分；② 创新学分转换，学生创新作品可转换学分，若毕业绩点达不到学位授予要求，创新学分可以折算转换。

3）四结合，实现技术创新人才的全链条培养过程。① 结合兴趣出创意。开设科技创新课程，举办科技创新作品竞赛活动，激发学生兴趣，引导学生出创意；② 结合制作出创新。每年根据教师科研项目、企业关键技术以项目制组建学生科技创新团队，500 多个，2 000 多名学生受益；③ 结合产品出创造。鼓励学生根据创新项目作品撰写发明专利，与市场结合，促进成果转化；扶持了 10 多个大创项目市场化，获得企业投资 10 万元；④ 结合创客出人才。将创客教育按 OBE 理念融入培养方案，课程、教材、实验等过程，培养一批创新创业人才。

第五，强化中间组织"嵌入性结构"，营造创新创业氛围，丰富教育过程跨界融合。中间组织的悬浮化制约了高校创新创业教育的深度发展，在资源网络建构时，不仅要把高校、学生、市场以及社会等多元主体纳入资源网络中，更要注重主体之间的相互连接，强化中间组织的"嵌入性结构"，打破专业封闭现状、促进跨界融合、推动产学研转化，不断丰富教育过程。中间组织在资源网络的纵向结构中，通过上传下达、考核等方式驱动资源链接，在横向结构中，也应发挥价值引领、平台建设、资源整合的功能，驱动跨领域的资源链接。① 强化学生组织的自我管理、自我发展、自我服务功能，以学生需求为导向组织创新创业活动，促进学生跨专业、跨领域的社会交往和学术交流，并利用学生关注的微信、短视频网站、公众号等平台推动创新创业政策和措施、优秀创新创业案例的宣传和报道，引领创新创业的价值导向。② 设立创客、创新、创业类社团，以社团形式开展创客文化推广、创客技能培训、成果展示、创业经验分享等活动，吸引感兴趣的学生共同参与，使其有更广泛的群众性，在学生中扎根，营造创新创业在身边的文化氛围。

第三节　大学生创客教育构建创新创业创造新生态

　　"在'互联网+'时代，很多学生对于创业项目越来越关注，并积极投身于各类创业实践活动和创新竞赛中。高校重视和加强创新创业教育也取得了进展，对提高学生综合素质、促进创新就业、服务产业和经济发展发挥了一定作用"①。大学生创客教育构建创新创业创造新生态，需要注意以下几个方面：

　　第一，构建开放共享的创客环境。在创新 2.0 时代，"众创空间"顺应了信息化网络技术发展，使资源高度聚集，具有较强的空间承载力，能提供专业化、开放式服务的创新创业服务平台。创客空间对于文化与理念的集聚、传播至关重要，是推动创新创业的重要载体。良好的创客环境是培植众创文化的土壤、众创运动的助推器，也是有效开展创客教育的基础，它包括线下实施创客项目所需的实践平台、聚会场所，以及电子元件、车床铣床等工具材料和设备，也包括创客面对面交流、互动的场所。此外，还有线上的创客社区提供创客作品展示、项目资源共享、主题探讨与经验交流平台、社会化的创客空间。

　　第二，重构学科融合的课程体系。目前高校大多以学科细分来规划课程体系。但是，创客活动中的项目往往涉及电子、机械、物理、数学等多学科

---

① 郭联金，王国胜，万松峰. 以创客教育构建创新创业新生态 [J]. 实验技术与管理，2016，33（5）：171.

知识，仅仅依靠各门课程的知识碎片，学生难以完成一个完整的作品。因此，创客课程体系的构建要遵循创客融合创新的理念，改革现存的课程体系，整合多学科知识，以创客课题或项目的形式来组织课程内容，使创客项目的设计强调实践性，贴近生产和生活，体现趣味性和技术的先进性。入门级课程以电子、传感器、机械、计算机等基础知识和技能训练为主，旨在普及通用性的科学技术，培养学生的思维能力、动手能力和科学素养。中级课程可引入 3D 技术、机械制造、计算机编程、自动控制等具有一定专业基础的项目，教学目标是在入门级的基础上进一步提升学生的知识水平和工程实践能力。高级课程可设置综合性、创新性强、解决实际生产生活技术难题的项目，以提升学生创新创业的能力，为产业服务。与此同时，还需加快优质课程的信息化建设，建设在线开放、资源共享的慕课、微课，根据专业需求和地方产业特点，与社会优秀创客合作编写创客式校本教材。

第三，创新知行合一的教学模式。传统的课堂学习过于强调以信息的传递来完成知识的传授，忽视了个体感悟、体验等心理过程，容易产生学用分离的情况。建构主义学习理论认为学习是学习者在原有经验的基础上，通过与外界相互作用，主动建构内在心理表征的过程，强调实践的重要性，并提出要发挥学习者的主观能动性。回归自然的学习是在真实的社会活动中通过实践来学习，应该是"做中学"和"学中做"。创客式教育让学生按"创客"方式自主学习、积极思考，综合运用学科知识，不断设计、实验、改进和创造，它很好地秉承了"项目驱动""工作过程导向""情境学习"等现代教育理念，将体验教育、项目学习、创新教育融合在一起，高度契合了学生的好奇心、想象力和创造力，使学生通过真实的创客课题进行探索问题、主动学习、动手制作和协作交流。在发现、分析和解决问题的过程中，有思考、有行动，在项目实施的过程中达到对知识和技能的体验、感悟和内化，最终使创新思维和创造能力得到提升，为创新创业奠定基础。

第四，培养本领过硬的创客教师。培养能够创新创业的学生创客，亟待既能够设计创客项目、又能指导学生进行创客活动，技术能力、创新能力、教学能力和综合素质强的创客型教师。然而，目前能担此大任的教师还很缺乏。因此，学校应对在岗教师进行创客教育理念、创客课程开发、创客教学设计、创客相关技术等方面的培训，使教师逐步适应创客教育模式，成为名副其实的创客。创客教师在以下方面应具有核心能力：① 熟练掌握信息技术，能运用开源软硬件；② 电子、机械、计算机、编程等学科知识扎实，并能融会贯通、综合运用；③ 有较强的工程实践能力，熟悉材料、元器件的选用，会使用、操作配置的工具和设备，能设计、组装、调试装置；④ 创新思维强，在不同领域具有开拓创新意识。

创客型教师还应是一名优秀的教练，具有较好的教学设计、组织、管理和调控能力，善于启发、引导学生，激发学生的创作灵感，设计学生感兴趣的项目，对学生的学习过程进行适度的调控，运用支架教学帮助学生构建知识和技能。

第五章

大学生创客教育与创新型
卓越人才培养

第一节　大学生创新思维培养与新产品的开发

一、大学生创新思维培养

思维是指在表象、概念的基础上进行分析、综合、判断、推理等认识活动的过程，或者说是指向理性的各种认识活动。创新思维"是一种有创见的思维，即人脑对客观事物未知成分进行探索的活动，是人脑发现和提出新问题，设计新方法，开创新途径，解决新问题的活动"[①]。

（一）创新思维的形式

1. 逆向思维

逆向思维也称反向思维或求异思维，它是对似乎已成定论的事物或观点从对立面思考的一种思维方式。让思维向反方向发展，从问题的相反面深入地进行探索，树立新思想，创立新形象。逆向性思维具有普遍性、批判性、新颖性的特点。哲学研究表明，任何事物都包含着既对立、又统一的两个方面，相互依存。人们在日常生活中往往养成一种习惯性思维方式，因此，在认识事物的过程中只看到其中的一方面，而忽视另一方面。如果逆转一下正常的思路，从反面想问题，便能得出一些创新性的设想。

2. 横向思维

横向思维是指打破固有的解决问题的思维定式，从其他的事物、事实中

---

① 王凯，赵荣，李峰. 大学生创新创业理论与实务 [M]. 上海：上海交通大学出版社，2018：22.

得到启示而产生新设想的思维方式。横向思维是一种多方位、多角度、多方向的思维过程，具有更大的广阔性。在实际生活中，横向思维有助于人们突破常规，朝着新的不同的方向推想，从而获得对事物的崭新认识和独特体验。横向思维的主要特点有：多维性、动态性、立体性和同时性。

3. 发散思维

发散思维又称辐射思维、放射思维、扩散思维或求异思维，是指大脑在思维时呈现的一种扩散状态的思维模式，它表现为思维视野广阔，思维呈现出多维发散状，就是四通八达的道路一样，例如，生活中的"一题多解""一事多写""一物多用"等现象。发散思维的模式是给出一个问题，在一定时间内，以该问题为中心，向四面八方做辐射状的积极思考，无任何限制地探寻各种各样的答案。

（二）创新思维的培养

第一，破除创新思维枷锁。破除创新思维枷锁主要包括：① 破除从众型思维枷锁，即消除徘徊在别人后面的消极思维；② 破除权威型思维枷锁。权威枷锁是指思维中的权威定势。思维是教育的产物，来自教育的权威定势使人们逐渐习惯以权威的是非为是非，对权威的言论不加思考地盲信盲从，唯独缺少"自我思索、冲破权威、勇于创新"的意识。一味盲从权威，大学生的思维就失去了积极主动性。③ 破除经验型思维枷锁。经验是相对稳定性的东西，然而正因为这些经验的稳定性又可能导致人们对经验的过分依赖乃至崇拜，从而形成固定的思维模式，结果就会削弱头脑的想象力，造成创新思维能力的下降。从思维的角度而言，经验具有很大的狭隘性，它束缚了人的思维广度。而创新思维要求大学生必须拓展思路，海阔天空，束缚越少越好。

第二，充分激发创新思维潜能。充分激发创新思维潜能主要包括：① 精通所学，兴趣广泛。大学生应精通所学课程，并培养广泛的阅读兴趣。② 处处留心皆学问。学习不仅限于课堂和读书，事实上，学习无处不在，与他人交流是学习，上网是学习，看电视也是学习，其关键在于我们是不是用心。③ 理论与实践相结合。唯有理论与实践相结合，理论才有意义。大学生应该活读书、读活书，只有精通理论，才可能去改进实践；只有拥有丰富的实践经验，才可能产生新的理论。④ 投身社会实践。现代高校应针对大学生创新思维的培养，多组织开展行之有效的社会实践活动，让广大同学在课堂学习之余，充分走向社会，融入实践劳动，进行创新思维锻炼。只有在实践中才能找出想与做的差距，只有在实践中创新理念才能变为现实，也只有在实践中才能让大学生的创新意识、创新能力得到真正的发展。

二、新产品的开发

新产品开发是指从研究选择适应市场需要的产品开始到产品设计、工艺制造设计，直到投入正常生产的一系列决策过程。一般而言，新产品开发既包括新产品的研制，也包括原有的老产品改进与换代。新产品开发是企业研究与开发的重点内容，也是企业生存和发展的战略核心之一。企业新产品开发的实质是推出不同内涵与外延的新产品。对大多数企业而言，是改进现有产品而非创造全新产品。

（一）新产品开发的方式

第一，独创方式。从长远考虑，企业开发新产品最根本的途径是自行设计、自行研制，即所谓独创方式。采用这种方式开发新产品，有利于产品更新换代及形成企业的技术优势，也有利于产品竞争。自行研制、开发产品需要企业建立一支实力雄厚的研发队伍、一个深厚的技术平台和一个科学、高效率的产品开发流程。

第二，引进方式。技术引进是开发新产品的一种常用方式。企业采用这种方式可以很快地掌握新产品制造技术，减少研制经费和投入的力量，从而赢得时间，缩短与其他企业的差距。但引进技术不利于形成企业的技术优势和企业产品的更新换代。

第三，改进方式。这种方式是以企业的现有产品为基础，根据用户的需要，采取改变性能、变换形式或扩大用途等措施来开发新产品。采用这种方式可以依靠企业现有设备和技术力量，开发费用低，成功把握大。但是，长期采用改进方式开发新产品，会影响企业的发展速度。

第四，结合方式。结合方式是上述独创、引进、改进三种方式中两者或三者的结合。

（二）新产品开发的阶段

1. 调查研究阶段

发展新产品的目的，是满足社会和用户需要。用户的要求是新产品开发选择决策的主要依据。为此必须认真做好调查计划工作，这个阶段主要是提出新产品构思以及新产品的原理、结构、功能、材料和工艺方面的开发设想和总体方案。

2. 新产品的构思创意阶段

新产品开发是一种创新活动，产品创意是开发新产品的关键。在这一阶段，要根据社会调查掌握的市场需求情况以及企业本身条件，充分考虑用户的使用要求和竞争对手的动向，有针对性地提出开发新产品的设想和构思。产品创意对新产品能否开发成功有至关重要的意义和作用。

新产品创意的过程包括产品构思、构思筛选和产品概念的形成三个方面的内容。

（1）产品构思。产品构思是在市场调查和技术分析的基础上，提出新产品的构想或有关产品改良的建议。企业新产品开发创意构思主要来自三个方面：① 用户。企业着手开发新产品，先要通过各种渠道掌握用户的需求，了解用户在使用老产品过程中有哪些改进意见和新的需求，并在此基础上形成新产品开发创意。② 员工。特别是销售人员和技术服务人员，经常接触用户，用户对老产品的改进意见与需求变化他们都比较清楚。③ 专业科研人员。高校和研究院所的科研人员具有比较丰富的专业理论和技术知识，要发扬他们这方面的专长，为企业提供新产品开发的创意。此外，企业还可以通过情报部门、工商管理部门、外贸等渠道，以及通过面向社会开展产品创意大赛等活动，征集新产品开发创意。

（2）构思筛选。并非所有的产品构思都能发展成为新产品。有的产品构思可能很好，但与企业的发展目标不符合，也缺乏相应的资源条件；有的产品构思可能本身就不切实际，缺乏开发的可能性。因此，必须对产品构思进行筛选。

（3）产品概念的形成。经过筛选后的构思仅仅是设计人员或管理者头脑中的概念，与产品还有一定距离，还需要形成能够为消费者接受的、具体的产品概念。产品概念的形成过程实际上就是构思创意与消费者需求相结合的过程。

3. 新产品的设计阶段

产品设计是指从确定产品设计任务书到确定产品结构的一系列技术工作的准备和管理，是产品开发的重要环节，是产品生产过程的开始，必须严格遵循"三段设计"程序。

（1）初步设计阶段。初步设计阶段一般是为下一步技术设计做准备。这一阶段的主要工作就是编制设计任务书，让上级对设计任务书提出体现产品合理设计方案的改进性和推荐性意见，经上级批准后，作为新产品技术设计的依据，它的主要任务在于正确地确定产品最佳总体设计方案、设计依据、产品用途及使用范围、基本参数及主要技术性能指标、产品工作原理及系统标准化综合要求、关键技术解决办法及关键元器件，特殊材料资源分析等。对新产品设计方案要进行分析比较，运用价值工程，研究确定产品的合理性能（包括消除剩余功能）及通过不同结构原理和系统的比较分析，从中筛选出最佳方案等。

（2）技术设计阶段。技术设计阶段是新产品的定型阶段，它是在初步设计的基础上完成设计过程中必需的实验研究（新原理结构、材料元件工艺的功能或模具试验），写出实验研究大纲和研究报告，做出产品设计计算书，画出产品总体尺寸图、产品主要零部件图，并校准；运用价值工程，对产品中造价高的、结构复杂的、体积笨重的、数量多的主要零部件的结构、材质精度等选择方案进行成本与功能关系的分析，并编制技术经济分析报告；绘出各种系统原理图；提出特殊元件、外购件、材料清单；对技术任务书的某些内容进行审查和修正；对产品进行可靠性、可维修性分析。

（3）工作图设计阶段。工作图设计的目的，是在技术设计的基础上完成供试制（生产）及随机出厂用的全部工作图样和设计文件。设计者必须严格遵守有关标准规程和指导性文件的规定，设计绘制各项产品工作图。

4. 新产品的试制与评价鉴定阶段

新产品试制阶段又分为样品试制和小批试制阶段。

（1）样品试制阶段。样品试制阶段的目的是考核产品设计质量，考验产品结构、性能及主要工艺，验证和修正设计图纸，使产品设计基本定型，同时也要验证产品结构工艺性，审查主要工艺上存在的问题。

（2）小批试制阶段。小批试制阶段的工作重点在于工艺准备，主要目的是考验产品的工艺，验证它在正常生产条件下（即在生产车间条件下）能否保证所规定的技术条件、质量和良好的经济效果。

需要注意的是，试制后，必须进行鉴定，对新产品从技术上、经济上做出全面评价，然后才能得出全面定型结论，投入正式生产。

5. 正式生产与销售阶段

在正式生产与销售阶段，不仅需要做好生产计划、劳动组织、物资供应、设备管理等一系列工作，还要考虑如何把新产品引入市场，例如，研究产品的促销宣传方式、价格策略、销售渠道和提供服务等方面的问题。新产品的市场开发既是新产品开发过程的终点，又是下一代新产品再开发的起点。通过市场开发，可确切地了解开发的产品是否适应需要以及适应的程度。分析与产品开发有关的市场情报，可为开发产品决策、为改进下一批（代）产品、为提高开发研制水平提供依据，同时还可取得有关潜在市场大小的数据资料。

第二节　创客教育视域下创新创业人才核心能力识别

"高质量创新创业人才培养是响应国家创新驱动发展的必然要求，是为促进国民经济产业转型升级提供人才支持的必要保证。高校在创新创业人才培养的过程中抓住关键、把握重点，依托创客教育高质量、高效率地培养创新创业人才。"[①]创客教育视域下的创新创业人才核心能力培养需要注意以下方面：

一、坚持开展多学科、多形式创客教育

第一，开展多学科创客教育，提高学生知识获取深度与广度。高校应借助创客教育大力开展跨学科教育，通过跨学科、交叉学科课程选修等形式拓

---

① 曹金华，周小勇. 创客教育视域下创新创业人才核心能力识别及培养路径研究［J］. 桂林航天工业学院学报，2021，26（3）：346.

展学生知识面，增加学生知识涉猎的广度。同时，鼓励学生创建创客作坊，与不同专业、不同领域创客进行开放式对话，促进不同学科知识相互渗透和创新创造性思维相互碰撞，增加学生知识涉猎深度。

第二，采取多样化创客教育学习形式，提升学生分析综合能力。高校应鼓励项目学习、自适应学习等创客教育学习形式，培养学生的分析综合能力。其中，项目学习是一种包括课题研究和兴趣取向的探究型学习，课题研究如同心圆一般围绕某一课题展开，兴趣取向如网状一样以学生兴趣爱好为中心向四周发散，引导学生探究未知领域、培养分析解决问题的能力。自适应学习是指学生在实践和解决具体问题过程中，通过积极思考获取知识和技能的学习。广大学生基于共同的兴趣爱好而形成的自由学生团体组织，学生之间可以就遇到的问题进行分析探讨、交流经验，碰撞创新智慧的思维。

二、着力建设创客文化，优化创客课程体系

第一，建设校园创客文化，强化学生创新意识和创新思维。创客文化本身就是一种具有创新意识和创新思维的文化，高校在推进创客教育的同时，应建设与之相应的创客文化。创客文化潜移默化的熏陶可以培养学生热爱创新的意识，激发学生的创新思维，有效提升学生的创新能力。

第二，优化创客教育课程体系，系统培育学生创新能力。高校应优化课程体系，开设基于不同技术模块的创客教育课程，通过体系化、多元化课程的体系形成知识体系合力，让学生具备在已有知识的基础上有效地将创意、构想转变为现实产品的能力，即由输入到输出的创新能力。

三、推进创客榜样教育与困境教育

第一，注重创客榜样教育，持续激发学生创业欲望。创客教育过程中宣传创客成功案例对学生加以榜样教育，以先进典型激发学生创业欲望，激励学生为了理想而努力拼搏奋斗，为自己、为家人、为社会作出自己的贡献，实现更大的人生价值。

第二，强化创客困境教育，不断增强学生决断力和坚韧力。创客教育应组织学生参观创业公司与创客进行经验交流，让学生认识创新创业的困难、艰辛及不确定，对创新创业有全面、正确认知；针对不同学生进行启

发式教育，鼓励学生要有战胜困难的勇气，引导学生不断自我完善、改进提高。

四、探索基于"创客项目+创客空间"的实践教育

第一，引导学生参与创客项目，提升学生管理控制能力和专业技术能力。要积极引导学生积极参与创客项目实践，特别是鼓励学生组建团队申报、组织实施和完成各类创客类项目。在项目执行过程中，要锻炼学生管理控制能力，促进学生运用专业技术能力解决实际问题。

第二，构建创客空间，搭建创客教育实践平台，有效培养学生创业实践能力。创客空间是创客教育实践的最佳场所，可以提供创业培训和创新创业项目孵化。高校应探索构建创客空间，营造良好创业实践氛围，为学生创业实践提供优质平台，同时，还应加强与企业合作，为学生参与企业实际创新项目创造条件，培养学生创业实践能力。

第三节　大学生创客教育，
助推创新型卓越人才培养

一、构建创客空间

构建创客空间，为创新型人才培养提供创造的生态环境。创客空间是创客教育的载体，是一个开放的、共享的、协作的实物操作、团队协作、产品孵化的服务空间。高校的创客空间不同于社会上的创客空间，其承担了学生的创新创业教育工作，更关注创客项目与学科教学的结合，以及学生在参与创客项目后创新精神与创新能力的提升情况。结合我国实际，高校构建创客空间可以从以下角度出发。

第一，整合校内资源，构建定制的创客空间。校内可利用的资源有图书馆、实验室、学习室、创业园、科技园等，并且应该打破各专业实验室的界限，构建跨学科、跨领域的综合性创客空间，并需要注意结合专业教育的内容开展创客教育。

第二，建立校际联合、多校共享的创客空间，这种共享式创客空间的建立有利于发挥不同类型学校的优势，实现优势互补与资源共享，尤其是艺术类院校与工科院校的整合可以实现专业互补。此外，这类创客空间有利于学生与教师的校际交流与合作，可以开阔师生的眼界与思维，提高创客空间的利用率。

第三，与社区、企业、政府等联合，建立服务于地区经济发展的创客空间，强调产学研一体化的众创服务思想，这类创客空间鼓励学生将创作的项目带出学校，体现社会价值，并且在专业人士的帮助下实现产品的孵化，在真实的情境中反思已有学习的不足与缺陷。此外，这类创客空间强调的是一种众创服务模式，有助于不同兴趣团队、工作室、企业人员与学生进行交流，有助于大学生将创客项目与创投机构对接实现融资并推向市场。

第四，构建线上线下一体化创客社区，这类创客空间具有四大功能，即培育有共同兴趣爱好的学习者社群、吸纳具有专业背景的跨界导师参与、组织具有创新创业导向的创客学习活动（如竞赛和沙龙等）、提供创客学习工具和各类创客学习资源。线下创客空间提供 3D 打印机、激光切割机、机器人组装套件、计算机、三维扫描仪、开源软硬件等工具与真实讨论的环境。线上创客社区提供各类教学资源，如教学讲义、视频、软件、拓展阅读。此外，在线创客社区还具备作品展示、信息发布、互动讨论等功能。

二、完善创客课程体系

完善创客课程体系，为创新型人才培养提供教学情境。创客课程从本质上看是一种新型课程模式，是创客教育发挥效用并直接作用于学生的必要措施，也是强调"实践创新"核心素养的必然要求。创客课程是在教师团队所设计的项目引导下，在具有丰富资源的创客空间展开的致力于创新产品制作的学习活动或经验。创客课程的主要特征就是创新意识的激发性、内容涵盖的综合性、课程设计的趣味性及学习资源的开放性。由此，高校有必要整合原有课程、开发新课程以完善创客课程体系，为创新型人才培养提供更加丰富的课程资源。

一方面，高校可以构建以"学科专业创客课程—跨专业融合创客课程—人文通识创客课程"为核心的课程体系。学科专业创客课程特指将创客教育与专业课程整合而形成的以新技术推进的专业课程体系，其目的在于将所学学科知识与生活实际建立连接，将基于创造的学习方式整合于学科知识的学习中，而真正达到减少高校专业教育与社会实际需求的差距。跨专业融合的创客课程旨在应对现今社会对于"跨界人才"的需求，以及不同专业学生团队合作能力的培养，这种课程形式一般强调以学生选修为基础，鼓励不同专业的学生在共同目标的引领下，在教师和行业专家的帮助下开发设计而完成创意作品并提升跨界融合能力。这类课程可以参考的形式为业已成型的STEAM 课程体系，将原本分散的学科整合到教学实践中，如清华大学所开设的《跨学科系统集成设计挑战课程》。

　　另一方面，高校在开设与实施创客课程的时候需要考虑到四个因素：① 课程目标的设置应考虑到目标的意向性、生成性及生活性，即目标应来源于社会生活实际及学生探索经验；② 课程内容应以跨学科的项目化的情境为主线，将枯燥的机械的传统知识变成有现实意义的生活问题；③ 课程资源应尽量丰富以支持学生的创造，可以包括线上资源（如网络平台、学习微视频以及作品案例库等）及线下资源（如学习共同体和创客空间）；④ 课程评价应考虑到多元化的评价主体、全面化的评价数据、个性化的评价取向，以及真实性的评价方式。

三、营造创客文化氛围

　　营造创客文化氛围，为创新型人才培养提供文化氛围。创客文化是一种倡导自由、分享、协作、创造、个性，强调实践为主、资源协同、融合创新的文化氛围，这种文化氛围是开展高校创客教育，激发学习者参与创造兴趣的重要环境因素。高校可以采取以下措施营造一个宽松、自由的创客文化氛围。

　　第一，增设创新文化活动，激发创客文化氛围。学校可以经常组织并鼓励学生参与创客嘉年华、创客大赛、创客马拉松等活动，营造鼓励创新的氛围。值得注意的是，活动的主题应直指社会现实问题，并做好创新作品与企业的衔接等进一步孵化的准备，如清华大学的"清华创客日"及温州大学"创客学堂"。

　　第二，完善制度，保障创客文化的影响力。制度层面包括激发动力机制和考评机制，如与创客相关的作品可以获得奖励学分或奖学金，摒弃过去一切以成绩分数为评价的唯一指标，以激发和维持学生的创新热情。此外，高校对于教师的考评机制也应考虑其创新创业指导的效果而给予一定的支持与奖励。

第三，利用媒介宣传，推广创客文化。校园媒体是校园文化展示、宣传的重要纽带，高校应充分挖掘媒体优势对创客文化进行积极宣传。媒体宣传的主要途径包括线上宣传及线下推广。具体而言，高校可以利用微信、微博、知乎、贴吧等学生经常使用的新媒体进行宣传与推广，将最新作品、赛事、业界领军人物等信息发布于此以发挥舆论的导向作用。此外，学校可以依托本校校园网络构建创客社区供学生进行交流与讨论。线下宣传主要是利用传统媒体，即展览、报刊、广播、讲座等形式推广创客文化。

第四节 创新型卓越人才培养研究与实践——以北部湾大学机船专业为例

2017 年北部湾大学开展了广西教育厅教改项目《职业院校创客教育的研究与实践》，在研究过程中，梳理出创客教育的核心理念，制订了开展研究的翔实计划并稳步推进。

一、创客教育理念

"创客"一词自 2011 年传入中国以来，得到广泛重视。由于创客敢于创新、勇于实践、乐于分享，一直以来都受到各界人士的密切关注。"创客"一词在我国更是随着"大众创业、万众创新"的浪潮写入了我国"两会"工作报告。清华大学、同济大学等一大批高校纷纷成立"创客空间"，鼓励学生参与到创客运动中来，将自身的创意转变为作品。创客和创客运动正在潜移默化地影响着我国经济、文化、教育等多个领域。国内杰出教育者开始关注创客运动，希望将创客运动引入职业教育中，以培养学生的自主创新能力和动手能力，因此，创客与职业教育的结合——创客教育便孕育而生。

《2015 年地平线报告高等教育版》显示，创客教育将在高等教育领域产生深刻变革，未来2～3年内，用于创客教育的创客空间将会在越来越多的高校中得到采用。虽然创客教育并没有确切的定义，但其影响力却不可忽视。创客教育无论是的对个人的培养还是对我国教育制度的改革及人才策略上的影响都是巨大的，因此，关于创客教育的研究也如雨后春笋般涌现。

（一）理论依据

"创客教育"虽然是新兴的教育理念，但其理论基础是建立在多种成熟的教育理念之上的。有学者认为创客教育融合了多种教育理念中的一些元素，其中包括：体验教育、项目教学法、创新教育和DIY理念。创客教育强调了体验教育中的深度参与，并且创客教育的框架与项目学习法相似，都是以一个任务为中心，让学生在完成任务的过程中学习，培养学生解决问题的能力。同时，创客教育以培养学生的创新思维和创新能力为目标。创客教育强调以学生为中心，培养学生的自主学习，培养学生的动手能力和精益求精的"工匠精神"。

美国中小学创客教育，认为创客教育的内涵是：创造、技术、全人发展。将创客教育描述为"基于创造的学习"，指出美国中小创客教育具有整合、开放、专业化的特征。创客教育的教育目标、情境和资源具有整合性。创客教育开展的对象范围、学科领域与实施方式具有开放性。创客教育需要专业的教师、专业化的教育目标和资源。只有拥有这三个特征的创客教育才是基于创造的学习，才能培养学生的批判性思维、创新思维和解决问题的能力，提升学生创造的兴趣、信心。

创客教育的核心理念：做中学、快乐教育、大成智慧、构造论。创客教育蕴含着丰富的教育理念，其中最重要的便是美国教育家杜威提出的"做中学"的思想。"做中学"就是将所学习的知识与实践联系起来，做到知行合一，从真实体验中学习。创客教育在学习过程中给予了学生更多的自由和选择，使学生能够自由选择创作主题，亲自动手创作，享受其中的乐趣，因此，快乐教育也是创客教育的重要理念。

创客教育提倡以创客活动为载体，通过跨学科、跨界的合作探究，培养学生的实践和创新能力。该思想与钱学森先生所提出的大成智慧相通。大成智慧引导人们如何获得智慧、创新能力和培养品德的学问。大成智慧学可以作为创客教育的理论基础。与此同时，创客教育的理念与体验教育的理念有很高的契合度。虽然创客教育不会直接教授学生知识，但在学生进行创造的过程中，会运用到物理、化学等理科知识，以及文科等多学科知识。在学生自主创造的过程中，学生不再是知识的被动接受者，而是应用知识解决问题，同时充当着发明家、科学家、化学家、物理学家等多重角色。在此过程中，有利于学生发现问题、解决问题的能力。

（二）应用价值

创客教育无论是对个体发展、课程改革、教育系统，还是国家人才战略都有着不可估量的价值。

对个人发展而言，创客教育能给孩子们更多的动手机会、自由探索和发展的空间，学生能接触到更多更新的技术，能将自己的创意实现，并且能够不断激发学生对创造的兴趣。通过合作交流，专业老师的指导，能够催生出更多的想法，形成热爱创造的学习氛围，进而提高孩子动手解决问题的能力、沟通交流能力、团队合作能力。学生在动手探索时也能促进对抽象知识的理解。

创客教育能够推动课程改革。持续的创客课程建设与实施能够解决传统教育所面临的课程问题，推动整个课程体系的改革。

创客教育能够推动教育系统的改革。创客教育能够给教育带来颠覆性的变化。创客教育的实施将会推动课程体系、教学方法、评价机制、技术环境、师资队伍等一系列关键要素的优化。同时，家庭、社会等一切力量会被调动起来，共同打造优质的创客空间，从而推动教育系统的改革，实现创新教育。并最终推动国家的人才培养模式的转型，为国家建设提供创新人才。

（三）国内外研究现状和趋势

2014年6月17日，白宫首次举行创客嘉年华。在美国，已经有60多所高校开设了创客空间，其中比较著名的是威斯康星州立大学的Garage创客空间、斯坦福大学的FabLab创客实验室和北卡罗来纳州立大学的开源硬件创客空间。美国高校的创客空间多以图书馆为基地，有些高校为培养学生的创新能力和实践能力，以本身的优势资源开设创客教育课程，打造创新实验室。另外，斯坦福大学专门开设奖学金用于研究创客运动在不同教育领域的应用。在美国，创客文化已经形成，创客教育得到政府和社会的高度重视和大力支持，创客教育已经成为培养美国创新人才的重要方法。

　　随着国外创客教育的发展，我国创客教育也在悄然兴起，主要通过创建创客空间，举办创客大赛，召开学术研讨会推动高校创客教育的发展。目前，国内高校纷纷开始创建创客空间，其中最具代表性的便是"新空间"和"清华创客空间"。清华创客空间为学生提供了智能硬件创业的平台，对专业、背景没有任何限制，旨在增加多学科间的交流互动。清华创客空间每周都会展开创意分享、工作坊、头脑风暴等一系列活动来加强同学之间的相互交流。2014年6月，清华大学举办了创客教育论坛。除此之外，哈尔滨工业大学、深圳大学、同济大学、西南交通大学、温州大学等一些高校也创办了创客空间和创客团体。温州大学开设创客学堂、创业创意大赛和创业面对面三大模块，定期开展主题沙龙、创客论坛等活动，促进创客教育与创业的融合。此外，创客教育也得到了企业的支持。如：海尔集团和教育部教育管理中心联合创办了创客实验室。

　　与此同时，创客教育也在中小学兴起。如温州实验中学于2008年自主成立了科技制作社，开设了"多媒体编程""网页编程""机器人"等课程。温州实验中学同时还创建了创客空间，为学生提供动手制作的平台，并且有教师进行专门的指导。北京景山学校在2008年也开始了创客教育，并且派出参加了科技创新大赛。

（四）行业发展现状

　　机械类专业是现代设计理论和方法、制造科学与技术、现代控制理论与技术等在制造环境中的协同应用，是知识和技能的集合，着重于从系统观点出发，运用上述知识和技能，开展机械装备的研发、设计、制造、故障预防和改造检修，以推动现代制造业的自动化和智能化，大幅度提升工业企业的生产效率。随着产业跨界融合、技术创新不断深入，机械科学与工程领域也呈现出智能化、模块化、网络化、微型化和绿色化的发展趋势。

　　"十三五"期间，是机械工业实现转型升级的关键时期，也是《中国制造2025》规划实施的起步阶段。我国作为制造业大国，其制造业水平与发达国家尚存在较大差距，主要体现在数字化、信息化、成套化等方面，大力发展新一代机械设计制造及其自动化技术，不仅是改造传统机械设备的要求，也是推动我国制造业产业优化升级、发展与振兴的必由之路。同时，智能制造作为《中国制造2025》的主攻方向，使用和发展现代设计制造及控制技术将是智能制造发展的大方向，进一步加强该技术的使用对于提升企业的生产能力，提升产品质量和科技含量具有重要意义。

近年来，网络化和信息化技术不断发展，在机械制造领域的广泛应用和渗透，以及新兴技术的综合应用，使机械类人才成为急需紧缺人才。随着更为先进的机电设备投入的增加，对操作、维修、改造和研发人员提出了更高的要求，特别是机械类人才的需求量将快速增加。当前，人才培养与企业需求不适应问题日渐突出，其实质是培养目标与企业用人标准不对应的问题。如何培养适合企业需求的机械类人才，是需要研究解决的问题。

（五）区域经济社会发展现状

随着北部湾经济区的开放开发并不断高速发展[41]~[44]，利用临海的地域优势，广西临海地区的大量新兴产业、加工制造基地正在形成：钦州市、北海市、防城港市三地形成了石化、港口机械、船舶修造与海洋工程等行业，以及农业机械与运输机械、粮油加工等传统制造产业。钦州市[45]规划打造汽车生产基地、修造船基地、北部湾农机生产制造中心。本地区的各类企事业单位以及科研院所等用人单位急需大量适应其发展的应用型人才，特别是具有扎实理论基础以及创新意识和能力的应用型人才。这也对本地区的相关高等院校现有的教学科研平台、产学研合作模式、课程建设、校外实践基地建设以及师资建设等各方面提出了新的更高的要求。为主动服务北部湾经济社会发展，根据北部湾经济区人才需求，北部湾大学制定了相关发展和建设的规划[46]~[47]，围绕打造"地方性、海洋性、国际性"办学特色，调整学科专业，完善和优化学科专业结构，培育和打造了与北部湾经济区重要海洋支柱产业和临海工业发展相适应的如机械设计制造及其自动化、港口机械工程、船舶与海洋工程、车辆工程、轮机工程等涉海机械类专业，形成较为鲜明的办学特色。同时，采取多种形式培养学生的实践能力、创新能力、就业能力和创业能力，为北部湾经济开放开发培养高质量应用型创新人才，以期适应北部湾地区社会和经济的发展。

但是，现有的人才培养方案、课程设置以及师资力量等与各企事业单位、科研院所等真正的需求存在一定的差距，并未能完全从传统科研型人才教育的模式中脱离，导致学生从学校学到的知识和技能并不能在工作中完全做到学以致用，很多时候还得重新接受较长时间的培训才能胜任工作[48]。学校单方面的教学并不能很好满足学生适应特定职业和职位的需要。同时，学校目前所能提供的创新环境有限、创新气氛缺乏，学生的创新潜力并未能获得有效发挥。并且，教学观念的落后，不利于学生学习能动性的发挥；教学模式和教学方法的单一，不利于学生个性发展和拔尖人才脱颖而出，满堂灌、注入式的教学现状没有得到有效地改观；对学生的评价主要还是以课程考试分数为标准等，都制约学生动手能力和创新意识的培养，造成学生并不能学以致用，在其进入用工单位后也很难迅速满足工作要求，同时也限制了学生的进步和发展。

因此，在保证专业基础理论、基本知识教学要求不降低的情况下，充分考虑社会需求，切实有效推进校企合作办学，保证毕业生能较好达到各单位的用人标准，同时培养其创新意识和能力，是目前迫切需要解决的难题。这也是本项目拟深入研究并加以解决的关键问题。

二、目标与思路

（一）研究目标

为服务北部湾经济社会发展，适应学校发展目标定位、办学特色定位，积极研究探索基于校企合作办学、应用导向型教学平台建设和科学研究能力提升的应用型创新人才培养模式。使得本地区的政府部门、各类企业事业单位可以在学校的教学科研平台建设、产学研合作、课程建设、校外实践基地建设以及师资建设等各方面发挥作用。以达到切实增强学生运用理论知识解决各类工程实际问题能力和动手能力，开拓学生创新思维的目标，有效提高机械类专业应用型人才的培养质量，让毕业生能更好更快地适应各用人单位的需求。项目相关的研究成果直接受益对象将是北部湾大学机械设计制造及其自动化、机械工程、船舶与海洋工程和车辆工程等机械类专业的学生近千人，同时对我校其他工科专业学生应用能力培养的教学改革起到示范和指导作用，并对全区乃至全国同类高校的工科专业学生的培养提供一定的借鉴。项目完成的同时，还将发表系列教学研究论文，指导学生申请和授权专利多项，并在各类学科竞赛中取得较好成绩。

创客教育与传统教育的不同之处在于创客教育需要学生主动参与并动手制作，重在培养学生的创新思维和科学素养。而在学习过程中的教学方式各不相同，不同的教学方式会导致学习效果的不同，因此，寻找适合创客教育的教学方式非常重要。通过对比三种不同的教学方式下的教学效果，深入分析教学方式与创客教育中教学效果的关系，得出适合创客教育的最优方式，为今后创客教育的发展奠定基础。

（二）研究思路

本项目首先整理关于创客教育的国内外文献资料，了解创客、创客运动、创客空间、创客教育等相关概念，并进一步了解创客教育所包含的教育理念和创客教育与 STEM 教育和创新教育的内在联系及三者间的区别，清晰的认识何为创客教育以及创客对个人、课程改革、教育改革，以及国家人才策略上所产生的重要影响。结合我国创客教育的发展及目前所面临的困难，研究解决思路并提出研究内容——创客教育中教学方式对教学效果的影响。

本项目以遥控车、中国大学生方程式汽车大赛的赛车的制作为案例，延伸到大学生创新创业项目，首先对参加培训学生的学习能力进行问卷调查，对学生的动手能力、编程语言和编程软件的学习情况、开源硬件的了解程度、学生喜欢的学习方式、学生对这类创客活动的熟悉程度和意愿进行调研，以便对学生进行分组。接着学生按照 C（构思）D（设计）I（实施）O（运行）模式，分别采用自学、合作学习和老师指导三种不同的教学方式，制作遥控车、方程式汽车及完成大创项目，整个过程学生为主，教师为辅，在制作过程中采用观察法观察学生的课堂表现、团队合作和动手能力。最后通过老师评价、小组互评、学生自评等多种方式对作品进行评价。分析教学方式对教学效果的影响，从而得出最适合创客教育的教学方式。2019 年、2020 年学生分别在中国大学生方程式汽车大赛名列全国第八名，获一等奖、创新设计一等奖，指导教师获优秀贡献人物奖，2020 年中国工程机器人大赛暨国际公开赛一等奖，第二届广西大学生人工智能设计大赛二等奖，第十届"挑战杯"广西大学生课外学术科技作品竞赛二等奖。第四届中国"互联网＋"大学生创新创业大赛广西赛区铜奖。指导结题国家级大学生创新创业训练计划项目"钦菜宅配平台的构建""海鸭蛋智能识别收集机器人的研究与开发"。

三、课题研究的主要过程

（一）准备阶段（2018 年 1 月—2018 年 10 月）

自 2018 年 1 月承担课题后，项目组成员进行了紧张、充分的前期准备，进行总体设计。对国内外创客教育的最新理念及关于创客教学改革研究的先进理论进行深入的调查研究，广泛收集资料，进行可行性论证，完成了总体结构设计，明确研究的总体功能和最终效果。

（二）研究和实践阶段（2018 年 10 月—2019 年 10 月）

在项目组成员充足的前期准备工作的支持下，各成员开始着手创客教育的教学方法的对比研究：

1. 文献研究法

本研究通过国内外对创、创客运动、创客空间、创客教育等方面的文献调研，分析创客教育的内涵、核心理念和特征，了解创客教育的重要意义，深入分析创客教育与传统 STEM 教育、创新教育间的异同点以及内在联系，了解国外创客教育的实施路径和我国创客教育的目前存在的问题，为创客教育的进一步研究指明方向。

2. 实验法

本研究总共进行二轮实验，第一轮为内测，让学生学习已设计好的遥控车、方程式汽车制作教程，观察并收集学生在创客活动中遇到的问题，根据反映的问题对教程及活动进行适当的修改和更正。第二轮为正式实验，对比三组不同的教学方式下，学生在完成遥控车、方程式赛车测验过程中的表现和效果，以及大学生创新创业项目的完成情况，从而得出更适合创客教育的教学方式。

3. 问卷调查法

在研究开始前，通过问卷调查法收集到学员在进行"遥控车""方程式汽车"制作前的基本情况，大创项目的申报情况，了解到学生习惯的学习方式、学生的实际动手能力、创新创业能力，从而为学生分配其习惯的学习方式。同时，在学习结束后，通过收集到的问卷信息进行统计，对学员的学习效果及满意度进行分析，得以对三种不同教学方式下的学习效果进行比较，为创客教育得出最优的教学方式。

4. 访谈法

在进行制作前后对学生进行访谈，以便能确定学生学习前的基本状况，学习中对各种教学方式的满意度以及学习后对作品的新想法，从而为比较学习效果提供参考。

在项目建设过程中，根据教学的实际需要，以学生能力培养为中心，按照学生按照 C（构思）D（设计）I（实施）O（运行）模式，还延伸到大学生创新创业训练计划项目和第二课堂以及专业课的教学，形成了创客与专业即相互独立又互相联系的一个整体。

（三）成果应用推广及理论总结阶段（2019 年 10 月至今）

项目探索了基于产教融合、校企协同育人的应用型创新人才培养模式，并在教学实践中进行了应用。所构建的课程体系和归纳出的实践经验具有可复制和可推广性，已在本校相关专业的教学活动中推广，取得了较好的应用效果。初步形成了科学先进、广泛认同、具有一定特色的应用型人才教育理念，形成一套可复制可推广的制度成果。相关成果推广和实施的直接受益对象是北部湾大学机械设计制造及其自动化、机械工程、船舶与海洋工程和车辆工程等专业的近千名学生，且对我校其他工科专业学生应用能力培养的教学改革可起到示范和指导作用。

创客教育是面向全校开设的通识课程，其实施范围广，教学受益面大。课题探索出的以案例为载体的创客教育教学方法，在部分班级作为试点并逐步面向全体学生，推广应用到专业课的教学过程、学生第二课堂及大学生创新创业项目中，学生从大一开始就接受了创客教育，有助于养成严谨、求实、创新的学风；有助于理论联系实际，巩固和运用所学理论知识；有助于突破课堂和教材知识学习的局限，扩大知识视野；有助于在实践的基础上经过自己独立的分析、综合、抽象、概括、总结，培养探索精神和创造能力。

在成果的应用及推广的过程中，我们根据教学需求及师生的反馈不断改进和完善，同时也不断总结经验，逐步提高创客教育的整体教学水平和教学效果。在此阶段，项目组成员共公开发表论文 7 篇。

四、研究主要成果

（一）研究成果基本观点

创客教育与传统教育的不同之处在于创客教育需要学生主动参与并动手制作，重在培养学生的创新思维和科学素养。而在学习过程中的教学方式各不相同，不同的教学方式会导致学习效果的不同，因此，寻找适合创客教育的教学方式非常重要。通过对比三种不同的教学方式下的教学效果，深入分析教学方式与创客教育中教学效果的关系，得出适合创客教育的最优方式，为今后创客教育的发展奠定基础。

（二）研究的主要内容

第一，本项目对创客、创客运动、创客空间、创客教育的内涵、特点进行界定，并对目前国内外创客教育的发展进行概述，各国研究者关于创客教育的研究进行整理。

第二，探寻适合创客教育的教学方式为研究内容，以遥控车、方程式赛车制作为教学案例，并延伸到大创项目展开创客教学研究。

第三，分别对比自主学习、教师指导、合作学习三种不同的教学方式对教学效果的影响，寻找出最合适的教学方式，为创客教育的进一步发展奠定基础。

（三）研究结论

研究的问题是：在创客教育中，不同的教学方式对教学效果的影响。分别研究三种不同的教学方式：教师指导的教学方式、自主学习、合作学习。本项目选择以贴近学习生活、能够激发学生兴趣且具有一定难度的遥控车、方程式汽车制作作为教学案例。对学生的学习能力进行测评；然后对学生进行分组，让学生分别采用三种不同的教学方式进行遥控车、方程式赛车的制作；对比三种不同教学方式下学生的学习效果并对结果进行分析。探索出的以案例为载体的创客教育教学方法，解决了以下两个问题：

第一，三种教学方式中，合作学习教学方式所取得的教学效果最佳、最适合创客教育的实施；

第二，分析不同的教学方式下，教学效果不同的原因。

五、研究成果

探索了适合创客教育的教学方法，培养了一支教师团队，发表了系列创客教育的教学研究论文，出版了教材 1 部，基于创客教育的理念指导学生参加各类学科竞赛和大创项目的申报及完成都取得很好效果。具体如下。

（一）探索先进的合作学习教学方法

第一，以"行"炼"能"。一方面，在课堂教学中，注意创设良好的环境，提供更多的时间和空间，采取各种先进的教学方法和手段。如通过案例等教学活动，让学生把"硬"知识和"软"知识结合起来，灵活应用。另一方面，加强实践教学环节如遥控车的制作等，锻炼和培养学生的动手能力和创新能力。

第二，以"赛"引"学"。从学生的角度来说，鼓励学生参与学科竞赛活动，有助于养成严谨、求实、创新的学风；有助于理论联系实际，巩固和运用所学理论知识；有助于突破课堂和教材知识学习的局限，扩大知识视野；有助于在实践的基础上经过自己独立的分析、综合、抽象、概括、总结，培养探索精神和创造能力。

第三，互动式的教学手段以学生为主体，以教师为主导，采用交互式的教学手段，以便全面、动态地了解教学中各环节情况，根据反馈效果，及时加以调整。具体形式是：课堂互动、网络互动、课外辅导互动。

第四，建立与创客教育相适应的综合评价体系。为了实现"厚基础、重能力、求创新、追求素质提升"的教学目标，课程组对创客课程评价体系进行了改革。一方面，保持基础课程的严谨性，使学生具有扎实的知识基础，为后续发展打下坚实的基础；另一方面，增加实践性环节，锻炼学生能灵活运用知识，积极拓展知识，注意解决实际问题，并根据情况设置集体性项目，培养学生的协作意识。

（二）组建团队

教学相长，我们把建设一流的创客教育高素质师资队伍，特别是青年教师培养作为首要任务，也是创客课程建设可持续发展的关键。采取的措施主要有：

第一，注重交流。有计划地安排中青年教师进修学习，掌握创客教育新技术。请国内外著名专家学者定期来讲学。

第二，严格培养。新教师督导组专家及课程组副教授以上职称教师随机听课，以给予帮助和指导。

第三，充分激励。在老教师的传、帮、带作用下，充分调动青年教师在教学改革、科学研究和学术交流中的积极性，组织青年教师参加教研和科研工作，使他们迅速成长。

（三）发表论文

［1］何永玲，吴飞，韦建军，等．创客教育背景下第二课堂的改革与创新——以机械工程专业为例［J］．汽车时代，2021（08）：62-64.

［2］何永玲，韦建军等．疫情视野下工科类专业课程思政建设途径的实践和探索：以机械工程专业为例［J］．装备制造技术，2021（03）：224-226.

［3］Yongling He, Fengzhi Qiang. Discussion on the Construction of the Course System for the Training of Master of Mechanical Engineering Under the Concept of Mass Entrepreneurship and Mass Innovation［J］. International Journal of Education and Economics. March 2020 Volume3 Number1：195-196.

［4］周纬远，何永玲（通讯作者）．基于 CDIO 理念的机械应用工程师培养方法的探索［J］．科技创新导报，2019（27）：218-219.

［5］周纬远，何永玲（通讯作者）．基于 CDIO 模式的机械类专业课程教学思考与探索［J］．科技教育，2019（34）：151-153.

（四）出版教材

何永玲，李尚平，田春来．工程制图及 CAD［M］．哈尔滨工业大学出版社，2018.

（五）学生获奖

2019 年、2020 年分别在中国大学生方程式汽车大赛名列全国第八名，获一等奖、创新设计一等奖、2020 年中国工程机器人大赛暨国际公开赛一等奖、第二届广西大学生人工智能设计大赛二等奖、第十届"挑战杯"广西大学生课外学术科技作品竞赛二等奖、第四届中国"互联网＋"大学生创新创业大赛广西赛区铜奖。

六、研究特色及创新之处

第一，以遥控车、方程式赛车的制作以及大创项目的完成为案例研究创客教育中三种不同教学方式对学习效果、学生满意度的影响程度。探索出创客教育的教学方法，为创客教育的实现提供理论和实践支撑。

第二，运用柯氏四级评估理论从反应层、学习层、行为层和结果层四个层次检测学生的学习效果。

创客学习的结果通常是一件新的作品，而不是传统的对知识的掌握，因此如何评价创客教育中学生的学习效果成为创客教学面临的一个重要问题。传统的结果评价方法虽然可以衡量出学生对知识的掌握程度，但却无法对学生的创新能力和动手能力进行评价。对于创客教育的效果，目前并未形成普遍接受的评价体系。因此，本项目在进行学习效果评价时注重学生在学习过程性中的评价和学生制作结果的评价相，在学习过程中的评价中采用多种评价方式，通过教师评价、同伴互评和学生自我评价等多种评价方式对学生的学习效果进行了评价。利用柯氏四级评价模型将学生的整个学习过程进行了划分，对学生在各个阶段的表现进行了评价，明确了各个阶段所需要收集的信息。

第三，以炼促能，以赛促学。本课题选择遥控车、方程式赛车的制作以及大创项目的完成为创客载体，满足以下条件。① 能显著调动学生的积极性，与学生自身的认识水平和所学知识相关，与学生的生活相联系，从而让学生主动投入大量的精力、时间和创造力；② 具有一定的难度和复杂性，促使学生应用多个学科的知识来完成创客项目，使学生能够利用综合应用已学知识来解决问题，并在创客项目中接触新的知识；③ 教学相长，教师应最大限度地为学生提供各种软硬件资源，帮助学生完成创客项目；④ 激发学生的创新精神和精益求精的工匠精神。

第四，项目的创新之处在于将社会发展需求、学校教学改革和科学研究紧密结合在一起，理论联系实际，建立和优化相关教学内容和教学方式。按照《中国制造 2025》《广西发明专利倍增计划》《广西实施发明专利双倍增计划（2016—2020 年）》等的相关要求，研究并探索了机械类专业应用型人才培养的新方法、新模式，并在教学实践中取得了初步的应用和推广成果。引导支持大学生发明创造并申请专利的新举措，开展以发明创造为内容的学校主题教育和实践活动，全面提高学生理论联系实际能力、解决各类工程应用问题能力，开拓学生创新思维。

七、成果的应用与推广价值

项目探索了基于产教融合、校企协同育人的应用型创新人才培养模式，并在教学实践中进行了应用。所构建的课程体系和归纳出的实践经验具有可复制和可推广性，已在本校相关专业的教学活动中推广，取得了较好的应用效果。初步形成了科学先进、广泛认同、具有一定特色的应用型人才教育理念，形成一套可复制可推广的制度成果。相关成果推广和实施的直接受益对象是北部湾大学机械设计制造及其自动化、机械工程、船舶与海洋工程和车辆工程等专业的近千名学生，且对我校其他工科专业学生应用能力培养的教学改革可起到示范和指导作用。

创客教育是面向全校开设的通识课程，其实施范围广，教学受益面大。课题探索出的以案例为载体的创客教育教学方法，在部分班级作为试点并逐步面向全体学生，推广应用到专业课的教学过程、学生第二课堂及大学生创新创业项目中，学生从大一开始就接受了创客教育，有助于养成严谨、求实、创新的学风；有助于理论联系实际，巩固和运用所学理论知识；有助于突破课堂和教材知识学习的局限，扩大知识视野；有助于在实践的基础上经过自己独立的分析、综合、抽象、概括、总结，培养探索精神和创造能力。

以案例为载体的创客教育内容能反映或联系学科发展的新思想、新概念、新成果，联系实际，例证得当，注重学生能力的培养，给学生以思考、联想的空间和创新的启迪，深受学生欢迎。以中国大学生方程式汽车大赛为例，制作一辆方程式赛车其实就是制作一件机电产品，要经过四个阶段，即构思、设计、制作、运行，可以很好地把创客教学结合进去，这就是基于成果导向的 CDIO 教学模式。把赛车作为一个载体融入创客教学，通过整个赛事把理论和实践结合在一起，很系统地培养学生的应用能力、发现问题解决问题的能力，这锻炼学生以后踏入社会把学校学到的知识运用到工作上解决问题的能力。

2019 年、2020 年学生分别在中国大学生方程式汽车大赛名列全国第八名，获一等奖、创新设计一等奖，指导教师获优秀贡献人物奖。学生获 2020年中国工程机器人大赛暨国际公开赛一等奖、第二届广西大学生人工智能设计大赛二等奖、第十届"挑战杯"广西大学生课外学术科技作品竞赛二等奖、第四届中国"互联网＋"大学生创新创业大赛广西赛区铜奖。指导结题国家级大学生创新创业训练计划项目"钦菜宅配平台的构建""海鸭蛋智能识别收集机器人的研究与开发"。

第六章

新工科背景下大学生创客教育应用探索

第一节　工科背景下创客空间与产品开发平台建设

一、工科背景下创客空间建设的意义

第一，改变传统高等教育方法，培养学生创新实践能力。促进学生创新与创业传统高等教育重理论、轻实践的培养方式已越来越不适应技术与社会发展的需要，在知识更新越来越快的信息时代，社会分工越来越细，高等教育尤其是工科类专业的教育教学应该创造条件，结合项目实践，着力培养学生的合作共享能力、创新思维以及产品流程与工具使用能力，包括数字化设计、建模、成型、网络应用等各类工具，培养学生集成创新方法与产品化思维，熟悉新产品开发研制流程，从而为学生提供获取创新创业基础技能与能力的土壤。

现代高等教育尤其是本科教育，培养的是直接能工作的高级技术人才，毕业生经过简单的适应期后，应具有独当一面的基本工科素养与工作技能。本科教育已不再是培养理论型人才的精英教育，随着技术发展速度不断加快，理论人才需要在研究生阶段进行更深入的培养，而本科阶段的工科素养与技能对研究生阶段的实验研究、创新能力也是必不可少的。

第二，提升高校科研与教学服务的深度与广度。创客空间为不同学术背

景、不同专业、不同经历的人群提供了一个交流、协作的场所。思想的碰撞可以为解决问题提供思路，也容易集合各方面资源，为创新、研究工作提供解决问题的渠道。同时，在问题解决的过程中也会对高校的教学与科研结合，以及各学科之间的交叉研究起到促进作用，也为学校与企业之间的产学研合作提供契机。

第三，促进学科理论发展，构建创新型教学体系。目前我国高等教育的培养体系还存在一些不足，创客空间可以提供一个"试验"场所，促进指导老师对教学方式及教学手段的思考，进而推动学院教学体系的变革，包括课程设置、教材建设等。

第四，创客空间的社会价值。创客空间的社会价值在于促进了社会创造文化的发展，促进志趣相投的人进行高效的沟通和信息共享，相互学习，整合智慧，共同合作和创新，最终使成果转化为生产力甚至产业化产品。

二、工科背景下创客式学生自主平台建设

（一）创客教育模式的探索

专业学院通过开放性数字化产品研发创客工程坊建设，集创客课程教学、机电产品创新设计研发、创客教育改革探索为一体，使学生创客能够根据自己的兴趣、爱好和个性，在工程问题与工程项目的驱动下，基于数字化产品开发新技术，开展自主选题、调研、构思、设计、制作的科技创新实践活动，力求推进本科生科技实践与创新活动的常态化和规范化，培养一批创新型工程科技人才，该模式为学生提供一种线上虚拟空间与线下实体空间相结合的个人—集体协作学习空间：线下实体空间负责为创客提供开展各项实践活动的场所和环境；线上虚拟空间则负责创客资源的开发与共享、创客空间的运行与管理、创客项目的监控与评价、创客成果的分享与交流等。

创客空间的功能定位是工作空间、网络空间、社交空间和资源共享空间。高校所探索的创客教育模式如图6-1所示[①]。

---

① 李雪梅，蒋占四. 创新·创客与人才培养［M］. 西安：西安电子科技大学出版社，2017：135.

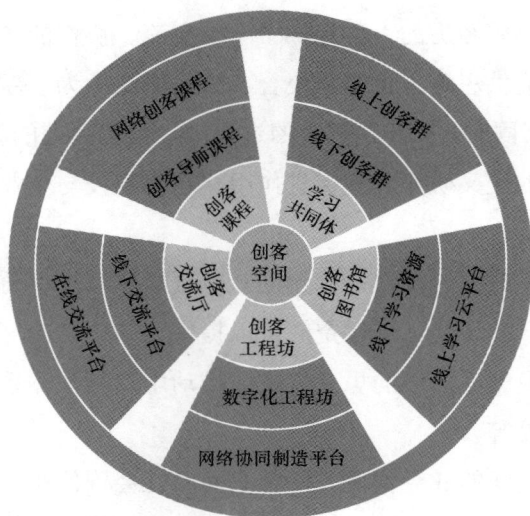

图 6-1　探索的创客教育模式

（二）基于创客项目创客学习的模式

第一，基于创客项目的创客学习模式。创客空间采用基于创客项目的创客学习模式，该模式既是一种符合工程能力培养规律和综合素质形成逻辑的教学组织形式，也是一种以来自实践的工程实际问题为起点，以工程问题的分析和解决为主要过程，以培养学生创客的工程问题意识、分析与解决工程问题能力、创造性思维能力及创造性人格为目的的教学模式。通过专业科教协同的教师科研项目、校企技术研究中心项目、大学生创新计划项目、大学生科技协会项目、企业实训项目等项目驱动的形式，为学生提供多样式工程实践的机会和渠道，吸纳学生真正参与到工程实践中，以一流的师资和良好的机制鼓励学生承担面向工程实践的重大科研课题，形成了"双创"人才创新能力、专业技能和人格培养，以及科学训练途径和方法。

如图 6-2 所示，基于创客项目从研发到运行的全生命周期，学生创客在主动学习、探究、设计、协作和分享中创造产品，最终达到自主、探究、创造和合作性学习的有机统一。

第二，基于创客项目的过程管理模式。创客空间采用基于创客项目的过程管理模式组织创客项目的实施，并以创客项目为主线，将该模式有衔接地完整贯穿于整个本科教学阶段，使学生创客得到系统性和创造性的工程训练。通过创客项目设计将整个课程体系有机地、系统地结合起来，可以让学生体验产品创新研发的整个实现过程。

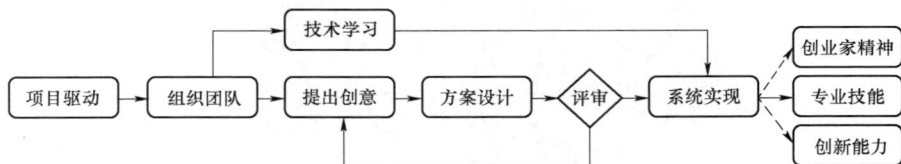

图 6-2　创新型创客项目运行机制

第二节　创客教育应用于工科院校的平台与模式

一、创客教育应用于工科院校的平台

（一）创客的教育生态系统

教育生态系统关注的是以教育为中心，对教育的产生、发展起制约和调控作用的多元环境体系。创客教育现正处于一个开放、动态、不稳定的系统环境中，受到学校、社会等多种因素的制约。本研究结合高校教育实践，构建了创客的教育生态系统，如图 6-3[①]所示。

首先是微观系统。创客教育的微观系统可以细化到课程、班级、师生关系、教室等方面，从而对学生的学习状况和教学效果产生直接的影响。在高校推行创客教育，必须建立起以先进的教学思想为基础的课程系统；为创客教育购置必要的教学设备、创作材料以及教育活动的开展场所等；确保导师具有较高的专业素养水平，交流平台具有高效的可利用性。高校创客教育应该关心学生的具体表现等细节，并注重实际操作，力求为学生提供可以获取的创新与学习体验。

---

① 吕国，肖瑞雪，白振荣，等. 创客教育在工科院校的应用探究［J］. 现代教育技术，2016，26（07）：115.

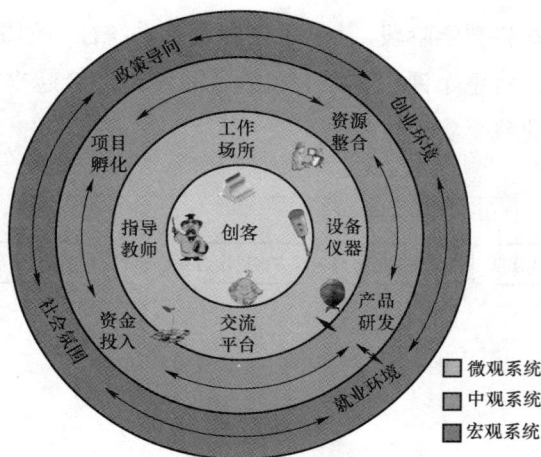

图 6-3　创客的教育生态系统

其次是中观系统。中观系统是介于宏观系统与微观系统两种体系之间的生态环境。中观系统在沟通学校需求和社会需求方面发挥着重要作用。高校创客教育的目标是输出产品与培养人才。由于产品终将投放市场，人才也会进入社会，这使得学校和社会间形成高效的联系变得既必要又迫切。当前，为了激发大学生自主创新的积极性，不少企业与高校选择合作创办科技产业园，以作为孵化项目、研发产品的基地。与此同时，国家也在不断地制定相关的政策，以促进产学研结合，使企业与高校的现有资源得到有效结合，并为高校的项目研发提供大量的资本，从而助推新品向产业成果的转化。在这个过程中，政府、企业和高校三者构成了一个完整的"三合一"产业体系，为创客教育的发展与逐步完善奠定了坚实的基础。

最后是宏观系统。创客教育生态体系有广义和狭义之分。广义的创客教育生态体系包括人类文明进程和创客教育生态圈，狭义的创客教育生态体系主要是指国家内部的社会环境，主要涉及就业环境、创业环境和政策环境等。创客教育的宏观生态体系应该遵循"输入—转换—产出"的基本机制，即关注人力、财力、信息输入与信息输出、转换的灵活性、人才的引进与产品投放等。如今，国内拥有一定规模的创客空间已经有上百个，创客队伍已经准备就绪，政府也在政策和物质上为创客提供了一条"绿色通道"。当前，创客教育的路径与模式虽然尚处探索之中，但是民主、开放的大环境已经为创客教育的发展和成熟提供了理想的外部条件。

总之，三个层次的创客教育生态体系既有区别又有联系。虽然不同系统之间的区别非常显著，但是各个系统之间又互相关联、互相影响、互相约束。在工程类高校的创客教学中，创客教育的平台搭建应该从微观系统和中观系统两个层面展开。

（二）创客教育的平台搭建

国内的清华大学和天津大学，以及美国的斯坦福大学和麻省理工学院等百余所高校都开设了"创客"空间，而且没有专业和学生就读年级等方面的限制，能够面向所有学生开展全方位的创客教育。高校创客空间在为青年创客搭建交流空间、创造空间的同时，也为青年创客提供项目和资金扶持。本文针对我国工程类高校开展创客教育的现状，分析了构建高校创客教育平台的意义，并从以下六个维度探讨了创客教育可以获得的立体化、全方位支持：

第一，教学平台。借助教学活动实现文化传播与知识传承是高校最根本的职能。要实现创新，必须拥有扎实的理论基础。高校及时调整人才培养目标以及课程方面的计划和安排，有助于平稳推进教学改革的步伐；教务处、学院、系是高校教育发展和学生培养的基础单元，只有落实自身责任，才能健全教育质量监控制度。

第二，实验平台。实验是工科教育体系的重要组成部分，也是培养学生实践能力、创新能力的重要环节。工科院校开展创客教育的首要改革重点，是搭建先进的、可利用的、开放性强的实验平台：① 扩建实验室规模，规范实验室管理体制，提升实验室人员的业务素质；② 推动实验内容由验证性向设计性、研究性转化，实验范围则扩展至课程实验、金工实习、毕业设计等方面。

第三，资源获取平台。创客的兴起源于硬件开源。在知识膨胀的时代背景下，如何迅速获取并整合有效信息，是决定高校能否走在创新队伍前列的重要因素。为此，工科院校要为学生提供丰富的物化和信息资源获取环境，通过图书馆、数字学习空间等平台引入最新的科技发展动态；还可以创立创客教研室，培养一批具有创客精神的精英教师为学生提供指导，同时邀请科学家、企业家、工程师到校开展交流活动，为学生提供一线的、丰富的、多元的整合资源。

第四，协同互动平台。创意的实现需要经历综合思考、实际操作的过程，要求不同学科背景、不同专业技能的人相互沟通、合作，并将创意付诸实施。为大学生建立一个沟通合作的平台，可以从两个角度展开：一是以创意工作坊的方式组织社团；二是设立专门的网络交流平台，为创客提供知识共享、跨界交流、资源对接的便利。

第五，创作平台。创客教学的关键是以创客空间为基础建立校园创作平台。创作平台不仅是一个创新中心，同时也是一个将思想转化为实践的载体。创作平台支持人力、知识、物力的循环与流通。创客场所可以由高校自行设立，也可以由科研院所、企业、高校、工厂等机构共同建立。而在工科院校建立"创客空间"，则需要行政部门、教学部门、教辅部门等给予多个层面的大力扶持：① 要有充足的场地，提供教学、制作、机械加工、电子产品开发等设备；② 在管理上，应减轻高校的行政、学术压力，营造民主、宽松的创新氛围，并使参与者发挥出最大潜能，从而提升知识传递和转换的效能；③ 在创客空间的服务方面，要完善体系，提高质量，拓展创客空间的潜在服务对象，延长创客空间的开放时间，并为创客配备专业的导师。

第六，产品运营平台。创客教育的成果不仅需要面向整个教育体系，而且需要面向市场，并最终转化成生产力，进而带动整个社会的经济发展。因此，在创客教学活动中，产品的后续宣传与运作也是不可或缺的一部分。一般来说，创客的教育产物将尖端技术与"长尾市场"相融合，并以特定的受众为导向，而以客户为导向的产品在一个已有一定规模的运作平台上将会产生巨大的潜在商机。因此，学生在学习经济管理专业类课程的同时，也要借助校内的运营平台获得实践经验；高校则应该积极主动利用科研处、学生处、教务处、学生社团的优势，积极组织专利申请、创业指导、管理培训、就业动员等活动，主动与各大企业沟通，为学生们创造更多的实习或参加实践锻炼的机会。另外，现在很多高校都设立了"大学生创新创业产业园"，并培育了不少以高校师生为主体的技术企业，这些都离不开高校的大力扶持和监管，以保证项目能够顺利进行。

二、创客教育应用于工科院校的模式

创客教育在工科院校的应用模式建立在合理的课程结构和完善的平台体

系之上，涉及指导理念、发展体系和运行机制三个层面的内容。

（一）创客教育应用于工科院校模式的指导理念

创客教育包含学习共同体、内容、情境、活动、作品等要素，具有劣构性、挑战性和差异性，遵循以下指导理念：① 注重实践——创客教育要注重学习者实践操作能力和问题解决能力的培养，强调以实践为导向，注重在"学中做，做中学"；② 以学习为中心——在整个创客教育开展的过程中，学习者既是学习的中心，也是创作的中心，一切教师、管理人员、服务人员的工作都应围绕学习者展开，以人才培养为主、产品输出为辅；③ 跨学科整合——教学内容要紧跟时代步伐，强调不同学科的交叉和整合，拓宽知识广度，为创新活动奠定基础；④ 信息技术融合——通过互联网获取开源硬件，提供各种资源、平台和技术支持；⑤ 项目驱动的协作学习——创客空间聚集了众多志同道合的学习者，他们在创意的基础上进行交流与协作，共同设计项目方案并通过实践予以落实。在此过程中，学习者要亲自参与调研、收集资料、分析研究，将知识运用到实践中，并在活动中重构知识体系。

（二）创客教育应用于工科院校模式的发展体系

创客教育发展的大环境是中国高校、企业、科研单位之间的协同与创新，通过三方的双向选择，对设备、人才、科技资源等做最优配置，从而获得更大的效益产出。在高校创客教学中，一旦创新团队发现了重大突破，就可以积极寻求与企业的合作，实现科技创新成果的产业化研发和推广。在这个过程中，高校主要承担了基本的理论创新任务，企业主要负责资本的动态转换和投入，把科技成果变成市场化的商品和可观的经济效益。"产学研"的合作模式是高校创客教育发展的动力支撑，也为人才的稳定输出提供了坚实的保障。与此同时，这种模式还可以重构高校的教学与科研基础形式。目前，我国高校创客教育的发展趋势主要有：注重学生高层次能力的培养，注重学生知行合一能力的培养，注重"技术学习"等教学方式的运用，注重教学组织形式的多元化发展，注重学生个体发展等方面的教学改革，所有这些方面都符合创客教学的实际情况。

（三）创客教育应用于工科院校模式的运行机制

创客教育的推广和运行，需要从环境、课程、教学、师资、组织形式等多方面协同推进。创客教育的运行机制如图 6-4 所示，该机制架构体现了与创客教育平台搭建之间的耦合关系。

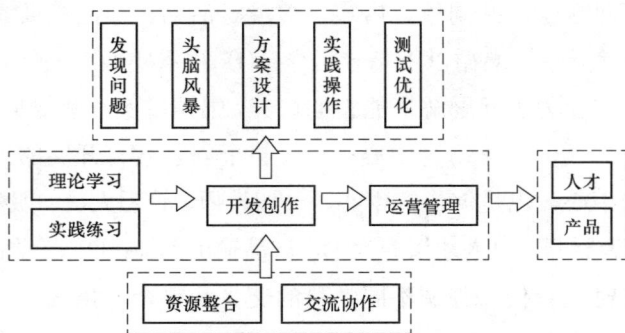

图 6-4　创客教育的运行机制

首先，在先进教育理念和课程体系的指引下，教学与实验环节为学习者奠定知识与技能基础；其次，当学习者具备一定的知识储备之后，在有效整合资源和学习共同体交流协作的基础上，逐步开展始终以实际问题为导向的创作活动；最后，创客平台的参与者通过头脑风暴分析问题，找到解决问题的思路和方案，并亲自动手实践、开发产品，通过多重测试和优化后投送到运营平台，最终输出面向市场的成熟产品和创新型人才。

第三节　新工科背景下创客教育理念与科研训练的融合实践

一、新工科背景下工程训练教学改革探索

教学改革通常以教学观念的变革为起点，教学观念的变革将导致教学内容、教学方式、教学环境等方面发生一系列的变革。新工程学科面向未来、引领未来，注重综合学科的建设与综合实力的发展，以培养人文与科学融为一体的综合型人才为根本，重视以"创新"为主导的新型工科体系建设，培养人才的创新技能。在高校推行创造性的创业教学活动过程中，最重要的是要充分调动大学生的创新意识并激发大学生参与创新实践的积极性。

　　创客教学是以学生的爱好为基础、以课程为基础、利用数码手段、提倡共享、提倡实践、提倡发展、提倡多领域解决问题、团队合作与创造能力的素质教育。创客教学是一种全新的教学方式，以科技为核心，综合各种学科知识推动教学的创新发展，教学内容既包括科技教学，也包括人文教学和美术教学。拥有先进的制造设备、"双师型"师资等为学生创造良好的学习条件，创客教育的受益性、开放性、分享性是创客教育与其他教育形式相比的优势所在。工程技术人才的全面培养与创客教育的推广，对于培养高素质、高层次的现代工程技术人员来说，具有其他学科无法发挥的功能。

　　总的来说，新工科、创客教育、工程训练三者的共同点是：人才的培养目的基本相同，教育思想与方法可以互相借鉴，适当地选取合适的切入点，使这种教学模式能够最大限度地利用各种教育因素的优势，增强学生创新实践的兴趣、激发学生创新实践的热情，增强学生训练创新的实践能力。所以，要把创客教学思想和实践活动结合起来，从点到面，从加强"工程训练创新平台""构建完善的内容体系""使用科学的教学方法""建设一流的师资队伍"等几个层面推动工程训练教学全方位改革，切实解决工程训练目前存在的问题，实现工程训练教学改革目的。

二、新工科背景下创客教育理念与科研训练的融合路径

（一）搭建跨学科交叉工程训练创新实践平台

　　加强企业资源的整合和分享力度，推动教学体制变革，建设现代化的大型综合实践基地。高职院校开展新型工程技术教育活动的重点是培养学生的动手能力，创客教学是增强学生动手实践能力的最佳途径。在新的时代背景下，高校要加强对大学生创新实践能力的培养，提高创客教学水平，重点培养大学生的创新能力和实践能力，落实开放、合作、共享理念，促进教学体制的变革。整合校内、校外教学资源，打破学院、专业、课程之间的界限，建立包括校园实训、电工电子两个国家级实验教学示范中心，机械设计、矿山电气等虚拟模拟实验教学基地，河南能源化工等大学生校外实习教学基地，依托现有的虚拟仿真实验教学中心，以及智能制造综合训练、激光加工教学共享等协作育人平台，通过理顺关系、资源整合、建

立协作机制，构建功能集约、开放共享、高效运行的实验、实训、实习平台，以满足新工科专业教学和实践教学的需要，为增强学生的创新实践能力提供平台支撑。

（二）建立多学科融合工程训练的内容体系

围绕"新工科需要科学与工程和人文的交叉融合"的理念，在原有工程认知、工程技能、工程综合、工程创新多层次课程体系的基础上，以智能制造为主线，引入科技、文史、外语等元素，构建融通识教育、能力训练和素质培养为一体的螺旋递进的内容体系：① 开办科创、历史、文化、艺术等论坛、讲堂、沙龙，培养学生立体化的视野和人文修养；② 增加"3D 打印""工业机器人技术""智能制造概论"等智能制造训练课程；③ 开设"机器人工程探索与实践""电控无碳小车创意设计与制作"等工程训练特色公共选修课；④ 组织参加"互联网＋大赛""全国大学生工程训练综合能力竞赛""金砖国家青年创客大赛"等创新创业竞赛；⑤ 建立模块化的综合训练项目库。依托智能制造综合实训平台，开发与数字化设计、智能加工、智能仓储、物联网通信等相关的新项目，根据学生能力和兴趣进行单项离散和多项综合训练，逐渐形成以项目为主要驱动的多样化教学内容。

（三）构建以学生为中心的创客化教学方式

将创客理念融入创意培养、方案设计、产品制作、成果展示等多个方面，形成创课程、创文化的创客化教学方式。在构建以学生为中心的创客化教学方式的过程中，引入创客教学模式，学生可以自由选择研究课题，也可以按兴趣和专业组成专题小组，提出研究问题。教师可以通过启发、探究等方法，指导学生进行自我创新；鼓励各部门在设计、研发、制作项目产品时开展专业合作；在演示阶段，通过引入实物、现场提问和辩论等方法，促使培训活动由被动转为主动，实现任务驱动向工程驱动的转变。

（四）打造"双师多能型"的工程训练导师团队

从素质、能力、结构三个层面健全培训指导体系，建设一批"双师多能型"的师资团队。首先，要制定奖励措施，聘用具有跨学科专业知识的优秀教师，尤其是拥有跨专业知识和实践经验的优秀教师；其次，引进国内外知名的创新型人才或优秀的技术人才到该机构进行专职教学；最后，选出少数表现突出的学员担任辅导员。鼓励"双师多能型"教师通过进修、培训、研讨等方式，不断进行"一岗多能"和企业"挂帅"等实践历练，并引导教师从主业向副业的培训角色转换，培养教师的开放意识、学习意识，鼓励教师在培训中与学生共同探索、学习、进步，逐渐培养出理论功底强、实践技能硬的"双师多能型"工程训练导师团队。

（五）发展个性化培养的学生创新创业活动组织

为适应各类人才的发展需要，结合大学生的学习兴趣设定培养目标，在原有的科技创新教学基础上，开发出机器人俱乐部、云台创客空间等具有个性特色的创意企业。贯彻"深入学习、自主管理、共同提高"的方针和理念，坚持"玩中学、学中想"的创客教育思想，开展创新创业教育活动，举办创客文化沙龙，开展技能培训活动，组织创新创业项目，鼓励学生积极参与各种创新创业大赛，提高大学生创新创业水平。与此同时，高校还可以组建一个研究小组，并鼓励不同专业和年龄层次的学生积极参与，在推动研究进展的同时，互相借鉴，共同进步，实现多个领域知识的交叉融合。培养大学生创业队伍，比如，通过"智能音乐耳麦""tobe 智能灯"等一系列的成功案例，提高创业团队的知名度和影响力，从而在校园、社区中形成浓厚的创业氛围，从而引导和吸引更多的大学生积极参与到创新实践中来。

（六）形成以成果为导向的多元评价机制

打破考查学生设计方案及作品为主要手段的传统考核方式，采取过程评价和结果评价相结合的评价办法，形成以成果为导向的综合评价机制。制定过程评价和结果评价标准，包括作品创意、训练过程、训练报告、作品质量，路演表现等评价因子。在过程评价上，量化训练流程每个环节，综合参考教师评价、团队自评，侧重考查团队成员的贡献度和团队协作情况；在结果评价上，加大作品创意所占比重，增加实物路演、随机问询，现场答辩等环节，建立客观有效的"创意＋过程＋作品＋报告＋展示＋答辩"评价机制。

第四节　工科大学生创新创造能力培养模式的研究与实践——以北部湾大学船海专业为例

一、项目的研究背景

（一）研究背景

工科专业大学生的培养是面向工程、面向社会级企业需求的，因此，一定要以经济社会发展需求为导向、以工程创新能力的培养为核心，尤其应注重工程创新能力的培养。

按照教育部"六卓越一拔尖"的指导思想，新工科大学生教育在培养创新人才、提高创新能力、服务经济社会发展、推进国家治理体系等方面具有重要作用，要着力增强学生实践能力、创新能力，为建设社会主义现代化强国提供更坚实的人才支撑；把研究作为衡量研究生素质的基本指标，优化学科专业布局，注重分类培养，培养具有研究和创新能力的高层次人才。因此，培养新时期大学生创新能力已经提到了一个前所未有的新高度。

目前，我国已经成为教育的大国，但是人数的增长并未带来研究生质量的提高。尽快提升培养质量，提高学生科研能力和创新水平，以满足社会发展需要已成为当前大学生培养面临的急迫任务。作为培养的重要环节，如何改进课程体系和教育培养模式，夯实本科生的基础知识，提高创新能力和科研水平，是本课题要重点研究的内容。

（二）理论依据

"以研引学，以行炼能"的教育理念，融合了多种教育理念中的一些元素，其中包括：体验教育、项目教学法、创新教育，其强调了体验教育中的深度参与，与项目学习法相似，都是以一个任务为中心，让学生在完成任务的过程中学习，培养学生解决问题的能力。同时以培养学生的创新思维和创新能力为目标，强调以学生为中心，培养学生的自主学习，培养学生的动手能力和精益求精的"工匠精神"。

课题的研究以科研活动为载体，通过跨学科、跨界的合作探究，培养学生的实践和创新能力。该思想与钱学森先生所提出的大成智慧相通。大成智慧引导人们如何获得智慧、创新能力和培养品德的学问。大成智慧学可以作为本课题研究的理论基础。与此同时，以行炼能的理念与体验教育的理念有很高的契合度，学生在参与科研创新创造的过程中，会运用到物理、化学等理科知识和文科等多学科知识，不再是知识的被动接受者，而是应用知识解决问题，同时充当着发明家、科学家、化学家、物理学家等多重角色。在此过程中，有利于学生发现问题、解决问题的能力。

（三）区域经济社会发展现状

随着北部湾经济区的开放开发并不断高速发展[41-44]，利用临海的地域优势，广西临海地区的大量新兴产业、加工制造基地正在形成：钦州市、北海市、防城港市三地形成了石化、港口机械、船舶修造与海洋工程等行业，以及农业机械与运输机械、粮油加工等传统制造产业。钦州市[45]规划打造汽车生产基地、修造船基地、北部湾农机生产制造中心。本地区的各类企事业单位以及科研院所等用人单位急需大量适应其发展的应用型人才，特别是具有扎实理论基础以及创新意识和能力的卓越工程人才。这也对本地区的相关高等院校现有的教学科研平台、产学研合作模式、课程建设、校外实践基地建设以及师资建设等各方面提出了新的更高的要求。为主动服务北部湾经济社会发展，根据北部湾经济区人才需求，北部湾大学制定了相关发展和建设的规划[46,47]，围绕打造"地方性、海洋性、国际性"办学特色，调整学科专业，完善和优化学科专业结构，培育和打造了与北部湾经济区重要海洋支柱产业和临海工业发展相适应的如机械设计制造及其自动化、港口机械工程、船舶与海洋工程、车辆工程、轮机工程等涉海机械类专业，形成较为鲜明的办学特色。同时，采取多种形式培养学生的实践能力、创新能力、就业能力和创业能力，为北部湾经济开放开发培养高质量应用型创新人才，以期适应北部湾地区社会和经济的发展。

但是，现有的人才培养方案、课程设置以及师资力量等与各企事业单位、科研院所等真正的需求存在一定的差距，并未能完全从传统科研型人才教育的模式中脱离，导致学生从学校学到的知识和技能并不能在工作中完全做到学以致用，很多时候还得重新接受较长时间的培训才能胜任工作[48]。学校单方面的教学并不能很好满足学生适应特定职业和职位的需要。同时，学校目前所能提供的创新环境有限、创新气氛缺乏，学生的创新潜力并未能获得有效发挥。并且，教学观念的落后，不利于学生学习能动性的发挥；教学模式和教学方法的单一，不利于学生个性发展和拔尖人才脱颖而出，满堂灌、注入式的教学现状没有得到有效地改观；对学生的评价主要还是以课程考试分数为标准等，都制约学生动手能力和创新意识的培养，造成学生并不能学以致用，在其进入用工单位后也很难迅速满足工作要求，同时也限制了学生的进步和发展。

因此，在保证专业基础理论、基本知识教学要求不降低的情况下，服务地方经济发展需求，培养船海类本科生创新意识和能力，是本课题拟深入研究并加以解决的关键问题。

二、目标与思路

（一）研究目标

以培养学生创新能力为出发点，通过项目实施，构建基于能力本位的"以研引学"教学体系，打造"以行炼能"提升学生科学思维层次的创新教育途径，特别是打造实验实践能力和科教协同相结合机制，将"能力、责任、思维方法"训练贯穿其中，形成可提升学生科学思维层次、具有高度社会责任感的创新能力培养模式。

为服务北部湾经济社会发展，适应学校发展目标定位、办学特色定位，积极研究探索基于校企合作办学、应用导向型教学平台建设和科学研究能力提升的应用型创新人才培养模式。使得本地区的政府部门、各类企业事业单位可以在学校的教学科研平台建设、产学研合作、课程建设、校外实践基地建设以及师资建设等各方面发挥作用。以达到切实增强学生运用理论知识解决各类工程实际问题能力和动手能力，开拓学生创新思维的目标，有效提高机械类专业应用型人才的培养质量，让毕业生能更好更快地适应各用人单位的需求。项目相关的研究成果直接受益对象将是北部湾大学机械设计制造及其自动化、机械工程、船舶与海洋工程和车辆工程等机械类专业的学生近千人，同时对我校其他工科专业学生应用能力培养的教学改革起到示范和指导作用，并对全区乃至全国同类高校的工科专业学生的培养提供一定的借鉴。项目完成的同时，还将发表系列教学研究论文，指导学生申请和授权专利多项，并在各类学科竞赛中取得较好成绩。

（二）研究思路

针对机械工程、船舶与海洋工程人才培养的现状，以科研项目、第二课堂科研活动为载体，结合"双创"和"以研引学、以行炼能"理念，构建了船海类专业课程体系，并对一系列教学内容、培养模式、实践效果等进行了研究和探索，提出了一些具体的方法和途径。

第一，丰富科研项目库积淀。结合船舶与海洋工程一流学科的建设，培育大量国家级、省级及服务地方经济发展的纵向横向科研项目，教师可以从学生中选拔优秀的潜在学生，然后根据自己的实际情况，鼓励学生积极参与教师开展的科研项目。他们还可以向其他科研机构推荐学生，使学生在课堂上的知识得以整合并应用到实际中。

第二，开设更多实践课程的选修课供学生自主选择。根据工科生培养的特点，实践课程应遵循多样化的原则，更有利于学生思维的发散和人才的培养。学生可以根据自己的兴趣爱好，跨学科、跨专业地选择不同的选修内容。在实践性课程中，要鼓励学生大胆质疑存在的问题，让学生独立分析课堂中的实际问题，提出大胆的猜测假设，寻找答案，以提高学生的专业素养和创新思维。

第三，实践课程应该在课堂之外发展知识。如果课程局限于课堂，学生的思维就会固化。培养创新型人才，要从课外知识入手，开阔视野。鼓励学生参加第二课堂、学科竞赛等活动，让学生主动利用课余时间等进行机电工程领域的探索。

第四，加强学校实训基地建设。校内实训基地的建设应以中央和地方共建项目、国家相关人才培养计划等项目为基础，结合地方特色专业和人才培养模式。搭建独立、开放、实用的人才培养平台，为机械船海类学生提供更多动手操作的机会。

第五，搭建"创新创业系列平台模块"理论课程体系。为不同专业的学生搭建不同的平台和模块，根据不同情况开设不同的课程，开设更多的就业指导课程和创新创业课程，为创新创业提供更多的专业支持。对于机械工程专业，在教学体系中坚持"创新创业"的理念，以培养学生综合素质发展为主线，以学生创新创业能力为主线。例如：以培养学生未来就业和创新创造能力为目标，搭建创新创业平台，分为就业、创新、创业等不同模块，建立"综合就业能力""创新创业基础"等创新创业课程。

三、课题研究的主要过程

（一）准备阶段（2020年1月—2020年3月）

自2020年1月承担课题后，项目组成员进行了紧张、充分的前期准备，进行总体设计。对国内外工科专业创新能力培养教育的最新理念及有关教学改革研究的先进理论进行深入的调查研究，广泛收集资料，进行可行性论证，完成了总体结构设计，明确研究的总体功能和最终效果。

（二）研究和实践阶段（2020年3月—2021年10月）

在项目组成员充足的前期准备工作的支持下，各成员开始着手创新能力培养模式的研究。通过走访行业企业和各高校，结合北部湾经济区的特点及适应地方经济发展需要，我们初步探索出适应学校办学定位、符合北部湾经济区的需要和实际情况的以科研项目为载体，锻炼学生创新能力的船海工程、机械工程专业本科生人才培养模式。

第一，组织学生参加教师科研项目，以研引学。分别奔赴上海、盐城、济南、杭州等地区内外机械和海上风电行业企业进行调研、参加学术会议，到广西大学、桂林电子科技大学、广西科技大学、华南理工大学等高校进行学术交流，邀请清华大学吴彤教授、赵慧婵教授、华南理工大学杨苹教授等知名高校专家学者来校学术讲座，拓展团队成员的和在读研究生的学术视野。

第二，校企合作，构建协同培养创新能力平台。根据区域经济建设与发展的需要与实际，课题组与广西钦州力顺机械有限公司、中国华能集团有限公司广西分公司、中船广西钦州基地、钦州市港口（集团）有限责任公司重庆万州科技有限公司、广西银翼动力科技有限公司、钦州绿传科技有限公司等企业建立良好合作关系。

第三，以行炼能。组织在读研究生配合力顺公司到来宾、扶绥、崇左、久隆等田间地头进行甘蔗种植机、甘蔗转运车样机试验 30 多次；到钦州三墩岛、犀牛角大环、防城白浪滩、北海冠头岭进行近海风速、地质、台风等情况勘察调研，为中国华能集团有限公司广西分公司海上风电建设提供技术服务。

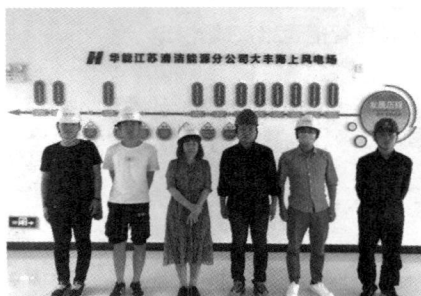
华能江苏盐城大丰海上风电场调研

华能广西分公司座谈交流

华能上海分公司座谈交流

江苏海上风力机企业座谈交流

华南理工大学杨苹教授学术讲座

清华大学赵慧婵教授学术交流

组织研究生参加第四届中国海上风电智能运维高峰论坛

组织研究生到久隆牛大力种植基地调研　　组织研究生到钦州中马燕窝生产基地调研

组织研究生到钦州力顺公司、防城港金川金属有限公司座谈交流

组织研究生进行甘蔗高效预切种式双芽段横向种植机制造及试验

（三）成果应用推广及理论总结阶段（2021年10月至今）

课题以发明创造能力和创新能力为主要培养目标，以教师科研项目为依托，以机械类、海工类学科竞赛和创新项目为载体，优化和改革机械类研究生专业的课程体系和培养方案，完善培养学生实践创新能力的管理模式，形成了"以研引学，以行炼能"的教学理念，探索出机械大类专业学位研究生科研＋教学＋实践＋竞赛＋发明的创新能力培养模式，并在教学实践中进行了应用。所构建的课程体系和归纳出的实践经验具有可复制和可推广性，已在本校相关专业的教学活动中推广，取得了较好的应用效果。初步形成了科学先进、广泛认同、具有一定特色的专业学位研究生创新能力教育理念，形成一套可复制、可推广的制度成果。相关成果推广和实施的直接受益对象是北部湾大学机械工程、船舶与海洋工程等2019级、2020级专业学生，对我校后续专业学生创新能力培养的教学改革可起到示范和指导作用。

在成果的应用及推广的过程中，我们根据教学需求及师生的反馈不断改进和完善，同时也不断总结经验，逐步提高双创教育的整体教学水平和教学效果。在此阶段，项目组成员共公开发表课题研究论文5篇，参与课题研究的学生发表学术论文2篇，申请专利3项，获授权2项。

四、主要成果

（一）研究成果基本观点

"以研引学，以行炼能"的教育理念就是要学生动手动脑，重在培养学生的创新思维、科学素养和实践能力。而在学习过程中的教学方式各不相同，不同的教学方式会导致学习效果的不同，因此，我们以北部湾大学机械专业（船舶与海洋工程专业）硕士研究生为研究和实践对象，以发明创造能力和创新能力为主要培养目标，以教师科研项目为依托，以机械类、海工类学科竞赛和创新项目为载体，优化和改革机械类船海类专业的课程体系和培养方案，完善培养学生实践创新能力的管理模式，形成了"以研引学，以行炼能"的教学理念，探索出机械大类学生科研＋教学＋实践＋竞赛＋发明的创新能力培养模式。

（二）研究的主要内容

第一，"以研引学"，创新科研与教学关系。依托优质科教平台，构建教学体系，将问题意识与创新思维训练引入专业课教学，将专业领域的研究成果嵌入到教学计划、课程体系和实验方案中，突破课堂和教材知识学习的局限，扩大学生知识视野，培养探索精神。

第二，"以行炼能"，打造出提升学生科学思维层次的创新教育途径依托优质科教平台孵化科研项目，对参与项目的学生进行科研实践能力训练，形成"科研＋实践"的创新能力培养途径。

第三，探索基于能力本位目标导向的培养模式。以知识结构、能力训练、思维方法和科学素质提高为主线，探索"基础知识与科学前沿、专业教学与学生参与教师科研、专业教育与爱国爱岗教育相结合"培养模式。

（三）研究成果

形成了"以研引学，以行炼能"的教学理念，探索出机械大类专业学位研究生科研＋教学＋实践＋竞赛＋发明的创新能力培养模式，培养了一支教师团队，发表了系列教学研究论文，基于创新能力培养指导学生参加各类学科竞赛、申请专利都取得很好效果。具体如下：

1. 探索先进的创新能力培养模式

（1）构建了科研＋教学的"以研引学"教学体系，创新科研与教学关系。

以培养学生发明创造能力和创新能力为抓手，以导师国家自然科学基金项目"基于软计算理论的船体结构变间隙焊接知识建模机制与成形控制方法研究"、广西科技重点研发计划项目"甘蔗高效预切种式双芽段横向布种精准控制技术及整机集成研究"、省级一流学科开放课题"智能化高地隙多功能甘蔗、牛大力藤蔓茶农作物中耕植保联合作业机械"、企业委托横向项目"北部湾（广西）海上风电规划发展与探索研究"等为依托，让学生通过参加科研项目活动培育自己的学位论文选题方向，导师在教学过程中将科学问题凝练的意识与创新思维训练引入专业课教学，将专业领域的研究成果嵌入到教学计划、课程体系和实验方案中，使学生突破了课堂和教材知识学习的局限，扩大知识视野和学习自动性，培养探索精神和创造能力。

（2）依托优质科教平台"以行炼能"，打造出提升专业学位研究生科学思维层次的创新教育途径。课题组依托船舶与海洋工程省级一流学科、机械工程国家级一流本科专业建设点、广西银翼省级研究生联合培养基地等优质科教平台，孵化了系列科研项目和研究生创新科技项目，对参与项目的研究生有计划地组织到相关企事业单位进行科研实践能力训练，实地走访了江苏盐城大丰海上风电场、钦州港中马产业园燕窝生产企业、钦南区牛大力藤蔓茶制造企业，将创新创业实践能力训练和科研项目成果转化引入到学生参与的科研项目中，打造海工类、机械类专业学位研究生"科研＋实践"的创新能力培养途径，切实提高研究生的创新能力。

（3）探索了目标明确的竞赛＋发明＋实践的创新能力培养模式。以知识结构、能力训练、思维方法和科学素质提高为主线，优化和改革机械类专业学位研究生的培养过程，探索"基础知识与科学前沿相结合、专业教学与学生参与教师科研相结合、专业教育与爱国爱岗教育相结合"培养模式。

导师鼓励所带研究生积极参与机械、船舶、机器人学科竞赛和创新项目，在参加竞赛的学生中选拔能力突出的学生担任教师主持的科研项目特别是与企业合作的横向项目中，教师根据学生的特点和能力从项目中分离部分难点适中又带有创新设计的任务，由学生组队完成。教师在整个项目进程中有针对性地对学生的构思—设计—制造予以指导。同时，让学生团队参与或旁听教师项目组成员关于项目选题、方案讨论、原理分析、技术路线、项目实施安排、优化改进等讨论会以及样机加工试制、装配调试与试验等过程，亲身感受从事科学研究和发明创新的整个过程。指导学生申请各类创新基金项目，提高学生参加科技实践创新活动的兴趣，所带的研究生在横向项目"北部湾（广西）海上风电规划发展与探索研究"申请的资料组织、现场调研勘察、研究目标确立、研究方法讨论、项目组织管理、项目验收、成果总结、论文撰写和发明专利申请等科学研究的基本环节都得到了全面锻炼，提高学生从事科学研究的综合能力和严谨敬业的科学态度。

（4）建立了符合发明创造转化机制的学科竞赛培训与组织模式。改变传统由学生自由组队参赛的松散组织方式，在学生有意愿参加比赛的基础上，采取学生组队自我管理制和导师组负责制相结合的方式，把专业学位研究生穿插到各类学科竞赛中起骨干作用，从参赛类型选择、参赛题目选定、赛前培训、具体实施、赛后总结与提高到形成专利成果进行全程管理。

（5）建立了产学研校企协同育人机制，多层次全方位训练专业学位研究生的创新能力。根据行业的多样性和对工程技术人才需求的侧重性，深化与企业的产学研合作，与重庆万州科技有限公司、广西银翼动力有限公司、广西绿传动力机械制造有限公司建立教学实习基地，依托企业所具有的工程教育资源优势，包括教师资源、先进设备与技术、实验环境、研究开发条件等，与本校的人才培养优势实行优势互补，有针对性地共同开发一些综合性、跨学科、涉及面广的实践课程；通过校企合作途径联合多种方式培养人才，共同构建人才培养体系。

2. 组建团队

教学相长，我们把建设一流的专业学位研究生教育高素质师资队伍，特别是青年教师培养作为首要任务，也是创新人才可持续发展的关键。采取的措施主要有：

（1）注重交流。有计划地安排中青年教师进修学习，掌握创新教育新技术。请国内外著名专家学者定期来讲学。

（2）严格培养。新教师督导组专家及课程组副教授以上职称教师随机听课，以给予帮助和指导。

（3）充分激励。在老教师的传、帮、带作用下，充分调动青年教师在教学改革、科学研究和学术交流中的积极性，组织青年教师参加教研和科研工作，使他们迅速成长。

3. 发表论文

[1] 何永玲，周纬远，梁永艳，等. 机械工程专业学位研究生创新能力培养模式构建初探 [J]. 产业创新研究，2022（02）：160-161.

[2] Yongling He，Zhiqiang Feng，Weiyuan Zhou. Discussion on the Construction of the course System for the Trainning of the Trainning of Master of Mechanical Engineering Under the Concept of Mass Entrepreneurship and Mass Innovation（论大众创业、大众创新理念下机械工程硕士培养课程体系的构建）[J]. International Journal of EDUCATION and ECONOMICS（国际教育与经济杂志），March 2020 Volume3 Number1：195-196.

[3] 何永玲，韦建军，张挺，等. 疫情视野下工科类专业课程思政建设途径的实践和探索——以机械工程专业为例 [J]. 装备制造技术，2021（03）：224-226.

[4] 何永玲，吴飞，周纬远，等. 创客教育背景下第二课堂的改革与创新——以机械工程专业为例 [J]. 时代汽车，2021（15）：62-64.

[5] 吴飞，何永玲，宋孟天，等. 以学生能力培养为导向的"三维实体建模与仿真设计"课程教学改革 [J]. 装备制造技术，2021（10）：155-157.

4. 学生获奖

2020 年中国工程机器人大赛暨国际公开赛一等奖、第二届广西大学生人工智能设计大赛二等奖、第十届"挑战杯"广西大学生课外学术科技作品竞赛二等奖、第四届中国"互联网＋"大学生创新创业大赛广西赛区铜奖。

五、研究特色及创新之处

第一，形成了"以研引学，以行炼能"的教学理念，探索出机械大类专业科研＋教学＋实践＋竞赛＋发明的创新能力培养模式。

第二，将学生发明创造能力与科学素养培养相结合，将教师科研项目成果与学生创新能力培养相结合，将专业教学与学生科研动手能力相结合，孵化高水平创新创业项目，培养有创新思维创造特长的工程技术人才，提升学生创新实践能力。

六、突破了课题拟解决的关键问题

（一）创新了教学理念和能力培养途径

以培养学生创新能力为出发点，以教师科研课题、学科竞赛、研究生创新项目为载体，构建基于能力本位的"以研引学"教学体系，打造"以行炼能"提升学生科学思维层次的创新教育途径，特别是打造实验实践能力和科教协同相结合机制，将"能力、责任、思维方法"训练贯穿其中，形成可提升学生科学思维层次、具有高度社会责任感的创新能力培养模式。

（二）建立注重发明创造能力培养的教学模式

在传统教学注重培养学生概念记忆能力、理论理解能力和设计计算能力基础上结合发明创造能力培养的要求，将船海工程、机械工程专业的前沿技术、最新研究成果以及北部湾的区域优势、向海经济的需求融入专业教学过程，开拓学生的视野和思维，把枯燥的理论与实际应用结合启发了学生对理论知识的理解并进行创新应用。

（三）构建"三方协同"培养平台，完善人培方案，健全考评体系

积极打造校内、国际、产学研的三方对接协同培养平台，完善培养过程质量监控体系如。学院已经建立了"1＋(0.5/1)＋(1/0.5)＋(0.5/1)"的分阶段培养模式。第一学年，在校完成公共课程和理论课等学分课程学习。第二学年，在入学前有半年以上企业工作经验的，则开展为期半学年的企业学习；如没有半年以上企业工作经验，则开展为期一学年的企业学习。最后毕业前，有半年以上企业工作经验的开展为期一学年的毕业论文撰写，无半年以上企业工作经验的开展为期半学年的毕业论文撰写。学校建立了较为完善的培养过程监控与毕业预警体系。毕业开题由至少 1 位来自行业企业的专家在内的 5 人答辩小组开展，重点把握选题是否解决工程实际问题，同时开展中期培养检查。学位论文检测重复率在 20% 以下方可进入论文评阅环节，论文需 2 位专家评阅通过方可毕业，采用 100% 盲评方式进行，以确保论文质量。毕业答辩由 5~7 位专家组成答辩小组进行，其中必须包括至少 1 位来自企业或工程部门具有高级技术职称的专家。

七、成果的应用与推广价值

本课题研究旨在建立培养大学生的创新创业实际能力的训练体系，以导师的科研项目为主要载体，兼以学科竞赛及大学生创新项目等引导学生，学生在导师的科研项目中，通过参与选题的筛选、申请书的撰写以及项目实施过程中问题的解决、项目的结题、关键技术的专利申请等实践训练提升创新能力。课题通过两年的实践，形成了"以研引学，以行炼能"的理念，探索出机械大类专业学位研究生科研＋教学＋实践＋竞赛＋发明的创新能力培养模式，推广应用到专业学位研究生的培养中取得很好的成果。

通过以研引学，以行炼能培养模式的探索，竞赛、创新项目的组织管理模式的改革，使得大学生创新能力的锻炼效果显著，取得丰厚的成果。学校海工类、机械类专业学位研究生 2020 年、2021 年先后获批广西创新计划项目 4 项，获第二届广西大学生人工智能设计大赛、2020 全国 3D 大赛广西赛区、第四届物流（起重机）创意大赛等学科竞赛一、二、三等奖 12 项。发表学术论文 36 篇，取得专利授权 5 项。

参考文献

[1] 曹金华, 周小勇. 创客教育视域下创新创业人才核心能力识别及培养路径研究 [J]. 桂林航天工业学院学报, 2021, 26 (3): 346.

[2] 曾兰兰. 高校创新创业教育与社区创客教育的融合发展 [J]. 中国成人教育, 2018 (14): 72-74.

[3] 陈刚, 石晋阳. 创客教育的课程观[J]. 中国电化教育, 2016 (11): 11-17.

[4] 郭联金, 王国胜, 万松峰. 以创客教育构建创新创业新生态 [J]. 实验技术与管理, 2016, 33 (5): 171.

[5] 何晓庆. 基于知识创新的创客教育与信息检索课程融合 [J]. 现代远程教育研究, 2018 (4): 70-77.

[6] 胡德鑫, 纪璇. 面向新工科的未来技术学院建设刍议: 动因、机理与实践进路 [J]. 高校教育管理, 2022, 16 (3): 91-103.

[7] 黄兆信, 赵国靖, 洪玉管. 高校创客教育发展模式探析 [J]. 高等工程教育研究, 2015 (4): 40-44.

[8] 蒋少容. 创客文化视域下高校创新创业教育路径探究 [J]. 教育探索, 2016 (9): 79-81.

[9] 李华, 杨永其, 谭明杰. "创客教育"解读 [J]. 四川师范大学学报（社会科学版）, 2016, 43 (5): 26-33.

[10] 刘广, 阮锦强, 余文博, 等. 高校创客人才培养研究 [J]. 实验技术与管理, 2016, 33 (4): 19-21, 31.

[11] 刘文良. 当前高校创客教育的困惑与超越[J]. 现代远程教育研究, 2017 (5): 61-68.

[12] 刘元庆. 基于创新能力培养的创客教育模式研究 [J]. 黑龙江教育学院学报, 2017, 36 (3): 7.

[13] 罗玮, 蔡立军, 邵霞, 等. 高校工程训练中的创客教育启示与实践[J]. 实验室研究与探索, 2018, 37 (11): 177-181.

[14] 吕国, 肖瑞雪, 白振荣, 等. 创客教育在工科院校的应用探究 [J]. 现代教育技术, 2016, 26 (07): 115.

[15] 吕姝丽. 基于 STEM 教育的创客教育模式探究 [J]. 甘肃教育, 2021 (2): 120.

[16] 秦峰, 孙文远. 基于创客空间的高校创新人才培养析议[J]. 理论导刊, 2016 (5): 99-101.

[17] 沈丹丹. 高校创客教育课程教学设计与应用研究 [J]. 中国教育信息化·基础教育, 2020 (8): 1.

[18] 孙树礼, 俞雯, 张俊. 新工科背景下机械类专业人才培养研究与实践: 以浙江大学城市学院为例 [J]. 教育探索, 2018 (6): 45-48.

[19] 唐毅谦, 叶安胜, 陈烈. 基于创客教育理念重构应用型人才培养模式 [J]. 中国大学教学, 2018 (8): 26-29.

[20] 万超, 魏来. 创客教育: 高校创新型人才培养的新视角 [J]. 东北大学学报 (社会科学版), 2017, 19 (5): 526-532.

[21] 万力勇, 康翠萍. 互联网＋创客教育: 构建高校创新创业教育新生态 [J]. 教育发展研究, 2016, 36 (7): 59-65.

[22] 王慧玲. 论我国高校创客教育的完善路径 [J]. 福州大学学报 (哲学社会科学版), 2018, 32 (2): 104-108.

[23] 王美荣. 创客教育刍议 [J]. 中国电化教育, 2016 (z1): 23-26.

[24] 王莫言, 应峻. 高校图书馆开展创客素养教育的策略研究 [J]. 图书情报工作, 2018, 62 (19): 19-27.

[25] 王牧华, 刘恩康. 基于创客空间的本科拔尖创新人才培养: 为何与何为 [J]. 高等工程教育研究, 2021 (4): 188-194.

[26] 王鑫. 创客文化视域下高校创新创业教育的影响因素与内涵优化[J]. 思想理论教育, 2021 (02): 110.

[27] 王莹, 江胜尧. 高校创客教育发展生态模式探析 [J]. 黑龙江高教研究, 2017 (1): 83-86.

[28] 王永隽, 董红平, 黄建勤. 创客教育融入数控人才培养模式的改革研

究 [J]. 中国职业技术教育，2018（1）：75-78.

[29] 王佑镁. 当前我国高校创客教育实践的理性认识综述 [J]. 现代远程教育研究，2017（4）：20-31，87.

[30] 吴亚辉，张英琦，行志刚. 创客教育理念融入工程训练提升学生创新创业能力 [J]. 实验室研究与探索，2019，38（12）：152-155.

[31] 杨绪辉. 课程视角下的创客教育探究 [D]. 南京：南京师范大学，2016：51.

[32] 叶晓勤. 新工科背景下工程训练中心创新人才培养探究 [J]. 实验技术与管理，2019，36（12）：274-277.

[33] 尤祖明，赵婧轩. 创客教育推动人才培养模式改革 [J]. 中国成人教育，2019（12）：55-57.

[34] 俞金波. 论高校创业教育课程评价体系构建 [J]. 教育评论，2011（6）：24-26.

[35] 张茂聪，秦楠. 再论创客及创客教育 [J]. 教育研究，2017，38（12）：81-88.

[36] 张泽云，王中教. 指数技术背景下高校创客教育探索 [J]. 教育与职业，2020（23）：68-73.

[37] 周倩. 应用型高校开展创客教育的价值、问题与对策 [J]. 教育与职业，2021，996（20）：72-77.

[38] 詹青龙，杨晶晶，曲萌. 高校创客教育的智慧化发展研究 [M]. 北京：清华大学出版社；北京交通大学出版社，2019：14.

[39] 李珂. 我国高校大学生创客教育的实施路径分析 [J]. 湖南工业职业技术学院学报，2020，20（6）：121.

[40] 王雪，王建虎，王群利. 高校大学生创客教育研究热点及其趋势 [J]. 科技创新与生产力，2020（11）：27.

[41] 中国共产党广西壮族自治区委员会，广西壮族自治区人民政府. 中共广西壮族自治区委员会、广西壮族自治区人民政府关于做大做强做优我区工业的决定. 南宁，2019.

[42] 广西壮族自治区发展和改革委员会，广西壮族自治区工业和信息化委员会. 广西壮族自治区工业和信息化发展"十二五"规划. 南宁，2011.

[43] 广西壮族自治区交通运输厅，广西壮族自治区发展和改革委员会，北部湾（广西）经济区规划建设管理委员会办公室. 广西北部湾港总体规划. 南宁，2015.

[44] 中国共产党钦州市委员会，钦州市人民政府. 钦州市国民经济和社会发展第十二个五年规划纲要. 钦州，2015.

[45] 北部湾大学. 北部湾大学"十二五"教育事业发展规划. 钦州，2011.

[46] 北部湾大学. 北部湾大学"十二五"学科专业建设规划. 钦州，2011.

[47] 杨帆，毛智勇，王玮. 应用型人才培养模式的探索与实践 [J]. 教育与职业，2018，5（14）：26-27.